海洋旅游导论

陈扬乐　王　琳　编著

南开大学出版社
天　津

图书在版编目(CIP)数据

海洋旅游导论 / 陈扬乐，王琳编著. —天津：南开大学出版社，2009.11(2020.8 重印)
(旅游学新视野)
ISBN 978-7-310-03297-6

Ⅰ.海… Ⅱ.①陈…②王… Ⅲ.海洋—旅游—研究—中国 Ⅳ.F592.3

中国版本图书馆 CIP 数据核字(2009)第 199637 号

海洋旅游导论
HAIYANG LÜYOU DAOLUN

南开大学出版社出版发行
出版人:陈 敬
地址:天津市南开区卫津路 94 号 邮政编码:300071
营销部电话:(022)23508339 营销部传真:(022)23508542
http://www.nkup.com.cn

北京建宏印刷有限公司印刷 全国各地新华书店经销
2009 年 11 月第 1 版 2020 年 8 月第 4 次印刷
230×170 毫米 16 开本 11.5 印张 211 千字
定价:29.00 元

如遇图书印装质量问题,请与本社营销部联系调换,电话:(022)23507125

目录

第一章　海洋旅游概述 …… (1)
第一节　海洋旅游研究进展 …… (1)
一、国外海洋旅游研究进展 …… (1)
二、中国海洋旅游研究进展 …… (5)
三、滨海旅游研究进展 …… (8)
第二节　海洋旅游的概念和特点 …… (12)
一、海洋旅游的概念 …… (12)
二、海洋旅游的特点 …… (14)
第三节　海洋旅游发展史 …… (15)
一、世界海洋旅游的发展 …… (15)
二、中国海洋旅游的发展 …… (17)
第二章　海洋旅游资源 …… (19)
第一节　海洋旅游资源概述 …… (19)
一、海洋旅游资源的概念 …… (19)
二、海洋旅游资源的特点 …… (20)
第二节　主要海洋旅游资源 …… (22)
一、自然类海洋旅游资源 …… (22)
二、人文类海洋旅游资源 …… (34)
第三节　海洋旅游资源评价 …… (37)
一、海洋旅游资源评价的原则 …… (37)
二、海洋旅游资源评价的指标体系 …… (38)
三、海洋旅游资源评价的方法 …… (41)
第四节　海洋旅游资源开发 …… (46)
一、海洋旅游资源开发的原则 …… (46)
二、海洋旅游资源开发的内容 …… (47)
三、海洋旅游资源开发的程序 …… (49)

第三章　海洋旅游区划 …………………………………………………… (54)
第一节　地中海海洋旅游区 ………………………………………………… (54)
一、地理概况……………………………………………………………… (54)
二、市场现状……………………………………………………………… (55)
三、主要优势……………………………………………………………… (55)
四、主要代表地海洋旅游概况………………………………………… (57)
第二节　加勒比海海洋旅游区 ………………………………………… (61)
一、地理概况……………………………………………………………… (61)
二、市场现状……………………………………………………………… (62)
三、主要优势……………………………………………………………… (62)
四、主要代表地海洋旅游概况………………………………………… (63)
第三节　大洋洲海洋旅游区 ………………………………………………… (66)
一、地理概况……………………………………………………………… (66)
二、市场现状……………………………………………………………… (66)
三、主要优势……………………………………………………………… (66)
四、主要代表地海洋旅游概况………………………………………… (67)
第四节　东南亚海洋旅游区 ………………………………………………… (70)
一、地理概况……………………………………………………………… (70)
二、市场现状……………………………………………………………… (71)
三、主要优势……………………………………………………………… (71)
四、主要代表地海洋旅游概况………………………………………… (73)
第五节　中国海洋旅游区划 ………………………………………………… (76)
一、地理概况……………………………………………………………… (76)
二、市场现状……………………………………………………………… (77)
三、主要优势……………………………………………………………… (78)
四、主要海洋旅游区概况……………………………………………… (80)
第四章　海洋旅游活动方式及其分类 …………………………………… (88)
第一节　海洋旅游活动方式的分类 ………………………………………… (88)
一、海洋旅游活动方式的空间位置分类……………………………… (88)
二、海洋旅游活动方式的活动区域分类……………………………… (89)
三、海洋旅游活动方式的气候特征分类……………………………… (91)
第二节　主要海洋旅游活动方式介绍 ……………………………………… (93)
一、传统的海洋观光旅游项目………………………………………… (93)
二、传统的疗养度假旅游……………………………………………… (99)

三、新兴的体育娱乐旅游 …………………………………………………… (106)
第三节 未来海洋旅游活动方式展望………………………………………… (115)
一、未来海洋旅游趋势 ……………………………………………………… (115)
二、未来海洋旅游活动 ……………………………………………………… (117)
第五章 海洋旅游效益………………………………………………………… (123)
第一节 海洋旅游经济效益………………………………………………… (123)
一、海洋经济与海洋旅游经济的关系 ……………………………………… (123)
二、海洋旅游经济效益 ……………………………………………………… (126)
第二节 海洋旅游社会文化效益…………………………………………… (131)
一、旅游与社会文化变迁 …………………………………………………… (132)
二、海洋旅游社会文化效益 ………………………………………………… (133)
三、结论 ……………………………………………………………………… (138)
第三节 海洋旅游的环境效益……………………………………………… (139)
一、旅游环境的概念 ………………………………………………………… (139)
二、海洋旅游环境条件 ……………………………………………………… (141)
三、海洋旅游对环境的效应 ………………………………………………… (144)
四、海洋旅游环境保护与可持续发展 ……………………………………… (147)
第六章 海洋旅游安全常识…………………………………………………… (154)
第一节 海洋旅游常见病及其预防………………………………………… (154)
一、中暑 ……………………………………………………………………… (154)
二、痢疾 ……………………………………………………………………… (156)
三、热带病 …………………………………………………………………… (157)
四、海鲜过敏 ………………………………………………………………… (158)
五、河豚鱼中毒 ……………………………………………………………… (159)
六、晕船、晕车、晕机 ………………………………………………………… (160)
第二节 海洋旅游常见事故及其预防……………………………………… (162)
一、溺水 ……………………………………………………………………… (162)
二、游船碰撞、起火…………………………………………………………… (163)
三、海上恐怖势力的威胁 …………………………………………………… (163)
四、迷失方向 ………………………………………………………………… (164)
五、台风 ……………………………………………………………………… (165)
六、海底地震、海啸…………………………………………………………… (165)
七、海洋中凶猛或有毒动物的侵袭 ………………………………………… (166)
八、赤潮 ……………………………………………………………………… (168)

第三节 海洋旅游安全工作…………………………………………………………（169）
一、增强旅游安全意识和防范能力 ……………………………………………（169）
二、海洋旅游注意事项及常备药品 ……………………………………………（171）
三、海洋旅游事故求救知识 ……………………………………………………（173）
参考文献……………………………………………………………………………（175）
后 记………………………………………………………………………………（178）

第一章　海洋旅游概述

第一节　海洋旅游研究进展

一、国外海洋旅游研究进展

国外海洋旅游的研究相对滞后于海洋旅游的发展与实践。20世纪90年代前，基于“3S”(Sea,Sun,Sand)的大众旅游的环境问题比较突出，海洋旅游研究主要集中在海洋环境影响及其评价上，90年代以后，随着后福特时代的到来和可持续发展概念的深入，海洋旅游的可持续发展问题得到重视。目前，国外海洋旅游研究内容主要集中在海洋旅游资源评价、规划开发与管理、海洋环境、经济、社会文化以及旅游可持续发展等方面。此外，小岛发展中国家或地区(SIDS)的旅游开发问题也备受关注。以下就这几个方面进行综述：

(一)海洋旅游的资源评价问题

旅游资源评价是旅游研究的重要问题之一，因此海洋旅游资源评价也始终是海洋旅游研究的热点之一。在资源评价指标体系的构建上，目前已由过去单因子评价向综合因子评价发展，较多考虑了社会经济和文化等因素，致力于建立一系列的评价指标体系与模型。1989年Chaverri以哥斯达黎加为例，选择了113个评价因子，分成水体、海滩、沙子、岩石、海滩环境、周围环境6组，每组又分为有益类和有害类，因子取值范围0～4，建立区分海滩大众适宜性和个体适宜性的评价体系，该评价体系选取因子较多，但评价标准主观性较强。Williams等1992年选择了自然、生物、人类利用与影响三类共50个因子，因子取值范围1～5，并利用此评价体系对美国、英国和土耳其等国265个滨海旅游地进行评价，该体系评价角度较全面，但对自然和生物类因子考虑相对较少，分类也较混乱。Morgan 1999年则选择滨海开发程度、自然、生物、人文四类共50个评价因子，对滨海的安全性、气候适宜性和滨海风景美学质量进行评价，该评价体系能向游客提供较多的滨海旅游信息，有利于游客的旅游决策。此外，Morgan 还从游客偏好角度出发，通过 3 组测试人群对英国威尔士 70 个海堤景观视觉偏好的评价研究发现，不同背景的人群对景观的偏好具有明显的差异。这种基于市场需求的评价方法，对海岸带旅游资源开发和环境保护的决策、旅游市场的细分等具有重要的参考价值。

（二）海洋旅游的规划与开发管理问题

随着可持续发展思想的深入和人们对环境的关注，旅游规划的范围和内容也发生了巨大变化。在规划方面，Hall 和 Jenkins 1995 年认为，若缺乏对具体措施的深入分析和对决策有效的监控评价，政府就很难在旅游发展战略框架内进行有效的旅游资源配置和管理决策，并会受不同利益群体的影响。但就利益群体的影响方面，各地区会因政治制度和管理体制有不同表现，因此不具有普遍性。Chua 和 White 1999 年认为，旅游发展规划"应该保留诸如无水排放、海岸带侵蚀、沙滩维护、珊瑚礁和其他生态系统等环境管理问题的指导、旅游发展区划。地区政府和当地社区应该积极地参与规划的实施，避免外来人力和文化的入侵。制定游客滨海旅游规范，具体包括游船使用、游泳和垂钓等活动的指南"。这些理论体现了环境保护和可持续发展的思想，并具有前瞻性。在旅游开发管理方面，Radchenko 和 Aleyev 2000 年认为，文化传统和社会优先选择权是海洋旅游开发管理模式和目标选择的关键。Han 2001 年认为，由于海洋与海岸带的特殊性，加强临近陆地污染物控制和区域合作对海洋与海岸带旅游发展具有重要作用。将旅游开发和管理纳入海洋和海岸带一体化综合管理已成为众多研究人员的共识。在旅游管理的具体方法上，Davis 和 Gartside 2001 年提出了基于经济租金和产权的经济手段，Hall 则在综合的基础上提出海洋旅游 5 种基本行政管理类型，并对 20 种具体手段的运用目标和适用范围作了详细分析。另外，社区参与的管理模式也受到广泛关注。

（三）海洋旅游的环境问题

海洋旅游的发展对环境的影响是巨大的、长久的和动态的。Kuji 等人 1991 年分析了造成滨海地区海水污染的原因，包括粪池、污水处理系统泄漏、陆源污染物、邮轮等。Campbell、Ritter 和 Marsh 等人就游船活动对不同地区及海域的环境影响情况作了研究，丰富了人们对游船活动的环境污染和生态影响的认识。

在海堤对环境的影响等方面，Banies 1987 年认为，观光海堤对泥沙的拦截在短期内影响了海岸带泥沙的季节分配，从长期看将引起海岸线后退和陆地面积的损失。Wong 1998 年通过对东南亚等地海岸带旅游开发的研究发现，为防止海岸侵蚀和崩塌，水泥等硬材料防护墙的大量修建破坏了海岸带景观，这在低潮位时更为明显，使海岸带旅游发展受到严重影响。Jacqueline 2006 年以德国石勒苏益格—荷尔斯泰因地区为例，研究了防波堤的类型和当地住宿价格的辩证关系，发现在特定地区的人工海堤越长，该地区住宿设施的平均价格越低；反之，海岸线若是开放的，则住宿设施的平均价格越高。

另外，海洋旅游对生物的影响也受到了广泛的关注，尤其是对脆弱的生物种群和生态系统的影响。大量学者研究了旅游活动对珊瑚的影响：Hall 1998 年认为，游客在低潮位时的珊瑚漫步已造成澳大利亚大堡礁部分珊瑚的严重损害和退化。Hawklns 和 Roberts 1994 年研究发现，红海海岸带旅游开发已导致临近珊瑚生存环境恶化，其中埃及红海沿岸 30% 以上的珊瑚已遭受严重影响。Partai和 Hopley 等 1994 年研究表明，澳大利亚北昆士兰州特里比莱申角(Cape Tribulation)旅游道路建设对临近珊瑚的影响明显。学者们对红树林被砍伐问题也表现了关注。Hall 1994 年发现，在热带和亚热带地区，海洋与海岸带旅游开发导致红树林被大量砍伐，河口、河湾被疏浚或填围，红树林生态和河口、河湾生态破坏严重，这在澳大利亚、夏威夷、斐济、瓦努阿图等国家和地区尤为突出。Clarke 认为红树林砍伐和河口、河湾疏浚将引起生物多样性减少，破坏区域食物链结构，影响海产品的捕获量，还会使海岸易遭受海洋风暴的侵蚀，致使大量海洋泥沙沉积物被冲走。

(四)海洋旅游中的经济问题

国外关于海洋旅游经济问题的研究主要涉及滨海旅游地衰退与复苏、滨海地区产业发展、邮轮旅游的影响三个方面。

海洋旅游的发展，热带海洋旅游地的兴起，使欧洲传统海洋旅游地受到冲击。旅游地恢复和旅游产品重组已成为这些地区旅游研究的重点。Agarwal 利用 Butler 1999 年的旅游地生命周期理论和现代产品重组理论对英国滨海旅游地衰退机制进行分析，提出旅游地重定位概念、滨海旅游地产品重组和产品创新战略。她将传统旅游产品理论与海洋旅游相结合，使海洋旅游产品的生命周期问题及产品的优化创新问题受到关注。Prlestley 和 Mundet 1998 年通过对西班牙滨海旅游地的研究，提出了后滞涨(post-stagnation)阶段，对处于后滞涨阶段旅游地的特征、存在问题及其对策进行了分析，并提出滨海中等文化遗产城市旅游实现可持续发展的四种选择模式。

海洋旅游业的发展会导致海洋产业结构的优化协调或失衡。Snoussi 和 Aoul 2000 年研究发现，西北非地中海沿岸由于旅游开发和景点城市化发展，水资源供需矛盾日益突出，旅游业与种植业发生冲突，区域经济过度依赖旅游业，导致旅游消费品大量进口，地方旅游收益降低。Salmona 和 Verardi 2001 年对意大利 Portofion 半岛的研究表明，旅游业发展和其他产业的退出竞争导致区域经济结构刚性增加，引起社区人口大量外迁。Schittone 2001 年通过对佛罗里达 Keywest 和 Stock Island 旅游业和渔业空间竞争关系的研究发现，由于垄断集团干涉和政府发展旅游的偏好，导致渔业从 Keywest 和 Stock Island 逐步退去。这些研究从不同方面揭示了旅游发展的问题，突出了旅游业与其他海洋产业协调发展的重要性。邮轮旅游也成为近年来研究的热点。过去，这类研究主要集中在邮轮旅游业的发展预测、费用构成、游客特征等方面，20 世纪 90 年代后，更多关注邮轮旅游发展的影响方面。Dwyer 和 Forsyth 1998 年以澳大利亚为例，对邮轮旅游的成本效益、利益分配以及“方便旗”(Flags of Convenience, FOCs)使用对邮轮注册国和旅游活动所在区域的经济影响问题进行了研究。Wood 2000 年研究认为，FOCs 的使用加剧了邮轮旅游业的重组和兼并，邮轮旅游业的投融资和产权的全球化和垄断化过程加速。Vina 和 Ford 1998 年通过对邮轮旅游对地方经济的影响研究发现，与沿途观光停靠港相比，作为邮轮始发或补给的港口对地方经济影响更大。

(五)海洋旅游的社会文化问题

海洋旅游社会文化问题的研究集中于对旅游地的社会文化影响方面，Baker 1997年认为，由于历史原因，加勒比海地区的旅游业仍被很多人视为新殖民主义和新的奴隶制形式，在这种社会文化背景下，邮轮旅游业主将加勒比海私人岛屿建成邮轮停靠港，导致旅游地经济发展与社会文化的断层。2000 年 Wood 通过对加勒比海邮轮旅游发展的研究来分析全球化问题，提出在后现代主义影响下旅游景观的非区域化、模拟化和主题化等现象。Preston-Whyte 2001 年从社会、政治、文化、宗教、意识形态等方面对南非德班滨海旅游地空间的社会认同、空间竞争和空间变迁等进行了研究，认为社会文化认同引起滨海旅游地的空间社会分割，而宗教信仰在内部空间分割中作用最明显。

(六)海洋旅游的可持续发展问题

《可持续旅游发展宪章与行动计划》从全球角度提出可持续旅游发展的基本原则和目标，并将海洋与海岸带作为可持续旅游优先发展地区，对海洋旅游的可持续发展问题的研究也日益丰富起来。其中，生态旅游备受瞩目，研究的重点也从概念的争执转向如何实现生态旅游的可持续发展和生态旅游产品开发与市场化等方面。2005 年 Monika 等在从事整合的海岸带管理可持续性研究项目(ICMS)时，以菲律宾中部米沙郡群岛为例，详细探讨了旅游业的成功与该项目进程可持续性之间的关系，研究结果表明，滨海旅游业水平与地区的遵从性和可进入性指标成正相关关系，而与生活质量指标和活动可持续性指标成负相关关系。旅游生态标签(ecolabel)认证在海洋旅游可持续开发中正在引起重视。旅游生态标签认证有利于减少海洋与海岸带旅游开发的环境影响，对实现可持续旅游发展具有重要的现实意义。欧洲蓝旗(blue flag)及英国和澳大利亚等国对海洋发展制定了各自的生态标签认证标准。但也有负面声音，Buckley 和 Sasidharan 2002 年的研究表明，旅游生态标签认证在发展中国家的实施仍存在很多陷阱，同时，旅游生态标签认证的标准本身多应用生命周期评价方法，而对环境的长期影响缺乏科学和有效的评价。

（七）小岛屿发展中国家或地区（SIDS）的旅游开发问题

世界上许多小岛屿均是发展中国家（地区），土地面积狭小、可利用资源有限、交通不便以及生态脆弱等不利条件使小岛屿旅游可持续发展问题受到广泛关注。Yunis 2001 年研究认为，生态旅游为小岛屿有限经济活动的多元化提供新的机遇，他提出生态旅游开发和管理的 19 个基本原则。Meaurio 和 Murray 2001 年认为，大量非 SIDS 本地就业人员和旅游者的进入弱化了社区的传统文化，小岛屿旅游发展导致的利益分配不均和贫富分化已成为严重的社会问题，岛屿城市化使环境受到破坏。他们还构建了 SIDS 旅游可持续发展的指标和监测体系。Wong 研究认为，饮用水供给、废污水排放、固体污染物处理已成为 SIDS 旅游发展的 3 个难题。这些研究不同程度地为 SIDS 地区的发展提供了参考。但由于小岛屿不同的资源特征，一些开发管理方法和监测体系可操作性不大。

（八）小结

在研究内容方面，自 20 世纪 90 年代后，国外海洋旅游研究进展较快，在继续重视环境和经济方面问题的同时，海洋旅游的可持续发展问题也受到关注，特别是旅游决策和管理问题以及旅游开发的研究明显增多。在研究技术和方法上，统计学、社会学、心理学已广泛应用于海洋旅游经济和社会等方面的研究，计算机和遥感等学科的最新成果也开始应用于环境方面的研究。此外，由于海洋与海岸带复杂的环境特征以及旅游业自身的高度关联性，跨区域、跨部门、多学科合作已成为国外海洋旅游研究的趋势。同时，不难看出，目前国外海洋与海岸带旅游研究基本上以定性分析为主，特别是环境方面的研究，由于相关资料和数据缺乏，国外海洋与海岸带旅游的环境研究总体上仍处于概念性和定性分析阶段，而基于特定环境或具体旅游活动的研究较少。由于可利用数据和可对比数据缺乏，至今仍没有对其旅游开发的环境影响做过全面的系统研究，这势必影响海洋旅游研究的深入发展。

二、中国海洋旅游研究进展

我国的海洋旅游事业发展较晚，研究也比较滞后，研究成果从 20 世纪 90 年代中后期开始出现，最初的研究主要集中在海洋旅游资源和海洋旅游开发方面。进入 21 世纪，研究成果大量出现，研究范围拓展到特色海洋旅游产品开发、滨海旅游可持续发展、滨海旅游城市建设、海洋旅游文化、海岛旅游开发等多个方面。

(一)海洋旅游资源研究

我国位于地球上最大的大陆板块和最大的大洋板块交汇之处,海洋旅游资源极其丰富,为我国发展海洋旅游提供了优良的资源条件。目前中国对海洋旅游资源的研究主要包括海洋旅游资源的分类及特点、海洋旅游资源的评价和海洋旅游资源开发利用三个方面。

1.海洋旅游资源的分类及特点研究

陈娟2003年较为系统地阐述了海洋旅游资源的分类,指出"根据海洋旅游资源的属性,可将海洋旅游资源分为两大类,海洋自然旅游资源和海洋人文旅游资源",并在此基础上提出了中国海洋旅游资源具有丰富多样、人文内涵厚重、地域差异显著、季节性季风性强的特点。贾跃千等2005年不仅根据海洋旅游资源的本身属性将海洋旅游资源分为自然旅游资源和人文旅游资源,还按照海洋旅游活动的属性来划分,形成海洋游憩活动谱,同时又将海洋旅游资源划分为主类、亚类、基本类型三个层次。

2.海洋旅游资源的评价研究

对海洋旅游资源的评价,不仅要考虑尺度变换,还要注意各评价因子相关性(相关系数)要随研究区的位置、时间、规模以及评价者的背景不同而变化。齐德利等2004年从吸引力评价指标体系和开发潜力评价指标体系出发,对沿海生态旅游资源利用时空尺度、自然人文理性尺度、数理统计尺度进行评价,并采用模糊层次分析法对评价结果进行分析。崔红艳2004年同样采用层次分析法和模糊数学相结合的方法来确定营口市的海水浴场资源环境容量,并对海水浴场的资源容量进行分析,提出了发展的对策:实施捆绑式发展,注重区位特色;开辟海上娱乐运动;发展海洋节庆活动。

3.海洋旅游资源开发利用研究

在海洋旅游资源开发利用方面,不再局限于传统的开发模式,逐渐由观光游览型向多元化转变,提出了深度开发的原则。金海峰2003年根据温州旅游资源的分布提出了对海洋旅游资源的开发要进行深度开发,如海岛捕鱼活动。潘宝明2002年提出了江苏海洋旅游资源深度培育开发的必要性,指出要坚持与时俱进、天人合一、综合拓展和准确定位的原则。

(二)特色海洋旅游产品开发研究

我国海洋旅游产品丰富、类型多样、品种齐全,当前我国对海洋旅游产品的研究倾向于对特色海洋旅游产品的研究,尤其是对海洋生态旅游产品和滨海体育旅游产品的研究。

1.海洋生态旅游产品研究

关于海洋生态旅游产品的研究,高晓云等2001年在谈到天津古海岸与湿地生态旅游开发设想时指出，生态旅游在世界范围内正经历着一个蓬勃发展的时期，它代表着国家休闲旅游发展的新趋势。旅游者重视对生态旅游资源的观察和研究，这种旅游具有明显的生态社会效益、经济效应和环境效应。齐平 2003 年从生态旅游的含义与特点出发，论述了海洋生态旅游开发要以效益为中心，以生态效益为前提，经济效益为依据，社会效益为目标，使生态旅游活动取得生态、经济和社会的效益统一，要注意环境保护与市场经济和谐的结合。廖伟群等 2004 年在分析珠海生态旅游资源开发建设时指出，海洋生态旅游产品的设计，有地方特色是关键。特色海洋生态旅游产品包括：特色生态景观、滨海海岛休闲度假、特色生态考察与探险和渔家风情游。

2. 滨海体育旅游产品研究

滨海体育旅游越来越得到世界各国的公认，特别是欧美各国和亚洲的日韩等国家，体育旅游已成为许多人日常生活的一部分。林永革 2004 年指出了中国大力开发滨海体育旅游的措施：打造别具特色的滨海体育旅游品牌；体育项目的设置要有针对性；体育与海洋疗养的有机结合"。李平 2001 年分析了青岛发展滨海休闲体育旅游的条件，指出青岛滨海休闲体育旅游产品的设计与开发应以资源为基础，以市场为向导，利用已有的设施条件，抓住举办奥运帆船项目的机遇，开发适销对路的产品。

（三）滨海旅游可持续发展研究

滨海旅游的可持续发展是旅游发展的最高目标，也是海洋旅游开发必须遵循的原则。目前对滨海旅游产业的可持续发展研究主要集中在基础理论研究，包括滨海旅游的可持续发展的含义、原则和战略思想等。

1. 滨海旅游可持续发展的含义研究

盛红 1999 年指出：滨海旅游业的可持续发展至少应包括四个方面的含义：一是滨海旅游资源的可持续性，二是滨海生态环境的可持续性，三是滨海旅游经济的可持续性，四是滨海社会环境的可持续性。滨海地区主管部门应当重点研究区域旅游业可持续发展的潜力和主要影响因素，并研究滨海旅游项目对滨海旅游环境可能造成的影响，对旅游区内的建设项目进行协调、审批和监控。

2. 滨海旅游可持续发展的原则和战略思想研究

郝艳萍 2003 年提出了滨海旅游资源可持续发展利用应遵循的原则：市场导向原则、独特性原则、经济效益原则、海洋环境保护及社会效益原则，并提出了可持续利用开发滨海旅游资源的对策。齐平 2003 年认为，发展滨海生态旅游与加强海洋自然保护区建设的关键是以效益为中心，效益、环保并重来实现可持续发展，并建立可持续发展的保护区政策体系。

三、滨海旅游研究进展

(一)国外滨海旅游研究进展

国外滨海旅游发展历程大致分为四个阶段:1730 年在英国的斯卡伯勒和布赖顿最早出现的海水浴场,被认为是世界滨海旅游的开端;现代滨海旅游形成于 19 世纪中叶,欧洲大西洋沿岸、波罗的海沿岸开辟了众多滨海疗养地;20 世纪初,地中海沿岸避寒度假胜地成为新的世界著名滨海旅游中心;20 世纪中叶,热带滨海旅游迅速崛起,依托气候优势,大力发展"3S"(Sun,Sea,Sand)旅游,取得了巨大成功。

国外滨海旅游理论研究滞后于滨海旅游实践,20 世纪后半叶才陆续出现相关理论研究,研究内容主要集中在以下六个方面:

1.滨海旅游资源评价

旅游资源是旅游业赖以存在和发展的基础,旅游资源评价始终是旅游研究的重要课题。滨海旅游资源的评价指标体系已由单因子评价发展到综合因子评价,评价指标体系日臻完善。Chaverri 以哥斯达黎加为例,选择了 113 个评价因子,分成水体、海滩、沙子、岩石、海滩环境、周围环境 6 组,每组又分有益类和有害类,建立了区分海滩大众适宜性和个体适宜性的评价体系。Williams 等选择了自然、生物、人类利用与影响三类共 50 个因子,构建了滨海旅游资源评价指标体系,并将其应用于多达 265 个的滨海旅游地的评价。Morgan 提出了基于旅游者偏好和市场需求的滨海旅游资源评价指标体系,拓宽了滨海旅游资源评价研究视野。

2.滨海旅游资源开发管理

1995 年通过的《可持续旅游发展宪章》和《可持续旅游发展行动计划》,明确提出将滨海旅游地作为可持续旅游优先发展地区。自此,国外滨海旅游规划的内容和范围逐渐涉及旅游环境和社会文化问题。滨海旅游规划开发模式选择应该统筹政府和社区的意见,考虑环境和文化的可持续发展。Hall 和 Jenkins 认为,政府在滨海旅游规划开发和管理中应该明确发展目标和相关具体实施措施,并建立对政府决策行为的监督体系,否则政府的决策很容易受到利益相关者的影响。Radchenk 和 Aleyev 则认为文化传统和社会优先选择权是滨海旅游开发管理模式和目标选择的关键。Monika 等的研究指出,滨海旅游业水平与地区的遵从性和可进入性成正相关,而与生活质量和活动可持续性成负相关。

3.滨海旅游的环境影响及保护

旅游活动引起的水体污染、植被破坏、海洋生态系统失调等环境问题,在世界著名滨海旅游地屡见不鲜。Kuji 等人分析了造成滨海地区海水污染的原因,诸如粪池、污水处理系统泄露、邮轮等。Wong 等分析了发展滨海旅游对于海岸线、港口的影响，如加剧了海岸带的侵蚀和崩塌。大量学者做了滨海旅游对于热带珊瑚影响的研究，具有代表性的人物有：Hall、Treeck 和 Schuhmacher 等。Jacqueline 以德国石勒苏益格－荷尔斯泰因地区为例，研究了防波堤的类型和当地住宿价格的辩证关系，发现在特定地区的人工海堤越长，该地区住宿设施的平均价格越低；反之亦然。

4. 滨海旅游社会文化影响

滨海旅游对旅游地会产生一系列的社会影响，文化交流碰撞会改变当地社区居民的意识形态、冲击传统文化。Wood 探讨了邮轮旅游发展与全球化问题。Preston-Whyte 从社会、政治、文化、宗教、意识形态等方面对南非德班滨海旅游地空间的社会认同、空间竞争和空间变迁等进行研究，发现信仰在空间分割中的作用最明显。

5. 滨海旅游经济影响

国外关于滨海旅游经济问题的研究主要涉及滨海旅游地衰退与复苏、滨海地区产业发展等方面。

滨海旅游地衰退和复苏的研究对象以欧洲地区为主，根本原因在于滨海旅游发展中心不断转移，新的滨海旅游地，尤其是热带、亚热带滨海旅游地的兴起，对欧洲滨海旅游地形成了巨大冲击。Agarwal 曾两次以英国滨海旅游地为例，对旅游地衰退机制和重新定位做了深入研究，研究结论表明，外部旅游市场竞争加剧和内部旅游地自身竞争力下降是导致旅游地衰退的主要原因，要想摆脱旅游地的衰退、获得复苏，必须对旅游地重新定位。此外，Priestley 和 Mundet 以西班牙滨海旅游地为例，论述了滨海旅游发展的后滞胀阶段问题。Russo 以威尼斯为例，论述了滨海中等文化遗产城市旅游发展的模式。

发展滨海旅游业，会对海洋产业结构产生两种可能性的巨大影响，一种是优化和协调原有海洋产业结构，另一种是过分强调滨海旅游业在海洋产业中的比重，忽视海洋一、二产业。大量研究表明，世界著名滨海地区在发展滨海旅游过程中，都不同程度地对当地产业结构产生了负面影响，突出表现在对水、土地等资源和市场的争夺。发展滨海旅游旅游必须建立在产业协调发展的基础之上，否则作为第三产业的滨海旅游业难以实现持续健康的发展。

6. 海岛旅游研究

滨海旅游空间早已扩展到海岛之上，海岛因其独特的自然环境、传统的社会文化为旅游业提供了良好的发展基础。但同时应看到，海岛生态系统脆弱，一旦打破平衡，将很难得以恢复。国外关于海岛旅游的研究是伴随着世界旅游组织(World Tourism Orgnization, WTO)等国际组织对小岛屿发展中国家或地区的日益关注而不断发展的。Meaurio 和 Murray 认为小岛屿旅游业的发展导致三个方面的问题:社区传统文化弱化;利益分配不公平和贫富分化成为严重的社会问题;岛屿城市化使得环境受到破坏。他们还构建了海岛旅游可持续发展的指标和监测体系。

（二）国内滨海旅游研究进展

我国的滨海旅游资源非常丰富,近 30 年来,滨海旅游实践取得了迅猛发展。国内有关滨海旅游的研究起始于 20 世纪 90 年代,其研究内容主要集中在区域尺度的滨海旅游方面。

1. 滨海旅游资源评价与分区

众多学者以我国特定的滨海旅游地为案例,对滨海旅游资源进行了评价。保继刚等以茂名市为例,研究了滨海沙滩旅游资源的空间竞争态势。李悦铮对大连市滨海旅游进行了研究。陈菁研究了福建省滨海旅游的可持续发展。杜丽娟分析了河北省滨海旅游资源的特点和开发潜力,探讨了河北省滨海旅游业的发展。程岩等在分析辽宁省滨海旅游资源特征的基础上,讨论了滨海旅游建设分区和项目规划的构想。张莉在详细分析湛江市的滨海旅游资源特色、区位优势、客源条件的基础上,探讨了湛江市滨海旅游业存在的主要问题和制约因素,提出了提升湛江市滨海旅游业的关键措施。张经旭在分析广西滨海旅游资源开发的现状、优势和存在问题的基础上,对加速开发滨海旅游资源和持续健康发展旅游业提出了建议。尹泽生等对《旅游资源分类、调查与评价》(GB/T18972—2003)在实施过程中遇到的诸如对旅游资源定义的认识、对旅游资源调查对象的甄别、旅游资源调查的要点、旅游资源调查成果评价等问题,做了一些简要的说明,深化了对旅游资源,包括对滨海旅游资源分类、调查、评价的认识。

滨海旅游资源分区是资源开发、有效利用的基础。范业正等从气候适宜性角度将我国滨海地带从北至南划分为暖温带、北亚热带、中亚热带、南亚热带、北热带、中热带六个区域。马勇等按照滨海旅游资源相似性、经济条件、区位条件、资源空间组合、客源市场等因素,将我国滨海旅游空间布局分为环渤海湾滨海旅游区、长三角滨海旅游区、海峡西岸滨海旅游区、珠三角滨海旅游区、海南岛滨海旅游区五个不同的区域。

2. 滨海旅游开发

在省域尺度上,曲丽梅对辽宁省滨海旅游开发做了深入系统的研究。李志强论述了广东省滨海旅游的现状,并提出了促进广东省滨海旅游开发的建议。李崇蓉探讨了广西滨海旅游业与其他地区存在的差距,从产品开发和宣传促销两个方面提出了一些新的思路。高亚峰介绍了河北省滨海旅游开发概况和发展方向。韩卢敏探讨了福建省滨海旅游的开发模式,并结合厦门市进行了案例研究。张广海等从区域整合的角度分析了山东省海洋旅游业的现状,从海洋旅游空间、海陆一体、旅游产品、旅游企业四个方面提出了整合方案。

在城市尺度上,顾建清等提出昌黎滨海旅游发展设想。苏姗论述了如何构建天津市滨海旅游名城。李蕾蕾从七个方面论述了深圳滨海旅游开发和形象构建的问题。王富玉以专著形式介绍了三亚建设国际热带滨海旅游名城的战略选择。赵冰茄论述了大连市建设国际滨海旅游名城的战略构想和对策建议。梁文等阐释了北海市滨海旅游资源及在开发过程中暴露出来的问题,提出了合理开发北海市滨海旅游资源、建设滨海旅游业的建议。

3. 滨海旅游环境影响及保护研究

许多论述区域滨海旅游资源开发利用的文献均涉及滨海旅游的环境影响及其保护等方面。此外,李平等总结了滨海旅游发展过程中产生的主要环境问题,提出相应治理措施:建立保护区、治理区和示范区等。何昉等对滨海山地度假区开发的水土保持方案进行了研究,并以深圳市崎头岭为例,提出了具体方案。柴寿升等分析了滨海旅游的价值,并就全球滨海旅游的布局、滨海旅游发展中存在的问题进行了分析,最后提出了相应的解决方案。

4. 滨海旅游社会文化影响

盛红认为滨海旅游度假区吸引旅游者的关键是在其文化的度假性、开放性、外向性和崇商性,开发滨海度假文化有其重要意义,并提出规划开发原则。董志文等就青岛滨海旅游文化的开发提出设立"青岛海洋节"的建议,并阐述了必要性和可行性。李蕾蕾指出,从文化研究角度探讨滨海旅游空间是对传统旅游地理学研究视角的重要补充,讨论了滨海从"自然空间"转化为"旅游空间"的历史过程,并以深圳滨海为例,分析指出滨海旅游空间的社会实践和社会建构。胡荔香在其硕士论文中,以福建省莆田市湄洲岛国家旅游度假区为例,探讨了文化型滨海度假区的开发。

5. 海岛旅游研究

刘家明分析了国内外海岛旅游兴起的历史过程及其原因,归纳了海岛旅游的旅游资源特点,在此基础上设计了海岛旅游康体休闲活动及服务设施的布局模式,指出了海岛旅游设施的空间布局规律并分析了这种空间布局规律的原因,探讨了海岛旅游的开发机构、融资方式以及海岛旅游对社区环境影响等问题。白洁研究了制约海岛旅游业发展的资金、自然生态、体制瓶颈三方面的因素,并提出了相应的发展思路与对策。孔海燕阐述了发展旅游业对海岛生态环境的影响,并提出了保护海岛环境的策略。陈航等通过对我国海岛旅游文化资源特征及其构成的分析,认为应以山、海文化为形象主题,以海岛的战事文化、宗教文化、历代名人的踪迹等为重点开展文化旅游;并通过集中外显、强化感知,烘托气氛、营造整体氛围，创造意境、深化体验等开发策略，促进我国海岛旅游业的可持续发展。

第二节 海洋旅游的概念和特点

一、海洋旅游的概念

国内外对海洋旅游理论体系的研究要落后于海洋旅游的实践，国外的研究通常集中于海洋生态旅游及各种具体的海洋旅游形式如观鲸旅游、潜水旅游、海上巡游等，从而对海洋旅游这个最基本的范畴研究不足。我们对国外书籍、期刊及学术会议进行了较为广泛的调查，但搜寻到的很少，其中包括 Markorafns 在《海洋观光发展、影响与管理》（由台湾刘修祥翻译）中对海洋旅游的界定和在 1997 年 9 月举行的“海洋旅游在东南亚的发展”学术会议上由马来西亚海事协会的 Mohdnizaln Basiron 所撰写的文章《海洋旅游业趋势与发展》中对海洋旅游范畴的阐释。类似的还有 C. Michael Hall 对海岸带旅游以及海洋旅游范畴的界定。Mark Orams 认为：海洋观光包括以海洋环境（指那些含盐的和受潮汐影响的水域）为中心，所从事的游憩活动，或接待许多人离开它们的居所而至海洋环境所引发的一系列活动。他的界定有以下几个特点：首先是从生物学角度出发的，着重点是海洋环境即含盐与受潮汐影响的，所以不涵盖淡水的水域环境；其次将海洋观光限定于游憩活动，这就排除了商业或相关工作活动，从而捕鱼、航运、石油勘探和科学研究等都不属于海洋观光领域；再次他所界定的活动不仅包含海洋本身所引发的活动，也包括海洋环境所引发的各种活动，只要出游的目的、活动的重心是以海洋环境为主，均可涵盖在内；此外，他的界定既从旅游者的游憩活动角度出发的，也从旅游业的供给与接待角度出发。这个界定采用了要素分析方法。在这个范畴的界定中最容易引起歧义与争论的是“海洋环境”所代表的确切含义“含盐与受潮汐影响的环境就是海洋环境”确实很容易使人模糊，从而影响其实际应用，而海洋环境在其中又占据重要的地位，因此不能不说有一定的缺陷。

国内对海洋旅游范畴的研究见于由中国海洋大学董玉明所著的《海洋旅游学》一书，类似地，还有《中国旅游百科全书》对海上旅游的界定。董玉明先生认为，所谓海洋旅游，是指在一定的社会经济条件下，以海洋为依托，为满足人们精神和物质需求而进行的海洋游览、娱乐和度假等活动所产生的现象和关系的总和。这个界定采用了转化借用法，是对旅游这个基本范畴的一种引申、转化与发展。董玉明先生界定的海洋旅游范畴有如下特点：首先强调以海洋为依托，也就是说，所进行的旅游活动与海洋有某种关系，但“以海洋为依托”这句话比“海洋环境”更模糊、更易引起歧义，实际上当对一个范畴进行严格界定的时候，总是会出现许多问题，而如何把握合适的度就是其中较为突出的一个。过于精确，会限制概念的应用范围；过于模糊，又容易产生歧义。其次是所包含的活动不仅满足精神需求还满足物质需求，则其界定的海洋旅游范畴不仅仅包含游憩活动还包含以商业为目的的活动，这一点与 Mark Orams 的研究结果有所不同。《中国旅游百科全书》对海上旅游的界定是：以游览海洋风光或沿海旅游景物为目的的旅游活动。“海上旅游”一词的提法欠妥，这个提法也很注重旅游的动机。

上述定义，虽然表述不一，其最终还是落脚于对旅游的定义和对海洋空间范围的界定上，所做的工作无非是将这二者有机融合起来。

依据国际旅游专家联合会的定义，旅游是非定居者的旅行和暂时居留而引起的现象和关系的总和，这些人不会导致长期居住，并且不牵涉任何赚钱的活动。尽管这个定义比较泛化，但自其提出之后，在国际上得到较为广泛的认可。世界旅游组织在 1980 年马尼拉会议之后，将旅游重新定义为：旅游系指人们出于非移民及和平的目的或者出于导致实现经济、社会、文化和精神等方面的个人发展及促进人与人之间的了解与合作等目的而作的旅行。

从这两个定义来看，其对于旅游活动的异地性和旅游活动中旅游者的空间移动这两方面比较重视，而对于空间移动的方向和目的则存在某种程度的淡化。

至于对海洋空间范围的界定，从狭义角度看，海洋空间资源是指海洋水体、水面及其上覆空间、海床底土的总称。从广义角度看，海洋空间资源发展内涵极为丰富。它不仅指海洋本身的大气、海面和海底，即“内太空”，还包括以海岸带和领辖海域的岛屿甚至内陆腹地的“海内发展”，以及以海外国家、地区为对象的“海外发展”。因此，海洋空间范围不仅包括通常意义上的海洋水体以及其下的海床、底土和其上的大气，还包括陆地中受海洋活动作用影响明显的区域，主要是指海岸带和海岛。这部分区域既具有陆地属性，也具有海洋属性，而且往往是海洋属性表现得更为明显，并且当前人类旅游活动也主要集中于这一区域。

基于以上对旅游和海洋空间区域范围的界定，我们认为，海洋旅游系指非定居者出于非移民及和平的目的而在海洋空间区域内的旅行和暂时居留而引起的现象和关系的总和。人们的出游目的主要是出于导致实现经济、社会、文化和精神等方面的个人发展及促进人与人之间的了解和合作。即海洋旅游是指旅游者离开自己惯常的环境前去海洋旅游区域进行的旅游。这里的海洋旅游区域不仅包括所有海洋水体部分，还包括陆地上以海洋气候、海洋文化为主的地区。海洋旅游内涵的界定有以下特点：

首先是对海洋旅游区域的强调。只要是在海洋旅游区域进行的旅游都属于海洋旅游范畴。这样海洋旅游所涉及的旅游活动就不仅仅是游憩、休闲一类的活动，也包括以商业目的来到海洋旅游区域所进行的活动，同时海洋旅游活动也可以不涉及海洋水体。这样的划分便于统计，如将在海洋旅游区域的旅游活动区分为海洋旅游与非海洋旅游，在技术上是不可行的。

其次是该范畴所包含的区域大于狭义的海岸带，在划分上也不同于按行政区域划分。狭义的海岸带方法常小于人们所认识的海洋旅游区域，而滨海地区、沿海地区、广义的海岸带又过于模糊与广大。海洋气候、海洋文化尽管也存在模糊的问题，但要优于广义的海岸带与滨海地区的提法，也注重了地理因素与人文因素的综合考虑。

再次是该定义也会出现统计数据难以同行政区划相统一的问题。我们认为当统计海洋旅游数据的时候，最多采用县级行政区划，不适宜于采用市/地级行政区划，因为县级行政区划较为符合海洋旅游区域。

最后是该定义从需求或旅游者角度出发，对海洋旅游者及其所参与的海洋旅游活动进行分析、研究，排除了类似于商业捕鱼、石油勘探、科学研究等纯商业和研究目的的有组织的活动，但个人到海洋旅游区域参加会议、出差等可归类于海洋旅游活动。

二、海洋旅游的特点

海洋旅游除了具有旅游的基本特点外，还有许多自身的特点，这些特点多是相对于陆地旅游来说的，简单概括如下：

（一）高度参与性

海洋休闲旅游提供的众多活动如海水浴、日光浴、海上运动、沙滩运动等无不具有高度的参与性，游客不仅要身临其境，而且要通过学习、培训掌握一定技能才能如鱼得水般地在海上冲浪、滑水，在海滩上沙疗，在海岸边海钓。许多项目都具有刺激性和挑战性，更能引发游客的兴趣。其参与性的特点也符合世界旅游的潮流，这也是海洋休闲旅游之所以受欢迎且历久而不衰的原因之一。

（二）多样体验性

海洋是抽象的、运动的、变幻莫测的，在不同的天气条件下，我们会有不同的体验感受。当游客静下来体验大海的时候，无数的景观会涌现在他们的面前，其形态和变化是最多的，或风平浪静、波光粼粼，或潮起潮落、波涛汹涌。另一方面，滨海、海岛有着及其多样的旅游活动形式，这些五花八门的活动必然给游客带来丰富多彩的感官体验。这是较之陆地旅游，海洋休闲旅游的特有魅力。

（三）康体保健性

海水比热系数大，滨海气候适宜，气温变化不大，能够使人体内的代谢稳定，内脏负担均衡，对人体健康起着稳定作用。海水中含有多种元素，对某些细菌和病毒有很强的抑制作用。海水浴加日光浴对皮肤等疾病有一定疗效。海浪的撞击能够产生大量的负离子，这种含有高浓度的负离子空气，具有镇痛、催眠、止咳、降压、减轻疲劳等作用，使人心旷神怡，对健康大有益处。海洋休闲旅游还可品尝到营养丰富、味道鲜美的海产品。大海辽阔浩瀚、开阔大度，在滨海观光能够涤除烦恼，开阔胸襟，在汹涌澎湃的波涛中游泳、冲浪、划船有利于锻炼坚强的意志、陶冶情操。

（四）异质文化性

如果说陆地旅游其文化内涵指向的是以黄色文明为代表的内陆文化，那么海洋旅游其文化内涵就是以蓝色文明为代表的海洋文化。海洋在人类文明的形成、发展和传播中发挥着不可替代的重要作用。地中海曾孕育了古希腊文化和古埃及文化，印度洋熏陶过古印度文化和古巴比伦文化，大西洋造就了近代商业文化，太平洋与古中国文化和现代中国文化的形成和国际间的交流密不可分。海洋为沿海人民造就了丰富而有特色的文化底蕴，如有关海洋科学的研究；沿海人民的宗教信仰与风俗习惯，有关海盗、航海的故事及“海市蜃楼”等奇幻景象的描写；关于海的诗歌、词曲、戏剧、小说、绘画、刺绣、雕刻等文化艺术品；关于征服海洋的壮举及其传奇人物如哥伦布发现新大陆、郑和下西洋等，无不构成吸引人们前往的海洋文化旅游资源。海洋文化是在人与海洋的相互作用中形成的。海洋文化有其特殊的魅力，它的开放性、外向性、求新性等是人类文化的一个个闪亮的发光点，它与传统的内陆文化有着本质的差别，游客体验海洋文化，会被其异质的内涵所深深吸引。

第三节　海洋旅游发展史

一、世界海洋旅游的发展

原始社会末期，社会分工和产品交换的出现，推动了人们离家远行的需要，这也许是“旅行”的萌芽。早在公元前3000年，“海上民族”腓尼基人就开始在地中海和爱琴海进行商业旅行，其旅行范围西越直布罗陀海峡，北至波罗的海，东到波斯湾。

公元前 8 世纪，古埃及、古希腊因宗教朝圣而兴起的宗教旅行波及全球。后来，出现了考察旅行，其代表人物是古希腊历史学家希罗多德，他曾遍访埃及、西亚、希腊、黑海及南意大利的希腊城邦等地。每到一处，即探寻名胜古迹，观察民俗风情，搜集传说旧闻，这些活动都丰富了他的史学巨著《历史》的内容。

古罗马时代是世界古代旅行全盛时期。公元 7～8 世纪，阿拉伯帝国时期旅行开始出现了求知求学的倾向。旅行家、史学家马苏第曾游历埃及、巴勒斯坦、印度、斯里兰卡、中国等地。旅行家巴图特在外旅行长达 38 年之久，在 1345～1346 年间到过中国，著有《亚洲非洲旅行记》，记载了中国的城市、商埠、物产和风俗。

13 世纪，外交、贸易旅行发展起来。公元 1275 年，马可·波罗随其父、叔经两河流域，越伊朗高原和帕米尔高原，来到中国的上都，得到元世祖忽必烈的信任，先后在中国供职 17 年。新疆、内蒙古、山西、陕西、四川、西藏、云南、山东、江苏、浙江和福建等地，都留有马可·波罗的足迹。他还到印度尼西亚、菲律宾、缅甸、越南等国进行了外交访问。公元 1292 年他离开中国经苏门答腊、印度，于公元 1295 年回到威尼斯。《马可·波罗游记》以中国为重点，记述了东亚、中亚、西亚、东南亚等地区许多国家的情况。

意大利籍葡萄牙航海家哥伦布，在 1492 年奉西班牙统治者之命，横渡大西洋，到达巴哈马群岛、古巴、海地。在以后的三次航行中，发现了新大陆，到达了多米尼加、波多黎各、牙买加、洪都拉斯、巴拿马等地。

1497 年，葡萄牙国王派达·伽马向东远航，经过非洲西海岸，经过好望角，到达印度，从此开辟了通往印度的海上旅行新航线。1519 年 39 岁的麦哲伦，奉西班牙国王之命，率 5 条船、265 名船员西行。这是世界上第一次绕地球一周航海旅行，兼有探险、考察旅行之性质。

18 世纪中叶，世界上第一次出现了真正自觉的、有特定目的的自然观光旅游。卢梭、哥德、海涅、萨托博里扬等人用文学作品、绘画和音乐鼓励人们到大自然中去。这种酷爱自然、崇尚自然、回归自然的浪漫主义时代精神，成为后来旅游业大发展的思想基础。这一时期，出现了科学考察旅行和带有掠夺性的探险旅行。英国为掠夺殖民地，组织了多次探险旅行。达尔文环球航行，创立了伟大的进化论学说，对人类的进步做出了不朽的贡献。

20 世纪 60 年代后期，海洋旅游从拉丁美洲的加勒比海地区兴起并发展起来，后来又逐步扩展到欧美地区和亚太地区。随着人们对海洋认识的不断深化以及西方旅游界提出“返璞归真、回归自然”的口号，全球范围内出现了前所未有的滨海旅游热。以大海、阳光、沙滩组合的“3S”滨海旅游蓬勃发展，国际旅游者的主要流向之一就是滨海及海岛旅游区。地中海沿岸、加勒比海地区、波罗的海及大西洋沿岸的滨海、海滩成了极负盛名的旅游度假胜地。据统计，滨海旅游的游客在法国占 50%，在英格兰占 70%，在比利时占 80%，以“出售阳光海滩”闻名于世的西班牙，每年的旅游收入高达 100 多亿美元。另据英国《泰晤士报》报道，自 1990 年以来，预订邮轮票的人数每年增加 10%，邮轮床位售出率达 90%左右。在北美旅游市场，邮轮 5 年来增加了 35%。近几年美国的滨海游钓业迅猛发展，从事游钓业的游船达 200 多万艘，全国每年从事娱乐性游钓者达 1 亿人次，国家每年可从游钓消费中获取 500 亿美元的社会产值。

二、中国海洋旅游的发展

海洋文明是中华文明的重要组成部分。中华民族文明的主体虽是大河文明和大陆文明，但海洋文明也占有重要的地位。中华民族的祖先在 18000 年前就已利用海洋贝壳作装饰品。中国海洋渔业已有 7000 多年的历史，海洋盐业也有 4000 多年的历史。中国也是世界上航海和造船历史最悠久的国家之一。在浙江河姆渡文化遗址出土的文物中有 6 只距今约 7000 年的独木舟船桨，这是我国迄今发现的最有说服力的航海文物。从西周(距今约 3000 年)开始，我国近海交通已逐渐发展起来，距今约 2500 年出现了专业造船工场。在漫长的海洋开发、利用活动中，中华民族也创造了灿烂的独具特色的东方海洋文化。

中国科学院自然科学史研究所研究员宋正海在《东方蓝色文化》一书中分析，中华海洋文化的发展大致经历了以下 6 个阶段：

第一阶段是原始社会，时间为公元前 21 世纪前。在石器时代，沿海就有人类活动，采挖小型水产动物，这已被“贝丘遗址”所证实。这些从事海洋渔猎的原始人也被称为“贝丘人”，他们是这一时期海洋文化的代表。

第二阶段是夏、商、西周时期，时间约为公元前 21 世纪到公元前 771 年。这一时期是中国的青铜器时代，海洋文化有较大的发展。夏代沿海农业区已开始形成，各地特有的海产品成为沿海地区向中原朝廷进贡的物品，祭海活动已经开展起来。到西周时，海洋活动得到加强，主要以渔盐为主。

第三阶段是春秋战国时期，时间为公元前 771 年到公元前 221 年。这一时期，南方的吴、越，北方的齐、鲁都是海洋文化发达的诸侯国，从渔盐中获利。

第四阶段是秦汉到南北朝时期，时间为公元前 221 年到公元 581 年。这一时期，多民族中央集权制国家的产生，促进了生产力水平的提高和沿海经济的发展，人类对海洋的认识增多，海洋文化日趋繁荣。

第五阶段是隋朝到元朝时期，时间为公元 581 年到公元 1368 年。这一时期是中国封建社会鼎盛时期。科学技术的发展，促进了航海和国际贸易的发展。政府专门设立“市舶司”来加强对航海业的管理。宋代，沿海人工养殖业发展起来，记录海产的著作、天文潮表和相关的潮汐理论开始形成。

第六阶段是明清时期，时间为公元 1368 年到公元 1911 年。明初，海洋贸易比较发达。后来，明清政府实行了严格的禁海政策，阻止了中国海洋文化的发展。鸦片战争则使中国开始丧失国家主权。但是，这一时期中国传统的海洋文化仍有发展，不仅表现在史书记载的人们对海洋知识的了解和海水养殖、海洋捕捞、海盐业的发展上，还表现在具体的航海实践上。其中，最著名的壮举是郑和七下西洋。明代的郑和以浩大的声势 7 次下西洋，纵横于太平洋、印度洋，共涉海 10 万余海里，出访了 30 多个国家和地区，历时 28 年，是航海旅行的伟大创举。

进入 20 世纪 80 年代后期，我国的海洋旅游业蓬勃发展，北起丹东，南至防城，在 18000 多千米的黄金海岸及星罗棋布的大小岛屿上，旅游开发浪潮叠起。一批往日长期被冷落的静海荒滩，如今旧貌换新颜，犹如湮没已久的珠玑，正以其独特的魅力，成为备受海内外游客青睐的旅游新景点。一到夏秋，滨海旅游黄金季节，且不说大连、青岛、北戴河、鼓浪屿、普陀山、三亚这些著名的滨海、海岛旅游胜地游人如织，就连山东的长岛、浙江的嵊泗、福建的东山、广东的南澳等一些原本不出名的“天涯海角”也都成了游人纷至沓来、流连忘返的旅游热点。据此，沿海及海岛各地都把滨海旅游业作为经济发展先导产业来抓，积极筹措资金，大力开发旅游资源。除保留原有“观海景、戏海水、尝海鲜、买海货”等传统旅游项目外，各地还着力推出冲浪、帆板、水橇、游钓、海上快艇、高空跳伞、海滩球类、伞翼滑翔等一批富有特色、新奇刺激、参与性强的现代滨海娱乐项目，使游人能够一享海洋旅游带来的无穷乐趣。据统计资料表明，2005～2008 年沿海及海岛地区接待的游客人次数以平均每年高达 50％左右的速度递增。其中三亚市增长最快，年均增长 92.3％，大连也达到 73.1％。

海洋旅游业的发展，带动了沿海及岛屿的开放开发，促进了当地经济文化的繁荣。以全国第一个小康县长岛为例，这个县立足海岛优势，动员全社会力量大办海岛旅游，使一个仅 4 万人口的海岛县年旅游创收逾 1200 万元。

我国对海洋旅游业的发展越来越重视，国务院先后批准的 11 个国家级旅游度假区就有大连金石滩、青岛石老人、上海横沙岛、福建湄洲岛、北海银滩、三亚亚龙湾等 6 个海洋、滨海风景区。滨海旅游还成为外商竞相投资开发的热点。海南琼海万泉河旅游区、秦皇岛海洋花园、金石滩海洋娱乐中心、珠海海上温泉旅游乐园、粤西金海湾旅游城、青岛水晶城等一大批投资数亿元、几十亿元的与外商合资或外商独资旅游开发项目先后开工兴建，这些都标志着我国正迎来全方位、大规模开发海洋旅游的新阶段。

2007 年底，经国家旅游局、公安部等 8 部委批准，海南省正式启动“海南国际旅游岛”建设，标志着我国海洋旅游业的发展进入一个崭新的时代。

第二章　海洋旅游资源

海洋旅游资源是海洋旅游业赖以发展的基础。海洋旅游资源既有旅游资源的共性，又有它自身的特点。根据《旅游资源分类、调查与评价》(GB/T18972—2003)，可将海洋旅游资源分为自然类和人文类两类，每一类又可分为若干亚类和基本型。海洋旅游资源的调查和评价是其开发的基础，而海洋旅游资源开发也应该遵循一定的原则和程序。

第一节　海洋旅游资源概述

21 世纪是海洋的世纪。海洋旅游业作为海洋产业的重要组成部分，已越来越受到世界各国的重视。海洋占地球表面积的 71%，具有发展旅游业的广阔前景。系统地认识海洋旅游资源是可持续开发利用海洋旅游资源、发展和研究海洋旅游不可忽视的重要问题。

一、海洋旅游资源的概念

根据《旅游资源分类、调查与评价》(GB/T18972－2003)中的定义，旅游资源是指自然界和人类社会凡能对旅游者产生吸引力，可以为旅游业开发利用，并可产生经济效益、社会效益和环境效益的各种事物和因素。由此可以将海洋旅游资源定义为：存在于海洋及海岸带广大空间的、凡是能对旅游者产生吸引力的、可以为海洋旅游业开发利用，并可产生经济效益、社会效益和环境效益的各种自然、人文事物及现象的总和。

对海洋旅游资源的理解要从以下几个方面进行：

一是海洋旅游资源对旅游者具有吸引力。海洋旅游资源具有多种利用价值或用途，其旅游价值主要体现在对游客的吸引力上。游客之所以会离开常住地前往旅游目的地，正是因为旅游资源的吸引力。这种吸引力是对游客群体而言的，而不是以个别人的好恶为标准的。如热带和亚热带的海滩，能够满足游客康体、度假、娱乐等需求，从而对游客产生强大的吸引力，使之成为游客追捧的热点旅游目的地。

二是海洋旅游资源的内容是发展变化的。旅游资源的界定是以特定的技术、经济条件为基础的。科学技术的进步、社会经济的发展、人们生活水平的提高以及审美观、价值观和消费观等的变化，必然使旅游资源的内容不断扩大。原来不是旅游资源的事物和因素，随着时间的推移，也会成为具有开发价值的旅游资源。越来越多的滨海旅游地被开发，并吸引大量游客，即是很好的例证。

三是海洋旅游资源的存在形态是多元化的。海洋旅游资源有自然的，如海水、沙滩等，也有人文的，如滨海民俗、宗教、沙雕艺术等；有物质的，如海洋生物、滨海建筑物等，也有非物质的，如海洋文化等；有有形的，如岛礁、跨海大桥等，也有无形的，如海洋生产方式、生活方式等。

四是海洋旅游资源存在于海洋和滨海地区这一特定的空间区域内。这也正是海洋旅游资源区别于其他旅游资源的根本所在。这是由于这一点，使海洋旅游资源深受海洋的影响，打下了深深的海洋烙印。

二、海洋旅游资源的特点

海洋旅游资源是海洋旅游开发的先决条件。正确认识海洋旅游资源的特点，对于合理开发利用海洋旅游资源，开展海洋旅游活动具有十分重要的作用。海洋旅游资源与其他旅游资源具有共性，但有存在的空间区域的差异，又具有不同于其他旅游资源的特性。一般来说，海洋旅游资源具有以下几个方面的特点。

（一）海洋性

海洋性是海洋旅游资源的本质特征。海洋旅游资源存在于海洋及海岸带这一特定空间区域，因此，无论哪种形态的海洋旅游资源，都受到海洋的深刻影响。正是这种影响造就了不同的海洋自然旅游资源（如海洋生物、海洋地貌、海洋水体、海洋气候气象等）和海洋人文旅游资源（如滨海城市、古建筑、古遗迹，海洋宗教信仰，海洋民风民俗，海洋文学艺术，海洋科学知识等）。这些都使海洋旅游资源表现出很强的海洋性特点。例如，海洋旅游资源所处的气候环境为海洋性气候或地中海式气候，与陆地旅游资源的气候环境形成鲜明的对照；因受海洋环境的影响，滨海地区建筑风格也区别于内陆建筑；滨海地区居民的劳作对象以海洋为主，由此引起其生产方式与内陆的形成本质上的差异；等等。正是由于海洋旅游资源的海洋性，使以海洋旅游资源开发为依托海洋旅游产品区别于内陆地区的旅游产品，从而对游客产生强烈的吸引力。海南省管辖着约 200 万平方千米的海域，约占全国海洋面积的三分之二，凭借巨大的海洋和滨海优势，尤其是海洋旅游资源优势，正在加紧建设海南国际旅游岛，向海洋经济强省迈进。

（二）多样性和综合性

海洋旅游资源在表现形式上具有多样性和广泛性的特点，是一个内涵非常广泛的概念。各种形式和内容的海洋旅游资源在同一地域上构成海洋旅游资源的综合体。以各种类型的海洋旅游资源为依托，可以开发出多种海洋旅游项目和海洋旅游活动，如海洋亲水活动（海上游乐休闲、康体健身活动、海底潜水、探险、滨海浴场等）、海洋文化体验（海洋宗教朝拜、海洋爱国主义教育基地、海洋科学考察、海洋影视文艺作品、各种形式的渔家乐、海鲜美食等）和海洋主题活动（海洋主题公园包括各种体现海洋科普知识和海洋科技的海洋馆、水族馆、海洋体育赛事、海洋节庆等）等。

海洋旅游资源的综合性，一方面表现为海洋旅游资源是由不同的要素组成的综合体。任何一种海洋旅游资源都不是孤立存在的，而与其他各种旅游资源相互依存、相互作用，形成旅游资源综合体。滨海旅游区通常是海水、海浪、沙滩、海上日出、海上日落、船舶、滨海生产生活方式、滨海建筑等组成的综合体。例如三亚天涯海角风景旅游区，首先是大海、沙滩、阳光巧妙配合而成的天然美景，然后是历代名人雅士在这美好的滨海山水之间留下的无数的人文景物，形成滨海山色与人文景观的神奇配合，从而使天涯海角风景区的"资源配置"十分和谐。另一方面表现在海洋旅游资源的开发上。由于单一海洋资源的开发对旅游者的吸引力有限，在现实的滨海旅游开发中，常把不同类型的海洋旅游资源结合在一起开发，以形成互补优势。如海南的旅游资源虽然以阳光、沙滩、椰风、海韵为主体，但也有热带温泉、热带原始森林、本土特有的黎族等，尽管这些旅游资源类型各异，特色不同，但在建设海南国际旅游岛的过程中，要对这些资源进行综合统筹开发。

（三）地域性和文化性

海洋旅游资源的地域性是指海洋旅游资源存在地域差异，具有地方特色。由于地域分异因素（经纬度、海陆位置、地形地貌）的影响，不同海域的自然环境如气候、水文、动植物等存在地域差异，从而导致海洋自然旅游资源具有地域性。如热带、亚热带海岸特有的红树林景观；我国北方和南方海滩类型上的差异。同时，由于人类活动受自然环境的影响非常大，在农业社会及其以前的时代，这种影响甚至是决定性的，因此，海洋人文旅游资源也具有鲜明的地域性。如我国福建等沿海地区的妈祖信仰，青岛国际海洋文化节等。

俗话说，靠山吃山，靠海吃海。海洋旅游地居民在长期的社会实践中形成了不同于内陆地区的生活习俗、生产方式，创造了有别于内陆文化的海洋文化，从而不仅赋予了海洋自然旅游资源以文化底蕴，而且使海洋文化旅游资源有了海洋自然旅游资源的衬托。海洋文化有其特殊的魅力，它的开放性、合作性、求新性等是人类文化一个个闪亮的发光点。人与海的互动性是海洋旅游文化重要的本质特征。正是文化性赋予了海洋旅游资源强大的生命力。

只有民族的，才是世界的。旅游者天生有求新、求异、求知的心理需求，因此，地域性和文化性是产生旅游流的根本因素。所以，在海洋旅游资源开发中，要充分挖掘旅游资源的地域特色，开发出具有地域特色和民族特色的旅游产品，唯有如此，才能在激烈的旅游市场竞争中处于不败之地。例如，海南海口和三亚的旅游资源具有共性，如阳光、沙滩、海水，但也存在一定的差异性，如海口是历史文化名城，有丰富的热带温泉资源和世界地质遗迹——石山火山群等特色旅游资源。三亚通过多年的实践，定位为“美丽三亚，浪漫三亚”，已成为具有国际知名度的滨海休闲度假胜地，被称为“东方夏威夷”，而海口由于定位不鲜明，旅游产品的地域特色不突出，自 2000 年以来，旅游发展滞缓。

（四）可重复开发性

与其他资源不同，海洋旅游资源在合理开发利用和妥善保护的前提下，可以长期反复开发利用。海洋生态系统的生产力相对于人类的开发能力来说是无比巨大的，而且，由于海洋旅游资源的不可移动性，游客所带走的只是以海洋旅游资源为依托的海洋旅游产品，而非海洋旅游资源，因此，海洋旅游资源是可以重复开发的。如垂钓、潜水、冲浪等以海水为依托开发的海洋旅游产品，在其生命周期内，可以接待一批又一批的旅游者。而且，可以针对不同的旅游市场，进行深度开发。

不可否认的是，旅游开发势必会给旅游资源带来一定的消耗，在开发不当和缺乏足够保护措施的情况下，这种消耗甚至是不可逆转的。因此，在海洋旅游开发中，要加强规划制定和执行力度，强化海洋旅游资源保护，否则，所造成的巨大损失将是无法弥补的。

第二节　主要海洋旅游资源

海洋旅游资源分类对于合理开发利用海洋旅游资源具有重要意义。《旅游资源分类、调查与评价》(GB/T18972—2003)根据旅游资源的形状即现存状况、形态、特性、特征，把旅游资源分为自然旅游资源和人文旅游资源两大类，共 8 个主类、31 个亚类和 155 个基本类型。本书沿用这一分类方法。

一、自然类海洋旅游资源

自然类海洋旅游资源是海洋旅游资源的重要组成部分，是进行海洋旅游活动和开发海洋旅游项目的基础，又分为地文景观、水域风光、气象与气候景观以及生物景观四个主类。

（一）地文景观类海洋旅游资源

地文景观类海洋旅游资源主要包括滨海沙滩、海蚀地貌、岛礁景观、海底震迹等基本类型。这类资源在海洋旅游资源中较具代表性，适合开展观赏、游览等各种海上娱乐活动。

1. 滨海沙滩

滨海沙滩是海洋旅游资源最基本的部分之一。滨海沙滩的沙，一方面是海流把沙石从遥远的其他区域带到海边，另一方面是长年累月的海蚀等外营力作用，使本地的石块变成沙砾。其中，以后者为主，因此，滨海沙滩具有显著的区域性，如我国北方的沙滩以较粗的沙砾为多，而南方的沙滩则多以细沙为主。

滨海沙滩

洁白、柔软的沙滩配以碧水蓝天，不仅是观光旅游的胜地，也是疗养度假的好去处。

滨海沙滩游憩活动的发展历程可大致分为四个阶段：世界上最早的海水浴场出现于1730年英国的斯卡伯勒和布莱顿；现代滨海旅游诞生于19世纪中叶，欧洲大西洋沿岸、波罗的海沿岸开辟了众多的滨海疗养地；20世纪初，地中海沿岸避寒度假胜地成为新的世界著名滨海旅游中心；20世纪中叶，热带滨海旅游迅速崛起，依托气候优势，大力发展海洋核心资源——“4S”，即Sun（阳光）、Sea（海水）、Sand（沙滩）、Seafood（海洋食品），形成了巨大的市场优势。

地中海滨海、加勒比海沿岸、东南亚海区以及大洋洲沿岸相继发展起来，形成了具有不同风貌的滨海旅游胜地。当前国际上比较成熟的滨海度假旅游地主要有法国的蓝色海岸、西班牙的太阳海岸、美国的夏威夷海滩和澳大利亚的黄金海岸等。在我国,沿海地区已初步形成了一批有海岸和岛屿特殊吸引力的滨海综合旅游度假胜地,如海南三亚的亚龙湾、浙江舟山的朱家尖、广西北海的银滩、大连的金沙滩等。

2.海蚀地貌

海蚀地貌是指因海蚀作用而形成的地貌类型,主要分布在基岩海岸。所谓海蚀作用,是指海浪对沿岸岸坡进行机械性的撞击和冲刷,岩缝中的空气被海浪压缩而对岩石产生巨大的压力,波浪挟带的碎屑物质对岩岸进行研磨,以及海水对岩石的溶蚀作用的统称。海蚀作用程度主要与当地海浪的强度、海岸原始地形以及组成海岸的岩性及地质构造特征等因素相关。海蚀地貌包括海蚀崖、海蚀台、海蚀洞、海蚀拱桥、海蚀柱、海蚀窗等类型。

(1)海蚀崖

海蚀崖

海蚀崖是海岸受海浪冲蚀及伴随产生的崩塌而成的一种向海的悬崖陡壁。海岸在波浪的长期冲击下,使海岸形成凹槽,凹槽以上的岩石悬空,当波浪继续作用时,悬空的岩石就会崩坠,使海岸步步后退,而成为陡壁,形成悬崖状海岸称为海蚀崖。海蚀崖有死、活海蚀崖之分。所谓死海蚀崖,是一种现代已不再发育而趋于衰亡的海蚀崖,其崖壁渐渐变缓,不再后退,以崖面上生长着植物等为标志。活海蚀崖则相反,由于崖面受到海浪的冲蚀,比较陡峭,无植物生长。一般情况下,活海蚀崖的景观比死海蚀崖的观赏价值高。

海蚀崖因其高大陡峻,而且一般海浪较大,能给游客带来强大的视觉、听觉和心灵上的冲击,不仅对观光旅游具有较强的吸引,更是喜欢攀岩等刺激性旅游活动的旅游者好去处。我国沿海地区的海蚀崖较为发育,北起大连,南至三亚,都有分布,尤其是基岩海岸地区更为普遍,其高度从数米至数十米不等。

(2)海蚀台

海蚀台又称浪蚀台或波筑台、磨蚀台等,是在海蚀崖前形成的一片平坦而微微向海倾斜的平台。海蚀台的形成是通过海浪冲掏岸壁,形成海蚀穴,悬空的崖壁在重力作用下发生崩塌,新的冲掏和崩塌又重新发生,这种过程不断进行,直到海蚀台在其宽度增大到波浪的冲蚀作用不能达到时，就停止发展。通常，海蚀平台的宽度与当地的海浪强度成正比，海浪越大，对海崖的冲击越强，海岸的崩塌后退越快，相应的海蚀平台也越宽广。

在我国，海蚀平台的发育与海蚀崖一样广泛，几乎所有有海蚀崖分布的地方，均有海蚀平台发育。其中如辽东半岛的基岩海滩上，有数十米高的海蚀崖岿然屹立在海边，崖下还有宽达一二百米的海蚀平台，平台之上，遍布黑石礁、海蚀柱、海蚀沟、海蚀槽、海蚀芽及海蚀拱桥等，令人目不暇接。

海蚀台

(3)海蚀洞

海蚀洞也称为海蚀穴，是海岸受波浪及其挟带岩屑的冲击、掏蚀所形成的面向大海的洞穴。因海浪对海岸的冲蚀作用主要集中在海面与陆地接触处，故海蚀洞沿海平面或海蚀崖坡脚处呈断续分布。海蚀洞主要发育在较硬的基岩海岸，尤其在岩石节理及抗蚀较弱的基岩海岸，海蚀洞发育特别好，深度可达数十米，甚至数百米。著名的普陀山潮音洞和梵音洞，就是我国海滩名胜中甚为著名的两个海蚀洞。潮音洞高大深邃，深达 20 余丈，在洞内可聆听潮水汹涌翻滚之音，谓之“空穴来音”，洞内景色独特。海蚀洞是洞穴潜水爱好者的好去处。

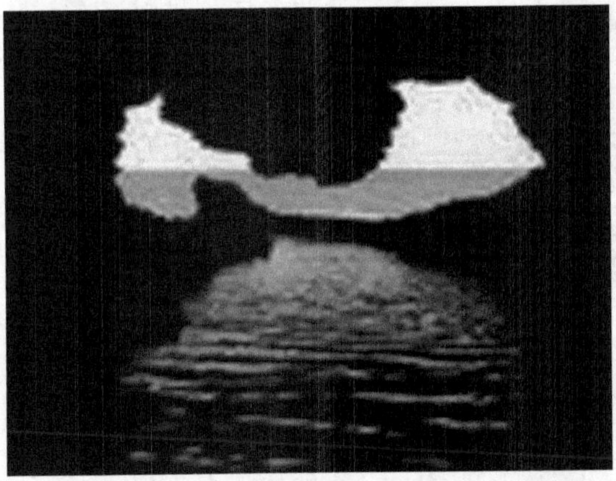
海蚀洞

(4)海蚀拱桥

海蚀拱桥又称陆桥或海蚀拱，是基岩海岛上比较少见而又十分奇特的海蚀地貌。

海蚀拱桥

海蚀拱桥常见于岬角处，其两侧受海浪的强烈冲蚀，形成海蚀洞，海浪继续作用，使两侧方向相反的海蚀洞被蚀穿而相互贯通，形似拱桥，又称为“海穹”。辽宁锦州笔架山朱家口村海蚀拱桥即是典型，它由高 5 米、宽约 3 米的石英岩组成，经过泥沙的堆积，又将岸岛连接在一起，从岸边到海中的笔架山，宛若一座海上仙桥，景色堪称一绝，故“笔峰奇桥”被列为锦州新八景之一。浙江沿海诸岛基岩岬角地带也发育有海蚀拱桥，高度一般可达 12 米左右，宽可达 6 米左右。闽粤一带也有海蚀拱桥发育。在台湾北部的石门村附近，发现有高达 8～12 米的海蚀拱桥。

海蚀柱

(5)海蚀柱

海蚀柱的形成有多种原因，有的是由于大型的岩石、岩层崩落，在海水中再接受海水的侵蚀形成孤立的柱状景观；有的是耸立在海蚀崖前的柱状岩石，形态直立而陡峭，海滩受蚀后退，较坚硬的蚀余岩体残留在海蚀平台上，形成突立的石柱或孤峰；有的是由海蚀拱桥受蚀，拱顶下塌而形成海蚀柱。由于海蚀柱形态多变，有的还颇具姿态，因此，沿海渔民常用“石老人”、“石公公”、“石婆婆”、“石蘑菇”、“花瓶石”等称呼之。正因为海蚀柱的自然形态千姿百态及其所富有的文化内涵，吸引了众多游客的眼球。

海蚀柱在我国沿海常可见到，如大连的黑石礁、绥中的“姜女坟”、北戴河的鹰角石、山东烟墩、青岛石老人，浙、闽、台、粤、桂、琼等沿海地区亦有广泛分布。姜女坟是由四个孤立于海中的石柱组成，最高的达 16 米；北戴河的鹰角石也高达 17 米；青岛的石老人是一个高达 18 米的巨大海蚀柱，其状酷似一个驼背的老人站在海中远眺，故得名“石老人”；海南岛的“南天一柱”也是我国著名的海蚀柱景观。

在海蚀柱中，有些经过长时间的海蚀作用，形成蘑菇状的海蚀柱，称为海蚀蘑菇。

海蚀蘑菇

(6)海蚀窗

海蚀窗，简称海窗，是从海蚀崖上部地面穿通岩层直抵海水的一种近于竖直的洞穴。海蚀窗的形成与海蚀洞的发育密切相关。在海蚀洞形成以后，波浪继续向洞中冲击、掏蚀并上冲，压缩着洞内的空气，使洞顶裂隙扩张，最后击穿洞顶，形成与海蚀崖上部地面沟通的“天窗”。比如，浙江省普陀山的潮音洞顶的山石之上，有一孔穴，即为海蚀窗，人称天窗。在天窗里可俯听潮音洞底的潮水海浪之音，算得上海蚀奇观之一。

3. 岛礁景观

岛与礁的区别在于，岛不管涨潮还是落潮，都露出水面。而礁只有落潮时才露出水面，涨潮时则没于水下。暗礁是落潮时也在水面以下，但离水面很浅。岛屿是海中的“陆地”，是海洋旅游者能够在海上不借助于任何工具，随心游玩的基地。近年来，岛屿凭借其独特的地理位置和丰富的海洋旅游资源，已成为游客首选的旅游目的地之一，比较有国际影响的岛屿旅游目的地主要有美国的夏威夷、印度尼西亚的巴厘岛、泰国的普吉岛、韩国的济州岛、日本的关岛、马尔代夫、马来西亚的塞班岛、马达加斯加岛以及我国的海南岛等。

岛屿可分为大陆岛、冲积岛、火山岛和珊礁岛四种类型。

(1)大陆岛

大陆岛又称陆岛，指地质构造和形成动力与邻近大陆相似或相联系的岛屿。大陆岛原先是大陆的一部分，由于构造作用，如断层或地壳下沉，致使沿岸地区一部分陆地与大陆相隔成岛，如台湾岛、海南岛、不列颠群岛、格陵兰岛等；或者因陆块分裂漂移，岛与原先的大陆之间被较深、较广的海域隔开，如马达加斯加岛、塞舌尔群岛等。马达加斯加岛原来是非洲大陆的一部分，以展示生命无比神奇的、多样性的博物馆而闻名，吸引着世界众多游客。

(2)冲积岛

冲积岛

冲积岛，由于它的组成物质主要是泥沙，故也称沙岛。冲积岛是陆地的河流夹带泥沙搬运到海里，沉积下来形成的海上陆地。陆地的河流流速比较急，带着上游冲刷下来的泥沙流到宽阔的海洋后，流速就慢了下来，泥沙就沉积在河口附近，积年累月，逐步形成高出水面的陆地，就形成了冲积岛。世界上许多大河入海的地方，都会形成一些冲积岛。中国共有 400 多个冲积岛，长江入海口的崇明岛是一个面积较大的冲积岛，也是我国的第三大岛。崇明岛以其独特的区位优势和优越的资源条件，大力发展旅游业，建有崇明东平国家森林公园、东滩候鸟保护区等旅游区。

(3)火山岛

火山岛是指由海底火山喷发物质堆积起来的岛屿。火山岛按其属性分为两种，一种是大洋火山岛，它与大陆地质构造没有联系；另一种是大陆架或大陆坡海域的火山岛，它与大陆地质构造有联系，但又与大陆岛不尽相同，属大陆岛与大洋岛之间的过渡类型。夏威夷岛即是著名的火山岛群。夏威夷是世界上旅游业最发达的地方之一。夏威夷吸引游客的并非名胜古迹，而是它得天独厚的美丽环境以及夏威夷人传统的热情、友善、诚挚。夏威夷阳光明媚，海滩迷人，日月星云变幻出五彩风光：晴空下，美丽的威基基海滩，阳伞如花；晚霞中，岸边蕉林椰树为情侣们轻吟低唱；月光下，波利尼西亚人在草席上载歌载舞。夏威夷的花之音，海之韵，为游客们奏出一支优美的浪漫曲。

(4)珊瑚岛

珊瑚岛是由活着的或已死亡的一种腔肠动物——珊瑚虫的骨骼逐渐堆积而成的一种岛。珊瑚岛的表面常覆盖着一层磨碎的珊瑚粉末——珊瑚砂和珊瑚泥。根据珊瑚礁形成的状态，可将它们分为岸礁、堡礁和环礁三种类型。岸礁分布在靠近海岸或岛岸附近，成长条形状，主要分布在南美的巴西海岸及西印度群岛。中国台湾省附近所见的珊瑚礁大多是岸礁。堡礁离海岸较远，呈堤坝状，与岸之间有泻湖分布。最有名的就是澳大利亚东海岸外的大堡礁。大堡礁是世界最大的珊瑚礁区，南北长达 1900 千米，东西宽约 2～150 千米，由数千个相互隔开的礁体组成。岛礁形态奇特，水下风光迷人，海洋生物众多，是澳大利亚重要的自然保护区和旅游胜地，1981 年被列入世界自然遗产。

西沙群岛七连屿鸟瞰图

4.海底震迹

海底震迹景观是指受强烈的地震活动破坏又被保存在海底的建筑遗址景观。世界上很多地方都有海底震迹保留。震迹奇观可供人参观、游览、凭吊和进行科学研究。我国最著名的震迹景观当属海南海口的东寨港海底村庄。1605 年 7 月 13 日，琼州发生 7～8 级地震，有 72 座村庄整体陷入海底。据考证，沉陷幅度平均在 2.5～3.5 米，最大超过 7 米，沉陷面积达 100 多平方千米。如今，一旦退潮，可以看到地震遗址遗留下来的一些陶瓷片和石棺墓，似在向人们诉说当年的灭顶之灾。

(二)水域风光类海洋旅游资源

在所有的水体资源中,海洋水占全球水总量的96.5%。在海洋旅游资源中,水域风光主要是指海洋景观。说到海洋,“海”和“洋”其实是两个概念。洋,是海洋的中心部分,是海洋的主体。海,在洋的边缘,是大洋的附属部分。海的面积约占海洋的11%。

海洋景观不是单独存在的,它总是要与周围的环境相配合,如阳光、沙滩。这里所说的水域风光主要指浩瀚无际的大海、迷人的滨海风光以及令人向往的海底风光。其中,涌潮、击浪、观海是比较常见的具有视觉冲击力的海洋景观。

1.涌潮

涌潮

涌潮是指由于外海的潮水进入窄而浅的河口或海湾时,由于受到两岸的约束及海底地形的影响而使潮波发生激烈变形而形成的现象。世界最著名的涌潮当属我国的钱塘江大潮,又以金秋大潮期间的涌潮最为闻名。钱塘潮高达八九米,浙江海宁县盐官镇是最佳的观潮旅游区。北美洲东北部的芬地湾是世界上最大潮汐落差的海湾区,海潮最高可达14米,约4层楼高。

2.击浪

击浪是指海浪推进时的击岸现象。当惊涛拍岸,海浪汹涌时,巨浪排山倒海般涌来,海浪的余波顺着坝壁冲向几十米的高空,击碎的水珠能散落到百米以外,巍巍壮观。给旅游者带来视觉和听觉的双重震撼,具有较高的观赏价值。

3.观海

广阔的海洋,从蔚蓝到碧绿,美丽而又壮观。大海是那样的辽阔,一眼望不到边际,让游客心旷神怡。大海时而平静如镜,时而又汹涌澎湃;那湛蓝的海面上随微波泛起点点银光。所有这一切的一切,能陶冶游客的情操,洗涤游客的烦恼,消除游客的疲劳。

(三)气象与气候景观类海洋旅游资源

天象与气候景观类海洋旅游资源包括光现象、天气与气候现象两个亚类。

1. 海上光现象

海上光现象包括海市蜃楼,海上日出、日落与海火等。

(1)海市蜃楼

平静的海面上空偶尔会出现高大楼台、城廓、树木等幻景,我国山东蓬莱海面上常出现这种幻景。古人归因于蜃(哈唎)吐气而成楼台城廓,故称为海市蜃楼。实际上,海市蜃楼是一种奇特的光学幻景,是物体反射光经大气折射而形成的虚像。也就是说,海市蜃楼是由于光的折射和全反射所形成的,根据光学原理,光在不同密度的空气中有着不同的折射率和反射率。海市蜃楼又可分为上现蜃景和下现蜃景。上现蜃景一般出现的夏季,此时,海面上低空空气温度因受海洋影响(如有冷洋流流经则更明显)较高空空气温度低,致使低空空气密度明显大于高空空气,使物体的反射光线在不同密度的空气层中发生折射和全反射,使远处的物体看上去就像被抬上半空,出现"空中楼阁"的景象,有时甚至能在半空中看见百里以外的船只;下现蜃景则一般出现在冬季,此时,海面上低空空气温度因受海洋影响(如有暖洋流流经则更明显)较高空空气温度高,而且差异明显超出了正常范围,使物体的反射光线密度不同的空气层中发生折射和全反射,从而使远处的物体以倒影的幻境出现在眼前。无论哪种类型的蜃景,只有在无风或风力极微弱的天气条件下出现,因为风会使上下层空气混合,不利于不同密度空气层的形成。

资料显示,长岛(历称庙岛群岛,又称长山列岛)是我国海市蜃楼出现最频繁的地域,特别是七八月间的雨后,山东蓬莱、浙江普陀山是观赏海市蜃楼的绝佳处。

海市蜃楼

(2)海上日出与日落

在海上或海滩观赏日出或日落是深受游客喜爱的项目。清晨,太阳从海平面露出一弯通红的牙儿,形状逐渐地变大、变圆,颜色也从浅红到金光灿灿。希腊爱琴海的日出被称为“日出美景,天下无敌”。百慕达的日出、日落景色最有特色,其日出、日落速度特别快。

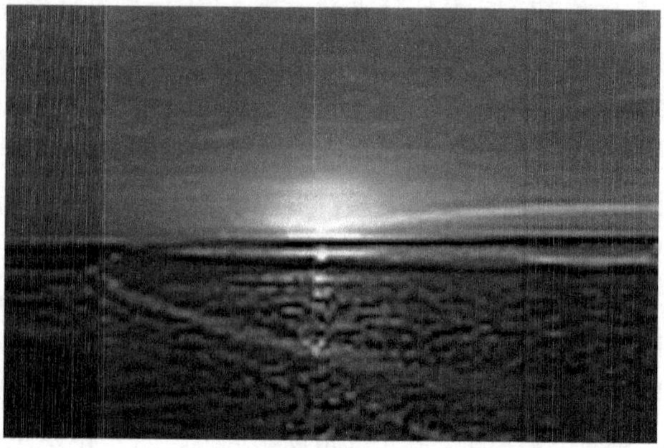

海上日出

(3)海火

海水发光现象被人们称为“海火”,通常出现在地震或海啸前后。发光现象在海洋生物中极为普遍,从结构简单的细菌到结构比较复杂的无脊椎动物和脊椎动物都有存在。海火是一种神秘奇异的现象,可划分为三种类型,即:火花型(闪耀型)、弥漫型和闪光型(巨大生物型)。每一类型按其光亮的强度划分为五级,从微弱光亮到显目可见和特别明亮。这种现象在中国沿海地区广泛分布。

2.海洋性气候

海洋旅游地通常具有典型的海洋性气候,是避暑、避寒的好去处。由于海洋和地球纬度的因素,热带和亚热带滨海地区气候冬暖夏凉。当寒带、温带绝大部分地区千里冰封时,热带滨海地区依旧温暖如春。避寒胜地所处的纬度低,太阳的辐射强,光照时间长。海南三亚、广西北海等为口碑良好的冬季避寒旅游目的地。避暑型气候主要是包括滨海、高纬度型气候,如我国青岛、大连、北戴河以及挪威等是典型的避暑旅游胜地。在这些海洋性气候地区,受海洋的影响,空气中的负离子含量较多,对于减轻疲劳、愉悦身心等具有积极作用。

(四)生物景观类海洋旅游资源

海洋生物以万千的形态、绚丽的色彩、奇特的声音、古老的遗种、广泛的用途以及很高的科学研究价值对旅游者产生强大的吸引力。生物景观类海洋旅游资源主要包括海洋植物和海洋动物栖息地两个亚类。

1.海洋植物

在浩瀚辽阔的海洋或海岸带中，植物种类各异，具备很高的观赏价值与科考价值。其中，比较典型要数海藻和红树林。

海藻是海洋植物的主体，是人类的一大自然财富，目前可食用的海洋藻类有100多种。科学家们根据海藻的生活习性，把海藻分为浮游藻和底栖藻两大类型。浮游藻的藻体由一个细胞所组成。这类生物是一群具有叶绿素，能够进行光合作用，并生产有机物的自养型生物。底栖藻大部分是肉眼能看见的多细胞海藻，分为绿藻类、褐藻类和红藻类三大类。

红树林是一种稀有的木本胎生植物。红树林由红树科植物组成，包括草本、木本和藤本红树。它生长于热带和亚热带的陆地与海洋交界带的滩涂浅滩，是陆地向海洋过度的特殊生态系统。红树林因其生长在海洋与陆地间的湿地、滩涂上，对海啸有较强的抵御能力，被称为“海上森林”和“防护大堤”，是海防林体系中的第一道防线。海南东寨港国家级红树林自然保护区、广东珠海红树林和广东深圳福田国家级红树林鸟类自然保护区等都是红树林资源丰富的区域。

红树林因其独特的繁殖方式、生理习性和丰富的生物多样性，吸引了越来越多的旅游者。

红树林

2.海洋动物栖息地

在富饶而辽阔的海洋里，生活着形形色色、不计其数的海洋动物。海洋动物包括无脊椎动物和脊椎动物。其中，无脊椎动物包括各种螺类和贝类；脊椎动物包括各种鱼类和大型海洋动物，如鲸鱼、鲨鱼等。

海洋动物栖息地是指一种或多种海洋动物常年或季节性栖息的地方，如鱼类丰富的海域、鸟岛、龟岛等。在热带海洋中的珊瑚礁地区，由于地形复杂，海水条件比较优越，这里是海洋生态旅游的主要场所。比较典型的是澳大利亚的大堡礁。大堡礁的形成靠的是珊瑚虫遗骸。这片海域生活着1500多种鱼，栖息着242种鸟以及各个类型的海洋动物。目前，这里已是澳大利亚重要的海洋保护区。海洋自然保护区的建立对于保持原始海洋自然环境，维持海洋生态系的生产力，保护重要的生态过程和遗传资源有重大意义。我国西沙群岛的东岛是国家级白腹鲣鸟自然保护区，那儿遍布天然林和人工林，栖息着大约十万只白腹鲣鸟，有“鸟类天堂”之称。

二、人文类海洋旅游资源

人文类海洋旅游资源是指古代人类社会活动的遗迹和现代人类社会活动的产物，是古今人类政治、经济、文化、宗教等海洋活动的记录和文化艺术成果。许多海洋旅游区的迷人风采都与当地赋存丰厚的历史文化蕴涵分不开。历史典故、名人遗迹、神话传说等为海洋旅游景观增添了文化内涵。在世界上有众多的历史文化名城中，滨海名城为数不少，如丹麦的哥本哈根、赫尔辛格，瑞典的赫尔辛堡，荷兰的阿姆斯特丹、鹿特丹，德国的汉堡，美国的纽约，巴西的奥林达，加拿大的蒙特利尔，中国的青岛、大连、三亚、秦皇岛、香港、澳门等。这些地方又往往都是著名的海洋旅游胜地。

人文类海洋旅游资源可划为历史遗址类、现代建筑与设施类、海洋旅游商品类、人文活动类四大主类。这些资源蕴涵着先进的海洋科技、健康的海洋环境和深厚的海洋文化，是现代人认识海洋历史、了解海洋文化的重要媒介。

(一)历史遗址类海洋旅游资源

历史遗址类海洋旅游资源具有鲜明的地域性、民族性、时代性、科学性和艺术性特点，是某一历史时期物质文明和精神文明的标志，具有很高的旅游价值。它包括“史前人类活动场所”和“社会经济文化活动遗址”两个亚类。其中，史前人类活动场所包括人类海洋活动遗址、文化层、文物散落地、原始聚落遗址4种基本类型，如河姆渡文化遗址和龙山文化遗址；社会经济文化活动遗址包括海洋历史事件发生地、海防军事遗址与古战场、海洋宗教废弃寺庙、废弃海洋产品生产地、航海交通遗迹、滨海废城与聚落遗迹、沉船遗迹、烽燧等8种基本类型，例如，鸦片战争后遗留下来的人类活动遗存(如烽火台、炮台、军营、屯寨等)。埃及于1996年在阿布基尔湾以东约2千米的海底发现传说中的米努蒂斯古城遗址，随后又在其东面约4千米的地方又发现了希拉克柳姆古城遗址。两个古城都有庞大的建筑物的废墟、古埃及法老的雕像和许多精美的古迹。

（二）现代建筑与设施类海洋旅游资源

现代建筑与设施类海洋旅游资源种类繁多。作为新世纪海洋旅游的重要资源，具有重要的时代价值和海洋文化内涵，对旅游者有强烈的吸引力。可划分为现代海洋建筑与现代海洋设施。现代海洋建筑可划分为海洋专业综合人文旅游地、海洋人文单体场馆、海洋宗教文化建筑、海上交通建筑、海上水工建筑与海洋归葬地六大亚类，分别包括海洋教学科研实验场所、海岛康体游乐休闲旅游地、海防军事观光地；海洋文化博物馆、海洋主题歌舞剧院；海洋宗教楼阁、海洋宗教石窟；跨海大桥、海底隧道；海堤、海塘；海洋名人归葬建筑等基本类型。

海洋旅游地有许多闻名遐迩的建筑，如摩纳哥海洋博物馆、斐济的海底酒店、悉尼歌剧院等。摩纳哥海洋博物馆是世界上最早的海洋博物馆。它背山面海，透过正厅的巨型玻璃，可以看见浩瀚的地中海，里面陈列着从古至今的渔船模型、各种海兽海鱼的骨骼标本、各种各样的捕鱼工具以及各种观赏鱼等，把科学和艺术有机交融，在国际上享有声誉。

海上、海底酒店等非常规旅游住宿设施和豪华邮轮综合接待设施也是海洋旅游资源的重要组成部分。太平洋岛国斐济“海神度假地”的海底酒店能让游客感受到海底生态和环境的强烈冲击。迪拜的“海德帕利斯”海底酒店建在人造环礁湖中，其外形酷似一只庞大的水母，包括200套客房和30个豪华套房，还有一个大型音乐厅和一个人造“海滩”。这座海底酒店配备了反导弹雷达系统，以保证客人的安全。

邮轮也是重要的设施类海洋旅游资源，国际上知名的邮轮有丽星邮轮、嘉年华邮轮、荷美邮轮、公主邮轮、邮尼斯邮轮等。邮轮既是旅游交通工具，也是旅游目的地，还是重要的旅游吸引物。

水族馆以丰富多彩的海洋生物和先进的海洋生物繁殖技术为载体，借助现代化的展示手段，集海洋生物饲养和表演功能于一身，对游客产生了强有力的吸引力。如以“通过水世界，亲历五大洲”为主题的上海海洋水族馆，创造一个又一个旅游业奇迹。

此外，世界各地的跨海大桥，如美国著名的金门大桥、浙江舟山连岛大桥等，不仅改善了旅游目的地的通达性，也对旅游者带来视觉上的刺激，使游客感受现代桥梁技术的先进性。

（三）旅游商品类海洋旅游资源

旅游商品是指为旅游做准备或在旅游途中购买的物品（不包括服务与餐饮），其中包括地方土特产品、工艺美术品、文物古董、传统文化用品、旅游饮食品、旅游日用品等。深度开发海洋旅游商品是发展海洋旅游业的重要手段之一，主要包括海洋食品和海洋工艺工业品的开发和生产。海洋食品富含蛋白质、维生素、无机盐，具有保健作用，符合现代人追求健康养生的理念。

海洋蕴藏着丰富的自然资源，种类繁多，可开发成的旅游商品的资源也很多。海洋中约有20多万种生物，其中动物18万种，包括1600多种鱼类。在远古时代，人类就已开始捕捞和采集海产品。现在，人类的海洋捕捞活动已从近海扩展到世界各个海域。随着渔具、渔船、探鱼技术的改进，大大提高了人类的海洋捕捞能力。据测算，海洋向人类提供食物的能力，等于全球所有耕地提供的农产品的1000倍。这些数量巨大的海洋生物资源，为海洋环境增添了巨大的活力。除了直接捕捞外，还可通过养殖、增殖等途径，开发海洋食品和海洋保健品，实现可持续利用。随着海洋高新技术的发展，所开发的海洋旅游商品不仅科技含量得到提高，其实用价值、商业价值和旅游价值也得到了相应的提高。例如，各式各样的海鲜以及海螺号、贝壳花篮、螃蟹琥珀等工艺品、纪念品不断出现。在不破坏生态平衡的前提下，开发海洋资源不仅丰富了海洋旅游商品市场，而且对促进海洋旅游可持续发展具有重要意义。

(四)人文海洋活动类海洋旅游资源

人文活动类海洋旅游资源包括民俗宗教和海洋节庆两个亚类。

1.民俗宗教

海洋民俗宗教是沿海居民长期适应海洋环境所形成的一种稳定的生活态势。包括各种渔家风情、古渔村集镇、诗文字画、传统技艺等。历史上，由于海洋的神秘性以及海洋自然灾害的难以抵抗性，使人们产生了对海洋的敬畏和崇拜，产生了海洋宗教。比如，山东蓬莱的渔灯节、沿海渔民出海前举行的祭祀活动、具有渔家特色的娱乐活动、已沿袭了900多年的福建莆田的海神妈祖信仰等。很多沿海地区至今仍保持着自身原始和古朴的生活习俗和民间礼仪。这些具有海洋特色和民族(地方)特色的民俗宗教，能很好地满足游客求新、求异、求知的旅游需求。合理开发利用民俗宗教类海洋旅游资源，不仅能带来良好的经济效益，而且能更好地传承海洋民俗宗教。渔家乐就是一项成功的旅游项目，海陆生活的差异性，能使游客体验到浓郁的渔家风情——吃渔家饭、睡渔家炕、赶渔家活、品渔家菜、喝渔家酒。

2.海洋旅游节庆

海洋旅游节庆是具有优势地位的一种新兴的现代文化旅游活动。海洋旅游节庆通过整合资源，开发出富有地方特色和民族风情的旅游活动，对现代海洋旅游也业的发展具有极大的推动作用。举办的各种与海洋有关的节庆活动都依托于海洋对游客的强大吸引力。比如，青岛国际海洋节，包含有海洋科技、海洋文化、海洋体育、海洋旅游等一系列活动。浙江舟山的国际沙雕节、观音文化节与海鲜美食节等三大节庆活动，塑造了鲜明的海洋旅游形象，提升了舟山在长三角地区的旅游地位。

第三节　海洋旅游资源评价

海洋旅游资源是海洋旅游发展的必备条件和物质基础，同时它也是海洋旅游活动赖以开展的客体。要使海洋旅游资源的吸引力能够得以发挥和提高，一般都需要经过适当的开发。就旅游资源的开发利用而言，其首要的问题是必须对海洋旅游资源进行科学的评价，这是一项非常重要的基础性工作。海洋旅游资源评价是在旅游资源调查的基础上，对海洋旅游资源的规模、质量、等级、开发前景及开发条件进行科学的分析和可行性研究，为海洋旅游资源的开发规划和管理决策提供科学依据。海洋旅游资源的评价直接影响到区域海洋旅游资源的开发利用程度和旅游地的前途和命运。因此，客观科学地评价旅游资源，是海洋旅游目的地避免建设的盲目性、增强开发利用的科学性的重要依据和手段，是综合开发海洋旅游资源的重要环节。

一、海洋旅游资源评价的原则

海洋旅游资源评价是一项复杂而重要的工作，由于海洋旅游资源涉及范围非常广泛，结构十分复杂，种类及性质又千差万别，不同民族、不同文化背景、不同阶层的评价者有着不同的审美观和价值观，必然导致评价结论的差异。因此，目前还没有形成统一的评价标准和共同的认识。为了海洋旅游资源的评价能够在公正、实际、客观的基础上进行，应遵循以下基本原则。

（一）客观实际原则

海洋旅游资源是客观存在的事物，其特点、价值和功能具有客观存在性，所以，在评价时应尊重事实，对其价值、功能和开发前景既不夸大、也不缩小，做到实事求是、恰如其分。可以运用地理学、历史学、经济学、美学、建筑学等相关理论、知识和方法，对海洋旅游资源的形成、本质、属性、价值等核心内容，做出客观实际的评价。

（二）全面系统原则

全面系统的评价原则体现在两个方面，一是海洋旅游资源本身的特点决定其价值和功能是多方面、多层次、多形式和多内容的，就其价值来讲，有历史、文化、艺术、观赏、科考和社会等价值；就功能而言，有观光、度假、娱乐、探险、科考等功能。因此，评价时，要全面、系统、综合地衡量。二是要对涉及海洋旅游资源开发的自然、社会、经济环境和区位、投资、客源、施工等开发条件要给予综合、全面、系统的考虑。

（三）动态发展原则

海洋旅游资源是一个不断发展的动态概念，其涵盖的内容随着现代旅游者需求不断变化也在不断发展、充实和完善。这就要求海洋旅游资源评价工作应该用发展的眼光看待变化趋势，从而对海洋旅游资源及其开发做出科学全面的评价。

（四）力求定量原则

在评价海洋旅游资源时，应避免主观色彩，力求定量或半定量，并要求对不同调查区尽量采用统一的标准，以便保证海洋旅游资源评价和比较能在同一基准下进行。

（五）科学原则

这一原则主要是针对海洋旅游资源的形成、本质、属性、价值等核心问题进行评价时，应采取科学的态度，充分运用地理学、历史学、美学、经济学、建筑学等相关理论和知识，而不能全部冠以“神话传说”，更不能相信和宣传带有迷信色彩的内容。

二、海洋旅游资源评价的指标体系

构建评价指标体系是一项综合性的研究，重点在评价指标的选定上。评价指标体系应具有科学性、合理性、实用性和可操作性等特点。在对影响海洋旅游资源进行系统分析与合理综合的基础上，把海洋旅游资源评价体系分为资源价值、环境条件与开发条件三大类，每一类又分为若干个基本指标。

（一）资源价值

海洋旅游资源条件评价，是海洋旅游资源综合评价的核心和基础。一般分为美学观赏价值评价、康体娱乐价值评价、历史文化价值评价、科学考察价值评价及旅游开发价值评价五个方面。

1. 美学观赏价值

美学观赏价值是海洋旅游资源，特别是海洋风景资源评价的重心。美学观赏价值是指海洋旅游资源能提供给旅游者美感的种类及强度。无论自然海洋旅游资源还是人文海洋旅游资源，都必须具有美学价值，否则就不能成其为旅游资源。通常，游客能够感受到的美感种类越多，美感越强烈，对其评价就越高。各种海洋旅游资源作为各种美的有机组合体，既包含着原有的自然美，又包含被赋予的艺术美，也包含着人类劳动的社会美。如大海的自然美，滨海建筑的人文美，海岛民俗风情的艺术美等。

2. 康体娱乐价值

海洋旅游资源的康体娱乐价值是指其所具有的休闲、疗养、运动和娱乐等功能。海水、阳光、沙滩及各种现代消遣性游乐设施和娱乐性风景、民俗等，都具有康体娱乐价值，例如，人们已经认识到观赏自然景色有利于降低血压，当体验自然美景时，心理上的焦郁和生理上的紧张压力也得到了缓解。海洋旅游资源的康体娱乐价值越大，对其评价就越高。

3. 历史文化价值

一方面，海洋旅游资源本身具有一定的历史文化内涵，沿海地区的民风民俗和建筑风格在一定意义上是海洋文化的体现，如海南的“老爸茶”、海南儋州的调声、福建沿海信仰的妈祖等；另一方面，海洋自然旅游资源与重大历史事件、文艺作品、传说故事相结合，会使其价值大增，如海南临高角，因其是解放海南大军登陆的第一个区域，被开发为爱国主义教育基地。同样，海洋旅游资源的历史文化价值越高，对其评价也越高。

4. 科学考察价值

科学考察价值反映旅游资源某种科学研究功能，表现在能否作为科教工作者、科学探险者和追求者现场研究的场所。海洋水文状况、地质地貌、海洋气候等以及与之相关的海洋生产方式、生活方式等，可以作为不同科教工作者的考察研究对象。各类海洋馆、海上运动基地等对培养参与者的科学兴趣、扩大视野、增长知识等方面具有重要意义。

5. 旅游开发价值

海洋旅游资源并不一定具有旅游开发价值，只有在一定地域上较为集中、多类型旅游资源协调分布和组合，才能具有较高的旅游开发价值。因此，规模和组合状况是海洋旅游资源评价的重要内容。在实践中，可以从资源种类、资源规模度与特殊度、资源组合度和资源聚集度四个方面展开评价工作。这四个方面越好，则开发价值越高，对其评价也会相应低提高。

（二）环境条件

环境条件包括海洋旅游资源所在地的自然环境、社会环境和经济环境三个方面，其评价目的是考察海洋旅游资源所在地的环境条件是否符合开展海洋旅游的要求。

1. 自然环境

自然环境条件包括海洋旅游资源所在地的地质地貌、气象气候、水文、动植物等，对海洋旅游资源的开发价值、开发方向、开发效益等起着直接的决定作用。例如，地质条件不稳定或者受台风影响频繁或者水质很差的海洋旅游资源，其价值就会大打折扣。

2.社会环境

社会环境条件包括海洋旅游资源所在地的政治局势、社会治安、医疗保健、风俗习惯及当地居民对旅游业的态度等,也对海洋旅游资源的开发价值、开发方向、开发效益等起着直接的决定作用。例如,如果当地居民对旅游业有正确的认识,热情好客,就会使旅游者有宾至如归的感觉,对海洋旅游业的发展有积极作用。

3.经济环境

经济环境条件是指能够满足游客开展旅游活动的一切外部经济条件,包括经济发展水平、人力资源、物资供应和基础设施等。例如,人力资源状况直接影响着能否为旅游者提供优质服务,基础设施直接影响旅游目的地的可进入性和旅游服务质量。

环境条件对海洋旅游资源开发的影响具体又表现在旅游容量的高低上。海洋旅游容量是指在保证海洋旅游环境稳定的同时,海洋旅游资源所能容纳的最大游客数量,可分为环境容量、社会容量和经济容量三个类型。通常用容时量和容人量两个指标来衡量。一般,资源数量越多、规模越大,社会经济发展水平越高,容时量和容人量也越高。

(三)开发条件

主要包括地理位置与可进入性、客源市场、服务设施、旅游投资环境等方面。

1.地理位置与可进入性

海洋旅游开发目的地的地理位置与交通条件是评价旅游资源开发条件和发展潜力的重要条件之一,直接影响其开发价值。优越的位置和便捷的交通,能够提高滨海旅游区的可进入性,使游客"进得来、出得去、散得开",也就是要让游客来得方便,在滨海旅游区逗留期间活动方便以及游览结束后离开方便。

2.客源市场

客源市场及其变化是海洋旅游资源评价和利用的社会经济依据。客源市场评价的两个最基本指标是客源地社会经济发展水平和客源地与旅游目的地的距离。客源地的社会经济发展水平是海洋旅游资源开发利用的必要前提和评价的重要依据。客源地与旅游目的地之间的距离是影响客源市场的重要因素。

3.服务设施

旅游业是涉及食、宿、行、游、购、娱等方面的综合性产业。因此,要提高旅游服务水平和质量,除充分开发利用旅游资源本身的开发外,还需要有良好的旅游基础设施和接待设施。旅游基础设施主要包括水、电、交通、邮政、电信等公共设施;旅游接待设施主要包括住宿、餐饮、购物、健身、文化、娱乐等设施。

4.旅游投资环境

海洋旅游资源的开发需要大量资金的持续投入，海洋旅游目的地的社会环境、经济发展战略以及给予投资者的优惠政策等，都直接影响投资者的投资决策。为此，必须认真研究海洋旅游目的地的投资条件和政策环境，为投资者提供更多的优惠。

三、海洋旅游资源评价的方法

海洋旅游资源能否得到合理开发利用，在一定程度上取决于能否对其做出科学的评价。旅游者的旅游决策也是建立在对旅游目的地的旅游资源做出正确评价的基础之上的。因此，海洋旅游资源评价是一项具有重要理论意义和实践价值的工作。

国外旅游资源评价工作开始于20世纪60年代，使用的方法具有三个显著特点，即指标数量化、评价模型化、标准科学化。我国的旅游资源评价工作始于20世纪80年代，它是为适应旅游资源开发的需要而发展起来的。最初基本上以定性描述为主，随后开始探索更具科学性的定量评价方法。尽管旅游资源的评价方法很多，但总体上看，可概括为定性评价和定量评价两种基本类型。

（一）定性评价

定性评价是一种经验性评价，也称为主观评价。它是最传统的评价方法，如一般体验性评价法、美感质量评价法、卢云亭的“三三六”评价法等。

1.一般体验性评价

一般体验性评价是由评价者根据自己的亲身体验，对某一个或某一系列的旅游资源就其整体质量进行定性评估。常用的方式是通过问卷调查方式，让旅游者回答旅游资源的优劣顺序，或者由各方面的专家讨论评价得出旅游资源的优劣顺序，或者统计旅游资源在常见报刊和旅游书籍上出现的频率从而得出旅游资源的优劣顺序。如“中国十大名胜”就是运用该方法评出的。这种评价方法比较简便，其缺陷除具有很强的主观性外，只是对旅游资源进行整体质量评价，而且仅局限于少数知名度较高的旅游资源，无法用于一般类型或未开发的旅游资源的评价。同时，由于这种评价方法的评价结果对提高某些旅游目的地的知名度会有较大的帮助，因而容易出现人为干预的现象，使评价结果更加缺乏客观性。

2.美感质量评价

美感质量评价是一种专业性的旅游资源美学价值的评价方法。通常是在深入分析旅游者或专家体验的基础上，建立规范化的评价模型，评价结果一般具有可比性的定性尺度或数量指标。其中有关自然旅游资源的视觉美评价技术较成熟，已发展成为四个公认的学派。

(1)专家学派。代表人物是林顿(R. B. H. Liton)。该学派认为，凡是符合形式美原则的风景就具有较高的风景质量，对风景的分析基于其线条、形体、色彩和质地，强调多样性、奇特性、协调性等形式美原则在风景质量分级中的主要作用。其评价工作均由少数训练有素的专业人员来完成，评价方法突出表现为一系列的分类分级过程。如美国林务局风景管理系统和美国土地管理局风景管理系统等。

(2)心理物理学派。代表人物是丹尼尔(T. C. Daniel)和布雅夫(G. J. Buhyoff)等。该学派主要研究如何建立环境刺激与人类的反应之间的相互关系。其应用较为成熟的是森林风景。

(3)经验学派(亦称现象学派)。代表人物是洛温撒尔(Lowenthal)。该学派认为，公众对自然的审美是其个性、经历、文化背景等众多因素的综合体现，因而将人的主观感受对自然风景评价的作用放在一个极其重要的位置。

(4)认知学派(亦称心理学派)。代表人物是卡普兰(S. Kaplan)、金布利特(Gimblett)和布朗(T. Brown)等。该学派将自然风景作为人的生存和认识空间来加以评价，强调风景对人在情感反应上的意义，试图用人的进化过程及功能需要去解释人对风景的审美过程。

3.“三三六”评价法

这种方法是由北京师范大学的卢云亭提出的。所谓“三三六”是指“三大价值”、“三大效益”和“六大开发条件”评价体系。其中，“三大价值”是指旅游资源的历史文化价值、艺术观赏价值和科学考察价值；“三大效益”是指旅游资源开发的经济效益、社会效益和环境效益；“六大开发条件”是指旅游资源所在地的地理位置和交通条件、景象地域组合条件、旅游环境容量、旅游客源市场、投资能力、施工难易条件。

(二)定量评价

量化是当今科学发展的趋势，定量评价的结果比较直观和准确。定量评价方法也称为客观性方法，又分为供给评价和供给—需求评价。供给需求评价指在供给评价的基础上，进而对现实的和潜在的旅游需求(结构、类型等)做出调查，然后将供给和需求结合起来作出的评价。

对旅游资源的定量评价，用得较多的有层次分析法、模糊综合评价法、模糊赋分法、德尔菲法等。目前，国际上应用比较广泛的层次分析法(AHP)是美国匹兹堡大学运筹学家 T. L. Saaty 于 20 世纪 70 年代提出的一种定性分析与定量研究相结合的多目标决策分析方法，是对非定量事件作定量分析的一种有效方法。其基本原理是把研究的复杂问题看作一个大系统，通过分析，划出各因素间相互联系的有序层次，然后经过专业的判断，应用数学方法对决策方案的优劣进行排序。层次分析法的基本步骤如下：

首先建立目标层次结构。海洋旅游资源定量评价层次结构模型可分为3个层次，第一层为总目标层，即对海洋旅游资源进行评价；第二层为综合因素层，即依据几个方面对海洋旅游资源进行评价；第三层为评价指标层，即分析每个综合指标所包含的评价要素（见下图，括号中的数字为各要素的权重值）。

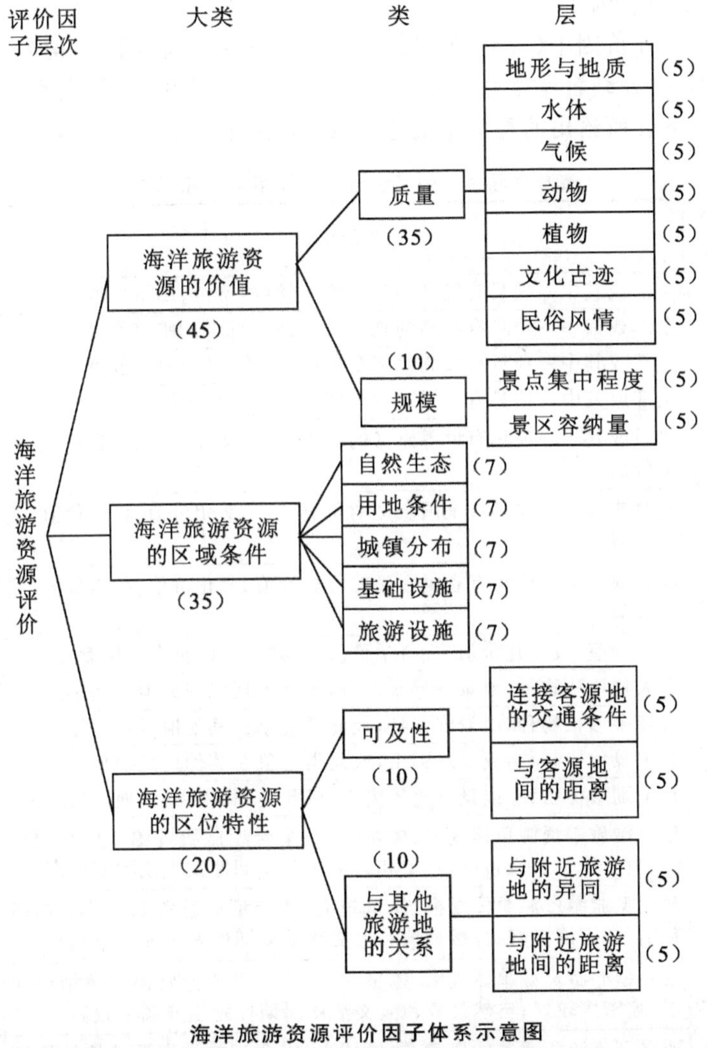

海洋旅游资源评价因子体系示意图

一般邀请经验丰富、具备一定专业知识的专家，采用群体判断方式，构造目标层次结构。评价因子的选择应遵循以下几项基本原则：一是代表性和重要性原则。影响海洋旅游资源价值的因素很多，为使评价工作简化可行，有必要选择那些有代表性、对海洋旅游资源整体开发价值具有重要影响的因素作为评价因子。二是层次性和系统性原则。即评价因子应具有一定的层次性，下一层因子是上一层因子的具体化，是上一层因子的构成部分，而上一层因子对下一层因子具有统揽的功能。三是非兼容性和区别度原则。即同一层次的各评价因子之间应该是平行并列的关系，是相互区别的，不能有兼容或替代关系，不能出现模糊不清、容易混淆的因子。

其次给出评价因子（大类、类、层）的权重。构造目标层次结构后，一般采用问卷调查形式，并结合专家意见，以总分为100，对各评价因子（大类、类和层）赋以权重值。下表所给出的是国家旅游资源评价因子权重值。

旅游资源共有因子综合评价权重值国家标准

评价项目	评价因子	评价依据	赋值
资源要素价值（85分）	观赏游憩使用价值（30分）	全部或其中一项具有极高的观赏价值、游憩价值、使用价值	30～22
		全部或其中一项具有很高的观赏价值、游憩价值、使用价值	21～13
		全部或其中一项具有较高的观赏价值、游憩价值、使用价值	12～6
		全部或其中一项具有一般观赏价值、游憩价值、使用价值	5～1
	历史文化科学艺术价值（25分）	同时或其中一项具有世界意义的历史价值、文化价值、科学价值、艺术价值	25～20
		同时或其中一项具有全国意义的历史价值、文化价值、科学价值、艺术价值	19～13
		同时或其中一项具有省级意义的历史价值、文化价值、科学价值、艺术价值	12～6
		历史价值、或文化价值、或科学价值，或艺术价值具有地区意义	5～1
	珍稀奇特程度（15分）	有大量珍稀物种，或景观异常奇特，或此类现象在其他地区罕见	15～13
		有较多珍稀物种，或景观奇特，或此类现象在其他地区很少见	12～9
		有少量珍稀物种，或景观突出，或此类现象在其他地区少见	8～4
		有个别珍稀物种，或景观比较突出，或此类现象在其他地区较多见	3～1
	规模、丰度与几率（10分）	独立型旅游资源单体规模、体量巨大；集合型旅游资源单体结构完美、疏密度优良级；自然景象和人文活动周期性发生或频率极高	10～8
		独立型旅游资源单体规模、体量较大；集合型旅游资源单体结构很和谐、疏密度良好；自然景象和人文活动周期性发生或频率很高	7～5
		独立型旅游资源单体规模、体量中等；集合型旅游资源单体结构和谐、疏密度较好；自然景象和人文活动周期性发生或频率较高	4～3
		独立型旅游资源单体规模、体量较小；集合型旅游资源单体结构较和谐、疏密度一般；自然景象和人文活动周期性发生或频率较小	2～1

续表

评价项目	评价因子	评价依据	赋值
资源要素价值(85分)	完整性(5分)	形态与结构保持完整	5～4
		形态与结构有少量变化,但不明显	3
		形态与结构有明显变化	2
		形态与结构有重大变化	1
资源影响力(15分)	知名度和影响力(10分)	在世界范围内知名,或构成世界承认的名牌	10～8
		在全国范围内知名,或构成全国性的名牌	7～5
		在本省范围内知名,或构成省内的名牌	4～3
		在本地区范围内知名,或构成本地区名牌	2～1
	适游期或使用范围(5分)	适宜游览的日期每年超过300天,或适宜于所有游客使用和参与	5～4
		适宜游览的日期每年超过250天,或适宜于80%左右游客使用和参与	3
		适宜游览的日期超过150天,或适宜于60%左右游客使用和参与	2
		适宜游览的日期每年超过100天,或适宜于40%左右游客使用和参与	1
附加值	环境保护与环境安全	已受到严重污染,或存在严重安全隐患	−5
		已受到中度污染,或存在明显安全隐患	−4
		已受到轻度污染,或存在一定安全隐患	−3
		已有工程保护措施,环境安全得到保证	3

再次给出每一海洋旅游资源层要素的得分。根据专家的意见,也可根据调查问卷的结果,给出不同旅游资源层内各要素的分值。例如对水体的评价,可根据水体质量差、较差、一般、较好、好和很好的顺序,分别赋值为0、0.2、0.4、0.6、0.8、1.0;同理,对气候条件等也可按照相应的标准进行排序,并分别赋以不同的分值。

最后对各海洋旅游资源进行综合评价。用层内各要素所得分值乘以所对应的权重,即可得出每一海洋旅游资源相应的分值;各分值相加,即是该项海洋旅游资源的总分值。最后比较各海洋旅游资源的总分值,就可以判断海洋旅游资源的相对价值和等级。

依据旅游资源单体评价总分,将其分为五级,从高级到低级为:五级旅游资源,得分值域≥90分;四级旅游资源,得分值域75～89分;三级旅游资源,得分值域60～74分;二级旅游资源,得分值域45～59分;一级旅游资源,得分值域30～44分;此外还有未获等级旅游资源,得分≤29分。其中,五级旅游资源称为“特品级旅游资源”;五级、四级、三级旅游资源被通称为“优良级旅游资源”;二级、一级旅游资源被通称为“普通级旅游资源”。

第四节 海洋旅游资源开发

向海洋进军，大力发展海洋经济已被世界沿海国家提到重要议事日程。当前，我国的海洋经济还相对落后，海洋旅游开发尚缺乏整体的、科学的、前瞻性的规划。海洋旅游资源是发展海洋旅游的基础，因此，必须对海洋旅游资源进行深度开发，不断创新海洋旅游资源开发理念，使我国潜在的海洋旅游资源优势转化为现实的经济优势。

一、海洋旅游资源开发的原则

（一）特色原则

特色是旅游开发之魂，特色越鲜明，旅游产品和旅游目的地的吸引力就越大。特色性原则要求在海洋旅游资源开发过程中，不仅要保护好特色，更要充分挖掘、展示特色，还要千方百计创造特色；要尽量保持自然和历史形成的原始风貌，尽量开发有特色的旅游项目，尽量挖掘当地文化，突出民族特色和地方特色。坚持特色就能赢得市场。然而，在海洋旅游资源开发实践中，特色不鲜明、不突出的现象可谓比比皆是。海口近年来旅游业发展滞缓，缺乏特色旅游项目是最重要的原因之一。

（二）市场原则

所谓市场原则，是指要根据市场需求及其变化规律来确定海洋旅游资源开发的方向、规模和层次。从根本目的看，海洋旅游资源开发是为了满足广大旅游者的精神和物质需求，因此，符合市场需求的就是最好的。从效益的角度看，海洋旅游资源开发的效益来源于旅游市场需求，没有了旅游市场，也就没有海洋旅游资源开发的效益和海洋旅游旅游目的地的发展，可以说，"旅游者是海洋旅游财富之母"。市场原则要求在海洋旅游资源开发前，一定要进行充分的市场调查和市场研究，准确把握市场需求及其发展趋势，结合资源特色，开发出能够满足市场需求的适销对路的旅游产品。

（三）竞争原则

当今的旅游市场是一个买方市场，越来越多的旅游资源和旅游目的地被开发出来，旅游市场竞争无比地激烈。竞争原则要求在海洋旅游资源开发时，科学分析和研究竞争对手的经营状况。例如，海南国际旅游岛建设，不仅要科学分析和研究夏威夷、巴厘岛等国际知名的热带岛屿旅游目的地的经营状况，而且要分析和研究福建、广西、广东等国内沿海省市的海洋旅游发展状况，同时要分析陕西、云南等国内内陆省份的旅游发展状况，通过这些分析研究，走特色化、差异化发展道路，避免与它们进行同质化竞争。

（四）保护原则

旅游资源是大自然的造化、人类历史的遗存和现代人文艺术的结晶。海洋旅游资源是稀缺的、脆弱的，而且大多数是不可再生的，因此，在开发过程加大保护力度是极其重要的。在理论上，保护和开发是相辅相成、相互促进的。但在现实生活中，往往重开发轻保护，造成了海洋旅游资源的不可逆转性的破坏。

（五）综合原则

海洋旅游资源的种类繁多，包罗万象，通过对旅游资源的整合和综合开发，使旅游者能从多方面发现其价值，从而提升海洋旅游资源的质量，在海洋旅游市场竞争中提高知名度。海南省的博鳌亚洲论坛是海洋旅游资源与会展旅游结合的成功典范。有海滩、阳光、清鲜空气等重要的海洋旅游资源，把休闲、观光和会展旅游巧妙地结合起来，博鳌获得了明显的名片效应和带动效应。

（六）效益原则

海洋旅游资源具有多种用途，例如，一片海域既可以用来发展旅游业，也可以用来发展渔业，还可以作为自然保护区加以保护，这就存在选择的问题。究竟用于何种开发，关键取决于哪种开发所带来的效益更高。低效益的开发是不经济、不可行的。从本质上看，海洋旅游资源开发是一项经济活动，因此，追求经济效益是无可厚非的。然而，尽管海洋旅游资源开发的经济效益是至关重要的，但社会效益和生态环境效益也是不容忽视的。例如，如果当地居民不能公平地享受海洋旅游开发的成果，就会引起当地居民对游客的反感，甚至产生冲突、摩擦和矛盾，这样的开发必将是非持续的。没有社会效益和生态环境效益的海洋旅游资源开发，迟早也会失去经济效益。因此，坚持经济效益、社会效益和环境效益的和谐统一，是海洋旅游资源开发必须坚持的基本准则。

二、海洋旅游资源开发的内容

根据《旅游规划通则》（GB/T18971－2003），旅游区总体规划内容包括以下具体内容：

对旅游区的客源市场的需求总量、地域结构、消费结构等进行全面分析与预测；

界定旅游区范围，进行现状调查和分析，对旅游资源进行科学评价；

确定旅游区的性质和主题形象；

确定规划旅游区的功能分区和土地利用，提出规划期内的旅游容量；

规划旅游区的对外交通系统的布局和主要交通设施的规模、位置；

规划旅游区内部的其他道路系统的走向、断面和交叉形式；

规划旅游区的景观系统和绿地系统的总体布局；

规划旅游区其他基础设施、服务设施和附属设施的总体布局；

规划旅游区的防灾系统和安全系统的总体布局；

研究并确定旅游区资源的保护范围和保护措施；

规划旅游区的环境卫生系统布局，提出防止和治理污染的措施；

提出旅游区近期建设规划，进行重点项目策划；

提出总体规划的实施步骤、措施和方法，以及规划、建设、运营中的管理意见。

根据以上内容，并结合海洋旅游资源开发的特点和要求，可以将海洋旅游资源开发的内容归纳为以下几个方面。

（一）规划建设旅游景区

海洋旅游资源只有经过开发，才能成为海洋旅游产品，才能有旅游目的地的核心吸引物，才能形成旅游接待能力，才能进而将资源优势转化为经济优势。因此，规划和建设旅游景区，是海洋旅游资源开发的核心内容，是整个工作的出发点。旅游景区规划建设的最核心内容是确定旅游区的性质和主题形象，有了独具特色的主题形象，就能据此安排具体的旅游项目尤其是重点旅游项目的建设及其空间布局。从开发形式看，可分为新建、利用、修复、改造和提高五种。

（二）改善旅游交通

旅游资源的不可移动性使得旅游活动必定是旅游者不断位移的活动，从常住地位移至旅游目的地，从一个景区、景点位移至另一个景区、景点。因此，旅游交通网络的建设在海洋旅游资源开发中显得至关重要。如果旅游交通网路不发达，可进入性差，无论旅游资源的品质如何高贵，所开发的旅游产品如何富有特色和吸引力，也只能“深居简出”，会极大地消弱旅游者的旅游动机，难以形成现实的旅游接待。安全、便利、快捷、舒适是现代旅游者对旅游交通的基本要求。改善旅游交通，不仅包括旅游交通设施的建设和旅游交通工具的选择，也包括各种交通营运计划的安排和设计。要充分发挥海洋优势，建设富有海洋特色的旅游交通网络。

（三）建设和完善旅游设施

旅游设施可分为旅游基础设施和旅游接待设施。旅游接待设施是指主要为旅游者服务的设施，包括宾馆、酒店、旅行社、机场、码头、旅游问询中心等；旅游基础设施是指主要为当地社会经济发展服务，但旅游者在停留期间也必须依赖和利用的设施，包括银行、医院、通信、公安等。旅游设施的数量多少和质量高低，直接影响着旅游者对旅游目的地的影响和评价，进而影响旅游资源的开发效益。

（四）开发旅游人力资源

海洋旅游区的竞争在一定意义上是旅游人才的竞争。旅游人才可分为旅游经营型人才、旅游服务型人才、旅游研究型人才和旅游管理型人才四个基本类型。海南的海洋旅游资源、旅游接待设施具有世界级水平，但因旅游人才短缺导致旅游服务水平较低，从而在激烈的市场竞争并不占优势。可见，重视和强调旅游人力资源开发是海洋旅游资源开发的重要前提。无论是滨海旅游城市还是旅游景区，都要想尽一切办法培养、引进、留住旅游人才，并充分调动旅游人才的积极性。

（五）开拓旅游市场

海洋旅游资源开发是以一定数量和质量的稳定的客源市场为前提的。旅游市场是竞争激烈的买方市场。在这个市场上，一切都不是静止不变的，旅游者的需求在不断变化，竞争对手在不断变化，旅游企业或旅游目的地由于自身的发展也在不断变化。面对如此多变的市场，旅游景区和滨海旅游城市一方面要不断推出具有吸引力的新产品，另一方面要加大市场营销力度，从而达到稳定现有市场，不断开发和挖掘潜在市场的目的，并最终实现海洋旅游资源开发的高效率。

三、海洋旅游资源开发的程序

海洋旅游资源开发有三个关键因素，即目标市场定位、旅游产品定位和旅游形象定位。能否准确定位直接决定了海洋旅游资源开发的成效。而要准确定位，需要遵循一定的程序，也就是说，海洋旅游资源开发是一项程序性的、系统性的技术工作。海洋旅游资源的开发程序一般包括确定开发项目、可行性论证、总体规划、具体项目规划与设计和项目实施与监控等五个方面（见下图）。

（一）确定开发项目

即根据海洋旅游资源的特色、旅游市场需求特点和发展趋势、区域旅游业发展的主体形象以及竞争对手的经营状况等，选定要开发的旅游项目。这是海洋旅游资源开发的起点。

（二）可行性论证

所谓可行性论证，就是要对所选定旅游项目进行评价，判断该项目是否具有开发前景，其开发在经济上是否必要，在技术上是否可行，在法律上是否合法，在环境上是否合理。这种论证是建立在对旅游资源及其环境、开发条件等进行广泛、深入的调查和评价基础之上的。如果项目可行，则进行下一步工作，否则需要重新确定新的开发项目。可行性论证具有重要意义，它是投资决策的依据，是

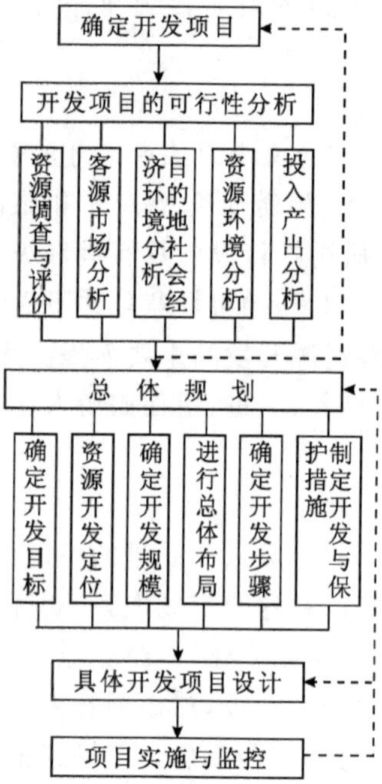

海洋旅游资源开发流程示意图

申请贷款筹集资金的依据，是编制设计文件及进行建设工作的依据，是环保部门审查和申请建设执照的依据，是合作谈判签订协议的依据。海洋旅游资源开发的可行性研究主要包括以下几方面的内容：

1.海洋旅游资源调查与评价

这是一项“摸家底”的基础性工作，目的在于了解海洋旅游资源的价值(观赏价值、历史价值、文化价值、科学价值与艺术价值)、性质、特色、规模与丰度、地域组合、节律性或季节性和知名度等，以及自然旅游资源的成因和人文旅游资源的历史渊源、演替和艺术、文化特征等。同时，还要与临近地区的海洋旅游资源进行对比分析，以便进一步发现自身的特色和优势。

2.客源市场分析

能否吸引一定数量和品质的游客直接决定着海洋旅游资源开发能否成功。因此，客源市场分析是可行研究的最关键内容之一。客源市场分析具体包括三方面内容，首先要分析客源地的情况，主要包括客源地的地理位置、区域特征及与目的地的距离；客源地的社会经济发展状况；客源地居民的出游率、人均旅游消费、主要旅游动机、出游的季节性；客源地的风俗习惯、宗教信仰、民族特征；客源地游客的性别、年龄、受教育程度等人口统计学特征等。其次要研究旅游市场开拓的制约因素，如旅游产业政策、旅游市场竞争态势、开发项目的竞争能力和竞争策略等。最后是预测目的地未来一定时段内的游客数量、人均消费水平、人均逗留时间以及最低游客数量等。客源市场分析是确定海洋旅游资源开发规模、开发方向的基础。

3. 旅游目的地社会经济环境分析

海洋旅游资源开发不可能孤立于当地的社会经济环境之外，必然要与周围环境发生联系。一方面区域的社会经济发展水平和外部环境的优劣，反映了进行资源开发的能力、实力和条件；另一方面当地的社会经济环境反映了对资源开发提供的保障情况。其主要内容包括当地居民的旅游意识、观念及对旅游开发的态度；当地政府对旅游开发的支持力度及相关政策法规；旅游开发可能对当地文化、社会、经济、就业等方面所带来的影响；当地的旅游社会容量、经济容量和环境容量；当地的经济状况（如人均GDP、物价指数、购买力等）及其发展趋势。

4. 环境影响分析

海洋旅游资源开发必然会对资源地的环境带来两方面的影响，一是由于资源开发项目的实施要修建旅游交通设施（如索道、桥梁、甚至海底隧道等）、游乐设施、游憩设施、餐饮、住宿设施等物化建筑物和构筑物，必然会对资源地环境产生不可避免的开发性影响；二是因为资源开发项目建成后，旅游者群体性进入旅游区，其旅游活动也会对目的地的环境产生影响。所以，要在确定心理容量、资源容量、生态容量、经济发展容量、社会容量的基础上，分析和评价这些影响的类别、大小、程度、范围以及可弥补的措施等。

5. 投资与效益预测

充足的资金投入是海洋旅游资源开发的重要保证。吸引资金投入的主要因素是资源开发后的可观的效益特别是经济效益。旅游投资消耗多、风险大，资金筹措往往比较困难，通常是可行性研究看好的资源开发项目更容易获得足够的投资。主要包括主体工程和协作配套工程所需的投资；流动资金和经营成本的结算；资金来源、筹措方式及贷款的偿付方式；效益预测等。

（三）编制海洋旅游资源开发规划

滨海旅游度假区是具有较高技术标准、专业性很强的经济区域，必须科学高标准规划、高水平建设。海洋旅游资源开发规划的制定，主要包括以下内容。

1. 确定发展目标

海洋旅游资源开发目标可以分为区域经济发展目标、环境建设目标、社会发展目标、基础设施建设目标等。总体来说，经济目的是第一位的，但在不同的发展阶段，主要目标会发生相应的变化。例如，从近期看，可能以基础设施建设为主要目标，但从中长期看，则社会发展可能成为主要目标。通常，发展目标要具体，而且要尽量量化，具有较强的可操作性。

2.合理定位

旅游资源开发定位在一定意义上是一种市场营销组合，是一套能比竞争者更好地为游客服务的营销策略。通常包括旅游形象定位、旅游市场定位、旅游产品定位等方面。

旅游形象定位也就是在现实的和潜在的游客心目中树立起鲜明的、独特的形象，并不断采取各种措施，维护和强化这种形象。实际上是把目的地独特的优势大声地告诉游客。在旅游买方市场和网络化时代的背景下，游客的旅游决策越来越依赖于旅游目的地的旅游形象，因此，形象定位在规划中就显得至关重要。常用的方法有领先优势定位法、比附定位法、名人效应法、补缺法等。

市场定位也就是的市场细分的基础上，找准自己的目标市场。可以按照不同的指标对市场进行细分。每个细分市场具有不同的消费倾向、偏好、消费水平和消费行为等。目的地应根据自己的竞争优势，找准自己的市场定位。影响市场定位的因素主要有所开发的产品的功能特点、资源地的地理区位特点、游客的旅游偏好等。常用的方法有市场调查法、类比分析法、地理区位法、市场分析法和德尔菲法等。

旅游产品定位是指海洋旅游资源转化为海洋旅游产品的产品功能选择，即将海洋旅游资源开发建设成观光型、休闲度假型还是其他专题型的产品。旅游产品定位是以形象定位和市场定位为基础的，无论是单向旅游产品还是组合旅游产品，都应该体现为旅游形象服务、为游客服务的理念。影响旅游产品定位的因素主要有旅游市场的发展趋势、旅游资源的特色、竞争者的产品及其竞争力以及区域经济发展水平等。

3.确定规划区的范围、规模和性质

任何景区、景点，都有一定的空间范围，只有确定了范围，才能进行具体的、全面的开发、管理和保护。范围的界定既要体现各种旅游资源客观分布范围的整体性，又要体现节约每一寸土地，合理利用每一寸土地的原则。按照性质，景区可分为观光旅游区、度假旅游区、生态旅游区等不同类型。不同性质的旅游区，开发利用强度有所不同。

4.进行项目总体布局

主要是确定各种规划要素的空间位置。主要包括：各功能区的位置及相关关系，各个景点、景物的定位；旅游商店、餐饮等设施的定位；旅游交通线路的定位及组合；给排水管线的定位；通讯设备和电缆等的定位。总体布局要遵循综合协调、集中紧凑、方便游客、利于环保等原则。

5.确定开发顺序和步骤

因人力、物力、财力等的限制，旅游资源不可能同时全面进行开发，而应有选择、有重点、分时序地进行。要在保证重点项目开发的基础上，不断增添新项目、新产品，以旅游资源开发为核心，逐步建立健全食、住、行、游、购、娱等旅游服务设施。

6.制定开发与保护措施

旅游资源开发要坚持“在保护中开发，在开发中保护”的原则，合理开发和依法保护旅游资源，切实抓好旅游基础设施建设，对景区开发要坚持成熟一个、开发一个，开发一个、成功一个，对开发条件不成熟的旅游资源应先保护好，暂缓开发建设，做到生态效益、社会效益、经济效益三者协调兼顾。

（四）编制具体项目的建设规划

总体规划只是从总体上对旅游资源开发项目进行宏观规划。要建设具体的旅游项目，还需要对具体项目的修建进行详细规划和建设规划。包括每个具体项目的选址、建设规模、等级、建筑风格、完成期限、所需投资额，甚至所需原材料等。

（五）项目实施与监控

在总体规划和建设性详细规划报批后，海洋旅游资源的开发工作就可以付诸实施建设了。在具体的实施过程中，关键问题是资金的筹集、分配和各部门的分工。在市场化运作的大背景下，旅游资源开发的资金筹集方式是多渠道的，可以是政府融资、企业融资，也可以是国内融资，或是国外融资。筹集到资金后，就应根据有关方案，在协作基础上进行分工，落实每一项具体工作，使开发工作得以顺利地进行。在开发方案实施过程中，要把监控工作作为常规性工作来抓，利用旅游资源信息系统，动态地监控旅游资源的利用情况，从而实时地调整目标及实施方案。

第三章　海洋旅游区划

地球上的海洋面积为3.61亿平方千米，占地球表面积的71%，这一广阔的海域具有巨大的发展潜力。21世纪是海洋的世纪，海洋旅游在海洋产业中占有重要地位。从旅游开发的角度来看，世界海洋资源非常丰富，主要包括海水资源、海岸资源、珊瑚资源和水产资源等，具有极大的开发价值。据不完全统计，全世界除44个国家和地区属完全内陆外，其余200多个国家和地区均与海洋相连。所以，海洋旅游得到世界各国的重视并快速发展。海洋对人类的意义完全不同于陆地，人们对海洋充满了好奇和向往，海洋对人类的价值极其重要。海洋旅游是人类旅游意义在地球上的最彻底伸张。

世界海洋如此广阔。就目前来看，地中海地区、加勒比海地区、大洋洲海域和东南亚海域已成为世界海洋旅游的焦点和热点。本章主要对以上四个区域的海洋旅游进行分析研究，同时对中国海洋旅游市场发展概况进行探析。

第一节　地中海海洋旅游区

一、地理概况

地中海是世界上最大的陆间海之一，位于亚、非、欧三大洲之间，东西长约4000千米，南北最宽处约1800千米，面积约为250多万平方千米。地中海是由亚欧板块和非洲板块相互运动，使古特提斯洋(古地中海)缩小而形成的残存水域，是世界上多火山和地震的地区。地中海被分割为利古里亚海、第勒尼安海、亚得里亚海和爱琴海等。其海岸线长而曲折，多半岛、岛屿和海湾。

地中海在交通和战略上均占有重要地位。它西经直布罗陀海峡可通大西洋，东北经土耳其海峡接黑海，东南经苏伊士运河出红海达印度洋，是欧亚非三洲之间的重要航道，也是沟通大西洋、印度洋的重要通道。尤其是在苏伊士运河开通之后，这里成为世界上最为繁忙的水上运输通道。其在经济上的重要地位就不言而喻了。

地中海沿岸有20多个国家。其中南欧的代表性国家有西班牙、法国、意大利、斯洛文尼亚、克罗地亚、波斯尼亚、波黑、阿尔巴尼亚、希腊、马耳他和塞浦路斯等,西亚国家包括土耳其、叙利亚、黎巴嫩、以色列和巴勒斯坦等,南面的非洲国家有摩洛哥、阿尔及利亚、突尼斯、利比亚和埃及等。这些国家因临近地中海这一独特的区位优势,经济发展,尤其是旅游业发展十分迅速。该区在世界旅游经济中发挥举足轻重的作用。

二、市场现状

地中海地区的旅游业是世界上旅游业最为发达的地区。无论是从大旅游,还是从海洋旅游的角度来看,地中海都处于领先地位。地中海因其优越的地理位置,以其独特的"3S"景观(Sea,Sun,Sand)每年都吸引来自世界各地的游客,其客源市场十分广阔。据世界旅游组织统计,2002年全世界15大旅游接待国和地区中,位于前5位的是法国、西班牙、美国、意大利和中国,其中该区三国接待国际游客总量为168.5百万人次,市场占有率为24.1%。

地中海地区的旅游业总体上比较发达,但各国旅游业发达程度不同。显然,欧洲各国的旅游业相对西亚和北非国家要发达得多。在欧洲的很多国家,旅游业已成为它们的支柱产业,其中西班牙就是一个典型。近年来,地中海沿岸的西亚、北非国家旅游业发展也十分迅速,旅游业在GDP中所占比重越来越大。地中海地区旅游发展潜力巨大,市场前景广阔。

三、主要优势

地中海地区之所以旅游发展如此迅猛,主要归结于其丰富的旅游资源优势。此外,区位及客源优势、气候优势和其他因素也是不可忽视的。

(一)旅游资源优势

1.滨海、海岛资源丰富

地中海海岸线漫长曲折、岛屿众多。其中,西西里岛是地中海第一大岛,撒丁岛次之,塞浦路斯第三,科西嘉岛第四,克里特岛列第五。这些岛屿不仅有丰富的自然资源,历史文化资源也十分丰富。西西里岛有"3C",即文化(Culture)、美食(Cuisine)、宁静(Calm)和无数橘树、柠檬果园,以及美不胜收的自然景观,是放松心情的好地方。撒丁岛属于意大利,虽然知名度远没有西西里岛响亮,但在欧洲,它却是王室政要和明星们趋之若鹜的度假地。原因大概就是因为这是块美丽而淡泊的天堂之地。登上地中海东部的塞浦路斯,探访爱与美的女神阿芙洛狄忒(又名维纳斯),这里是她的诞生地。动人的海滩和阿依纳帕每晚的狂欢活动吸引无数游客蜂拥而至。科西嘉岛距离海岸193千米，位于法国东南，面积为8480平方千米，是法国第一大岛屿。这里有葱翠高山、湛蓝大海，堪称绝佳度假胜地。

大多数沿海国家都有可供旅游开发的海滩。其中著名的有西班牙的"黄金海岸"、"银色海岸"、"太阳海岸"、"布拉瓦海滩"等，还有意大利斯培西亚和利古里亚，突尼斯的"珊瑚海岸"等。"布拉瓦海滩"（西班牙文为Costa Brava，意思为陡峭海岸）位于西班牙东北海岸加泰卢尼亚自治区的赫罗纳（Girona）省，距离法国南部仅有咫尺之遥。布拉瓦海滩海岸布满险峻的礁石，景致极具特点。凸起的海岸线上有着风景优美的海湾和优质的沙滩。这里奇特险峻的海景曾经激发众多西班牙当代著名画家的灵感。

2. 历史文化遗迹众多

地中海地区的历史文化遗迹不胜枚举，这里是人类文明的发祥地之一。希腊、古罗马是欧洲古代文明的代表，以意大利为中心的文艺复兴运动起源于此。这里历史悠久，文物古迹众多，人文旅游资源极为丰富。许多地区都保存有古罗马时期、中世纪及文艺复兴时期的罗马式、拜占庭式、哥特式古建筑以及雕塑等艺术珍品。如意大利的古罗马竞技场、杜奥莫大教堂、歌剧院、比萨斜塔，希腊的巴特农神庙、雅典娜胜利女神庙、奥林匹克宙斯神殿，西班牙的塞尔维亚大教堂，还有埃及的金字塔、狮身人面像等。

该区不仅孕育了世界文明，也产生过不少世界名人，如古罗马的亚里士多德、亚历山大，古意大利的但丁、达·芬奇、米开朗基罗、哥伦布等，古希腊的荷马、柏拉图、苏格拉底等，他们都对人类历史进步作出过突出贡献。他们的遗迹遍布各处，给整个地区无形中增添些许神秘色彩，更加使人们为之向往。

这里独特的民俗风情和节庆活动世界驰名，如西班牙斗牛表演、热情奔放的民间舞蹈、意大利的维亚雷焦狂欢节、古希腊戏剧节、威尼斯赛船节等，吸引了大量的外国游客。

（二）区位及客源优势

地中海是欧、亚、非三大洲的交通枢纽，是大西洋、印度洋和太平洋之间往来的捷径。自古以来，其在经济、政治和军事上都具有极为重要的地位。地中海地区背靠北方高纬度经济富裕的欧洲发达国家，具有欧洲各国共同的文化认同，客源市场广阔，需求量大，到这里的游客停留时间长，人均消费高。近年来，越来越多的游客来自亚洲国家和地区，尤其是中国。总体来说，地中海地区的游客主要是较高层次的旅游者，因此，该区受外界环境影响程度较小。

（三）气候优势

地中海沿岸夏季炎热干燥，冬季温暖湿润，被称作地中海性气候。冬季受西风带控制，锋面气旋活动频繁，气候温和，最冷月平均气温在 4℃～10℃之间，降水量丰沛。夏季在副热带高压控制下，气流下沉，气候炎热干燥，阳光充足。全年降水量 300～1000 毫米，其中冬半年约占 60%～70%。冬雨夏干的气候特征，在世界各种气候类型中，可谓独树一帜。

该区植被叶质坚硬，叶面有蜡质，根系深，有适应夏季干热气候的耐旱特征，属亚热带常绿硬叶林。这里光热充足，是欧洲主要的亚热带水果产区，盛产柑橘、无花果和葡萄等，还有木本油料作物油橄榄。

由于地中海独特的地理位置，该区无台风、海啸等灾害性天气，为海洋旅游的发展提供了有利的自然条件。

（四）其他方面的优势

地中海沿岸国家一直都非常重视旅游业的发展。该区经济发达，资金雄厚，具备旅游发展所需的软硬件环境。各国政府采取措施，积极推动旅游向产业化方向发展，最大限度地开发和利用旅游资源。比如积极完善基础设施，提高旅游环境承载力；加强宣传促销，塑造良好的国际旅游目的地形象；努力招商引资，加强从业人员培训等。总之，各沿海国家充分利用自身有限的海洋资源，开发特色滨海旅游；从而为旅游业发展营造了一个良好的氛围。

四、主要代表地海洋旅游概况

（一）法国

法国位于欧洲西部，是世界第一旅游大国。近年来，其年均接待外国游客 7000 多万人次，超过本国人口。首都巴黎、地中海和大西洋沿岸的风景区及阿尔卑斯山区都是旅游胜地，此外还有一些历史名城、卢瓦尔河畔的古堡群、布列塔尼和诺曼底的渔村、科西嘉岛等。法国海岸线长约 2700 千米，地中海上的科西嘉岛是法国的最大岛屿。法国著名的海洋旅游胜地是蓝色海岸。

法国东南部的一个角，名叫普罗旺斯—阿尔卑斯—蔚蓝海岸（Riviera Cote d'A zur），是中世纪诗人在诗歌中时常称道的“快活王国”。今天人们称它为蓝色海岸，北端深入阿尔卑斯山，南抵地中海，较具代表性的城市有马赛、尼斯、戛纳、摩纳哥等，其中马赛是大区首府，而旅游业则以尼斯为代表。暗红色的岩石，衬托在蓝天碧水之间；软软的沙滩舒展地伸向大海，海水轻轻地荡漾，吸引着成千上万的游人。据统计，近年来，整个蓝色海岸地区每年接待游客 1000 万人次，其中尼斯就接待了 300 万人次。滨海浴场五颜六色的太阳伞以及躺椅，游人色彩纷呈的泳衣，可与岸边鲜花争奇斗艳。岸上风格各异的大小别墅散布在绿树中，掩映在蓊郁的热带浓荫下，显得十分幽静、安详。

无论从旅游者的数量还是从旅游收入来说，蓝色海岸都占了法国整个国际旅游的一半以上，外国旅游者占57%(其中英国占22%，意大利占21%，北美占10%)。尼斯和戛纳接待的旅游者份额占整个蓝色海岸地区的1/2。据有关统计数据显示，蓝色海岸地区每年有61%的居民接待过来此度假的朋友与亲属。一年中任何一天所接待的游客人次数都不会少于5万。所以说，蓝色海岸地区的旅游业是四季兴旺的。蓝色海岸在人们心目中是神奇浪漫的，在滨海度假旅游中是一个精品。

(二)西班牙

西班牙面积约50.5万平方千米，人口4520万(2007年)，位于欧洲西南伊比利亚半岛，北临比斯开湾，南隔直布罗陀海峡与非洲的摩洛哥相望，东面和东南面濒临地中海。

西班牙被誉为“旅游王国”。旅游业是西班牙第一大产业，旅游收入占全国GDP的12.1%(2006年)。2003年西班牙共接待海外旅游者5250万人次，旅游收入415亿美元，旅游收入、入境旅游人数均居世界第二。

西班牙人称其旅游业为“向全世界出口阳光和海滩”的行业。西班牙海岸线总长为7921千米，其中地中海海岸线长2058千米。沿海滨海和岛屿上有海滩数百处之多，不少度假胜地在国际上享有盛名。海洋旅游是西班牙旅游的重要组成部分，占32%。在不少岛屿及滨海地区，70%的人口在旅游及相关行业就业，而且国家旅游预算有6%是专门用于发展海洋旅游业的。西班牙的海洋旅游在世界海洋旅游中占据重要地位。

西班牙之所以成为世界旅游强国，一方面是其得天独厚的气候条件、吸引游客的旅游资源和地处近距离的周边客源市场；另一方面，在旅游管理、宣传促销、环境保护等方面，西班牙走出了一条符合本国国情的旅游发展之路。

第一，重点打造滨海海岛休闲度假产品。西班牙大规模发展滨海旅游是在20世纪五六十年代，最负盛名的滨海旅游地是沿地中海海岸长达300千米的太阳海岸。这里常年沐浴在阳光和地中海温和的海风中。具有陆海空便捷舒适的交通网和现代化的基础设施。这使太阳海岸成为西班牙乃至世界的滨海旅游目的地，每年吸引着来自世界各地的数百万游客。

西班牙除重点打造太阳海岸这一完备的旅游目的地外，还大力开发岛屿的旅游资源。西班牙岛屿很少，但政府却十分重视海岛旅游开发。为开发地中海的巴利阿里群岛，政府不仅投巨资改善其硬件设施，还通过旅游公共关系活动和其他文化活动吸引国外游客来西班牙海岛旅游，如马略卡岛被打造成新婚蜜月胜地，现在已经成为理想的度蜜月去处。

第二，积极发展文化旅游，旅游产品多样化。旅游离不开文化，文化是旅游的灵魂，旅游业的持续发展要靠文化来支撑。

西班牙政府从20世纪90年代已经认识到光靠发展“阳光、沙滩”传统的单一产品难以适应竞争和满足旅游者多样化的需要，便开始注重对其他旅游产品，尤其是文化旅游产品的开发。西班牙有世界人类遗产37.5处，数量居世界第二。斗牛、弗拉明哥舞、民间节日活动等给所有游客留下难忘的印象；众多的博物馆、美术馆、教堂、古城是西班牙文化旅游的重要组成部分；饮食无疑也是西班牙最具吸引力的特色文化之一。西班牙的城市风格充分体现了西班牙文化的多元化特点，这些拥有丰富历史和艺术财富的城市（如阿维拉、托雷多等）吸引着众多旅游者前往观光。

为了满足游客对文化旅游的需求，西班牙开发了安达努西亚之旅（阳光和文化、古迹和美食）、塞法尔之旅（犹太文化）、城堡游、葡萄酒之旅、艺术之旅、民间建筑之旅等。

第三，重视旅游宣传推广，坚持旅游业的可持续发展。西班牙政府非常重视旅游宣传推广，设有专门的旅游宣传促销机构，即西班牙旅游促进会，其在国外设有31个驻外旅游办事处。在旅游资源开发和利用过程中，政府十分重视旅游业的可持续发展。他们采取多种形式进行环境保护和治理，提高全社会参与环境保护的意识。在旅游资源开发中，规划部门进行定量环保研究，分析未来旅游活动可能对环境造成的影响和需要采取的对策。

（三）意大利

意大利面积30多万平方千米，位于欧洲南部，国土大部分在欧洲伸入地中海的亚平宁半岛上，形状狭长，西、南部分别是撒丁岛和西西里岛。意大利有四大边缘海，自东北沿顺时针方向分别为亚得里亚海、奥尼亚海、第勒尼安海和利古里亚海。

意大利旅游业历史悠久，它作为一个成熟的产业已有100多年的历史。旅游收入是弥补国家收支逆差的重要来源。2000年，旅游业营业额约714亿美元，约占国内生产总值的6%，旅游净收入约252亿美元。

意大利旅游业发展具有得天独厚的条件。除优越的地理位置外，它有独特的城市风貌，有优美的自然风光，也有灿烂的历史文化。

1. 自然资源

意大利海岸线占边境线的80%，约7250千米，其滨海海岛资源丰富。著名海岛有西西里岛、科西嘉岛、撒丁岛等。西西里岛位于意大利西南端，是地中海中最大的岛屿。这里四季温暖，风光明媚，不仅有著名的火山和滨海浴场，还有古希腊和古罗马时期的文化遗迹。这都使西西里岛成为意大利著名的旅游胜地。

由于处于板块交界处，意大利火山资源十分丰富。这里著名的火山有埃特纳火山、斯特龙博利火山、维苏威火山等。大部分火山至今还比较活跃，成为意大利重要的旅游资源。其中，埃特纳火山（约 3323 米）是欧洲最大、最活跃的火山。

意大利大部分地区属于地中海气候，春秋温暖，夏季炎热，冬季潮湿。无论是东海岸，还是西海岸，到处是果实累累的橘林、柠檬园和大片的橄榄树林。由于其具备发展农林业的良好自然环境，历史上被称为“金盆地”。

2. 人文资源

意大利是历史文明古国（古罗马）之一，也是文艺复兴的起源地。意大利丰厚的文化艺术遗产是国家的瑰宝，极大地丰富了世界文化遗产。它们是发展旅游业取之不尽，用之不竭的源泉。

著名的特色旅游城市众多。首都罗马、水城威尼斯、时装之都米兰、历史古城佛罗伦萨（花之都）、著名的古城遗址庞贝、意大利最美丽的港口那不勒斯等都是著名的旅游城市。每个城市各具特色，使游客不忍心错过任何一个。另外，每个城市都是购物天堂。

历史文化遗迹丰富。意大利的历史文化古迹主要体现在教堂、城堡、博物馆等建筑上。比较著名的有圣彼得大教堂、佛罗伦萨大教堂、米兰杜奥莫大教堂等，还有罗马科洛赛奥竞技场、罗马万神殿、比萨斜塔等。其中，作为文艺复兴发祥地的佛罗伦萨，博物馆和美术馆就有 40 余座。

与意大利有关的世界级名人众多，尤以文艺复兴时代的名人为最。意大利文艺复兴三杰：达·芬奇（他的那幅《蒙娜丽莎的微笑》向世人展示永恒的微笑）、米开朗基罗（他雕塑的《大卫》是力与美的完美结合）、拉斐尔（他所画的《雅典学院》将众多人物集合于一幅画中，又细致地描绘出每个人的特点，画面和谐，内涵丰富）。除此之外，在比萨斜塔上证明物体重量与下落速度无关的伽利略、伟大诗人但丁等，都是在意大利创造了他们的辉煌。

（四）希腊

希腊面积为 13.2 万平方千米，人口为 1077 万（2001 年）。位于巴尔干半岛最南端，西南濒爱奥尼亚海，东临爱琴海，南临地中海。海岸线曲折，长约 15000 千米，天然港湾和岛屿众多，其中 15% 为岛屿，包括克里特岛（最大的岛屿）、罗得岛及其他爱琴海岛屿。希腊为典型的地中海气候。

自 20 世纪 60 年代以来，这里旅游业发展迅速。近年入境游客数量已超过希腊总人口。旅游业是希腊经济最为重要的支柱产业。2005 年，旅游业总收入达 110 亿欧元，约占国内生产总值的 6.1%，与 2004 年相比增长了 6.7%。而在雅典奥运会之后的 2007 年，希腊的入境游客量已经达到了 1600 万人次，为希腊带来了约 120 亿欧元的旅游外汇收入。希腊从旅游业获得的纯收入在欧洲排名第四。

希腊在西部、南部和东部海域上，散布着数千大大小小的岛屿，包括伊奥尼亚海诸岛、萨罗尼克湾诸岛和爱琴海诸岛。伊奥尼亚海诸岛主要有科孚岛、莱夫卡斯、伊萨基、凯法利尼亚、扎金索斯等。其中，凯法利尼亚最大，科孚岛次之，扎金索斯第三。凯法利尼亚岛多山，有美丽的沙滩和奇形怪状的石洞。科孚岛有"小伊甸园"的别称，风景秀美，树木葱茏，沿岸的海水犹如水晶般透彻。扎金索斯岛是一个风景如画、充满威尼斯风情的岛屿。萨罗尼克湾诸岛包括萨拉米斯岛、埃伊纳岛和波罗斯岛等。爱琴海诸岛由克里特岛、萨索斯、萨莫色雷斯等几个独立的大岛和周围的群岛组成。其中，克里特岛是爱琴海上最大的岛屿，也是希腊最大的岛屿，是众神的故乡。这里气候多样，适合各种热带、亚热带植物的生长。这里是世上最美的岛屿之一，也是希腊当地人和世界各地游客的理想度假胜地。

希腊文明已经有5000多年历史，在漫长的年代里创造了光辉灿烂的古典文化，为今天的希腊人留下了大量的宝贵文化遗产。"访古"是到希腊旅游的重要内容。希腊是西方文明的发祥地，创造过灿烂的古代文化，在音乐、数学、哲学、文学、建筑、雕刻等方面都曾取得过巨大成就。雅典是希腊的首都，市内古迹众多，可以说雅典本身就是一个遗址，著名的有：雅典卫城、奥林匹亚宙斯神庙、国家考古博物馆、议会大厦和首届现代奥运会会址。这其中，雅典卫城是欧洲最古老并且保存最为完整的古典文明遗迹，每年都吸引着超过300万人次的游客。另外，著名的旅游点还有德尔菲太阳神殿、克里特岛米诺斯迷宫、埃皮达夫罗斯露天剧场、维尔吉纳马其顿王墓等。

总之，希腊以悠久的历史和独特的地中海自然风光吸引着全世界的游客。

第二节 加勒比海海洋旅游区

一、地理概况

加勒比海有"美洲地中海"之称，是大西洋西部的一个边缘海，位于北纬9°～22°，西经89°～60°之间。西、南分别与中、南美洲相邻，北、东两边以大、小安的列斯群岛为界。加勒比海东西长约2735千米，南北宽在805～1287千米之间，总面积约为275万平方千米，平均水深2490米，是南北美洲的航行要道。

加勒比海海岸线曲折，是沿岸国家最多的海区。加勒比海地区是指加勒比海沿岸的30多个国家和地区，陆地总面积约474万平方千米，主要包括中美洲的墨西哥、危地马拉、伯利兹、洪都拉斯、萨尔瓦多、尼加拉瓜、哥斯达黎加和巴拿马等；南美洲的哥伦比亚、委内瑞拉和一些美、英、西、荷等国统治的殖民地；还有分布在大小安的列斯群岛上的岛国，如古巴、牙买加、海地、多米尼加共和国、多米尼克国、波多黎各(美属)等众多国家和地区。其中，巴哈马群岛是西印度群岛的三个群岛之一，实际上位于佛罗里达海峡口外的西大西洋上，但从旅游地理的角度来看，通常将它归属为加勒比海地区。整个巴哈马群岛共有700多个岛屿和2500个岩礁和珊瑚礁，绵延有10万多平方千米。另外，该区还包括大西洋中的百慕大群岛。

二、市场现状

加勒比海地区旅游业发达。本区除墨西哥以外，大部分国家都是零星分布在海洋中的岛国，旅游业的发展和旅游者的数量在地区上具有不平衡性。加勒比海地区旅游的空间格局与交通状况有着密切的关系。交通状况导致旅游活动在加勒比海北半部的集中分布。按年接待游客人数来看，居于前四位的是墨西哥、波多黎各(美属)、巴哈马和多米尼加共和国，其他国家和地区表现平平。其客源主要来自美国、加拿大和欧洲国家(如英、法、荷等)。

三、主要优势

加勒比海地区旅游业之所以比较发达，取决于其丰富的自然资源、优越的地理位置以及独特的历史背景等因素。

(一)丰富的自然旅游资源

本区地处热带，自然旅游资源极其丰富，热带风光更是别具风格。

海岛资源。加勒比海海岸线漫长曲折，沿岸海岛众多。这些岛屿各具特色，自然风光优美。沙滩爱好者可以去荷属安的列斯群岛中的阿鲁巴岛，背风群岛中的安提瓜和安圭拉，巴巴多斯以及牙买加和多米尼加共和国。喜欢潜水的游客可以去开曼群岛。向风群岛以茂盛的雨林闻名，适宜于徒步旅行。

珊瑚资源。加勒比海地区的珊瑚礁形成于洪积世的间冰期，那时的海平面比现在要高得多。由于海平面的下降，这里的珊瑚礁完好无损地显露出来。巴哈马安德罗斯岛的珊瑚礁仅次于澳大利亚的大堡礁。珊瑚资源是宝贵的海洋旅游资源，就像一道道屏障，保护着海岸线。为了保护珊瑚礁，加勒比海地区对其进行试点保护，如百里斯的霍尔查恩海洋公园，游客可以乘坐游艇进行参观。

地貌景观。由于该区处在加勒比海和大西洋地壳板块的边缘，大多数岛屿都是火山岛。东加勒比海中的一些岛屿仍有火山活动。另外，该区可以看到陡崖、礁石以及海湾等景观。牙买加的大瀑布、泉水尤其出名。

（二）优越的地理位置

该区地处南、北美洲中间，贯通南北，海上交通发达，是南北美洲的海运中心，也是世界著名的邮轮中心。海岸线曲折，海港众多。其中，巴拿马运河就是通过加勒比海将大西洋与太平洋相连接的。

加勒比海地区因其独特的地理位置，还是重要的航空枢纽。南北美洲的飞机都要在此加油或中转，世界各地都有飞往加勒比的航班。便利的交通条件，为加勒比海地区带来了源源不断的客流。另外加勒比海地区公路运输也很便利，“泛美公路”纵贯南北美洲。

（三）庞大的客源市场

该区靠近美国和加拿大两个经济发达的客源市场。两国人口众多，地处寒带、温带和亚热带，加勒比海地区的气候和自然环境吸引了他们。加之，这里的旅游费用比去夏威夷等地要低，很多美、加游客选择在此度假，并且停留时间比较长，消费比较多。这是加勒比海地区旅游发达的一个重要原因。

（四）独特的历史背景

加勒比海地区曾经是欧美国家的殖民地，这里使用的是殖民宗主国的语言，具有极大的语言文化优势。这里的语言主要有英语、法语、荷兰语和西班牙语等，其中英语为通用语言。加上现在这里还有很多岛屿归属于欧美国家，那里的游客喜欢到这里来旅游度假。因为，在这里，他们没有陌生的感觉。所以，这一条件客观上促进了加勒比海地区旅游业的发展。

四、主要代表地海洋旅游概况

（一）墨西哥

墨西哥面积约 197 万平方千米，位于北美洲南部，拉丁美洲西北端，为中美洲最大的国家。北邻美国，南接危地马拉和伯利兹，东濒墨西哥湾和加勒比海，西临太平洋和加利福尼亚湾。

墨西哥气候复杂多样。沿海和东南部平原属热带气候，年平均气温为 26℃；墨西哥高原终年气候温和，山间盆地为年平均气温 24℃，地势较高地区年平均气温为 17℃左右；西北内陆为大陆性气候。大部分地区全年分旱、雨两季，雨季集中了全年 75%的降水量。优越的气候条件是墨西哥吸引美国、加拿大和欧洲游客，延长入境游客逗留时间的一个重要原因。

墨西哥的旅游业较发达，是世界十大旅游国之一。墨西哥城、阿卡普尔科、蒂华纳、坎昆等均为著名旅游胜地。墨西哥是美洲大陆印第安人古老文明中心之一，闻名于世的玛雅文化、托尔特克文化和阿兹特克文化均为墨西哥古印第安人所创造。瓜那华托古城、帕伦克古城遗迹以及太阳和月亮金字塔所在的特奥蒂瓦坎古城被联合国宣布为人类共同的文化遗产。

20 世纪 70 年代，墨西哥开始重视滨海和海岛旅游，并取得了一定的成绩。墨西哥海岸线漫长，其中墨西哥湾、加勒比海岸线长约 3300 千米。其在太平洋和大西洋上的岛屿众多，比较著名滨海旅游城市为坎昆。

坎昆位于墨西哥尤卡坦半岛东北部，过去只是加勒比海中靠近大陆的一个狭长小岛，长 21 千米，最宽处只有 400 米。坎昆地处热带，年平均气温 27.5℃，雨后晴空万里，天际会出现彩虹，被认为是欢乐和幸福的象征。"坎昆"在玛雅语中就是"挂在彩虹一端的瓦罐"的意思。

坎昆的海面平静清澈，而且还因其深浅、海底的情况和阳光照射角度等原因，呈现出白色、天蓝、深蓝等多种颜色。海边有一片 20 千米长的白色沙滩，铺满了由珊瑚风化而成的细沙，柔如毯、白如玉，被分别命名为"白沙滩"、"珍珠滩"、"海龟滩"和"龙虾滩"。在海滩上还建有以棕榈叶为顶，石为柱的玛雅式凉亭和小屋。岛上还有玛雅文化的圣米盖里托古迹废墟等建筑。经过开发，坎昆岛上已建起百余座豪华旅馆以及餐馆、购物中心、娱乐场所。现在，坎昆早已成为闻名世界的滨海度假旅游的胜地，每年有 200 多万人次国外旅游者到这里度假旅游。坎昆堪称加勒比海的一个奇迹。

除了丰富的旅游资源以外，墨西哥具有得天独厚的地理位置——紧靠美国。据不完全统计，去墨西哥旅游的外国人中，美国人约占 80%。这就为墨西哥提供了稳定的客源。

（二）古巴

古巴是加勒比海北部的一个群岛国家。它处在中美洲和墨西哥湾的入口处，面积约 11 万平方千米。古巴北部与和美国的佛罗里达半岛相距约 180 千米，南部距牙买加约 140 千米，东部与海地、多米尼加共和国仅隔海 77 千米，西部与墨西哥的尤卡坦半岛相距 210 千米。古巴得天独厚的地理位置使得其交通条件特别便利，被誉为"墨西哥湾的钥匙"。

古巴是西印度群岛中最大的岛国，海岸线长约 6000 千米，由 4195 个岛屿组成。其中，古巴岛是加勒比海中最大的岛屿。全境大部分地区属热带雨林气候，仅西南部沿岸背风坡为热带草原气候。

古巴旅游资源丰富，数百个风景点像翡翠般点缀在海岸线上。明媚的阳光、清澈的海水、细柔的白沙使其成为世界一流的旅游和疗养胜地。近年来，古巴充分利用这些独特的优势大力发展旅游业，使其成为国民经济的第一大支柱产业。据官方统计，2003 年古巴共接待外国游客 190 多万人次，旅游业收入为 20 亿美元。2007 年,古巴接待外国游客约为 215 万人次。

巴拉德罗是世界著名的海滩之一,以蓝色海滩著称。它是集大海、沙滩、阳光、蓝色于一体的最美丽的海滩,也是古巴著名的热带风情旅游度假区。巴拉德罗海滩延绵 20 余千米,受阳光沐浴的沙滩宽 22 米。这里遍布现代化的豪华舒适的旅馆以及完善的基础设施,游客可尽情参与丰富的娱乐活动。巴拉德罗为古巴的旅游之都,素有“人间伊甸园”之称。

(三)巴哈马

巴哈马位于美洲西印度群岛北部,古巴和海地的北面,与美国佛罗里达隔水相望。这是一个由 700 多个岛屿和 2400 个岩礁和珊瑚礁组成的岛国。大巴哈马岛是该国的主要岛屿,也是重要的旅游胜地。

巴哈马是加勒比海海岛国家中旅游业最发达国家之一,被称为“旅游天堂”。岛上最吸引游客的活动是垂钓。此外,游客还能在岛上观赏到奇妙的“火湖”现象。船在湖内巡游时,周围有点点火花飞舞。这种现象实际上是湖中大量繁殖的甲藻中荧光酵素氧化的结果。

该国还拥有世界第二大珊瑚礁安德罗斯岛,环境未受破坏并有繁茂植物和珍禽的哈伯岛,以及自然景色壮观、空气洁净的卡特岛等旅游胜地。旅游者可以在沙滩和滨海开展各种水上体育活动,还可在洁净的滨海沙滩上住进茅草小屋和凉亭,或在其中小憩,别有一番情趣。

旅游业是该国重要的产业部门。为了进一步发展旅游业,政府采取了多种措施,如土地免税,以吸引国外投资,兴建各种旅游设施。目前该国旅游业主要由外资经营。

(四)牙买加

牙买加位于加勒比海中北部,东面隔海峡与海地相望,北面距古巴约 140 千米,是加勒比海中的第三大岛屿。牙买加海岸线长 1220 千米。

牙买加是著名的旅游胜地。近年来,其旅游业发展迅速,旅游业收入已成为该国主要的外汇收入来源。其主要客源来自美国、加拿大和欧洲发达国家。目前,该国是世界上旅游业人均收入最高的国家之一。牙买加的“旅游首都”蒙特哥贝依山傍水,风景秀丽,得山、泉、海、滩之利,最著名的是白色的“博士洞海滩”和五彩缤纷的“海底珊瑚公园”。金斯顿三面由丘陵和山峰围绕,一面是大海,这里气候宜人,景色迷人,故有“加勒比海皇后”之美誉。除了蒙特哥贝和金斯顿以外,岛上其他地方有许多引人入胜的自然景观,有许多奇岩异洞、泉水溪流和瀑布。在牙买加北部海岸,有 8 条河流同时入海,堪称奇观。其中一条“吼河”上挂着一条高 45 米的瀑布。因此,人们又把牙买加称为“蓝山清泉碧水国”。

第三节 大洋洲海洋旅游区

一、地理概况

大洋洲是一个比较孤立的大洲。它位于太平洋西南部和南部、赤道南北的广大海域，总陆地面积约 897 万平方千米，人口 350 万(2007 年)。除南极洲外，它是世界上面积最小、人口最少的一个洲。

该区主要包括澳大利亚、新西兰、新几内亚岛和以美拉尼西亚、密克罗尼西亚和波利尼西亚为主的三大群岛。大陆海岸线长约 19000 千米，约有 1 万多个岛屿，岛屿总面积约为 133 万平方千米。新几内亚岛、新西兰的北岛和南岛以及美拉尼西亚的岛屿多属大陆型，系大陆边缘弧状山脉的延续部分；波利尼西亚和密克罗尼西亚绝大部分岛屿属珊瑚礁型；此外，还有少量由海底火山喷发物质堆积而成的火山型岛屿，如夏威夷群岛、帕劳群岛、所罗门群岛、新赫布里底群岛等。

大洋洲大部分地区处在南、北回归线之间，绝大部分地区属热带和亚热带，除澳大利亚的内陆地区属大陆性气候外，还有少部分地区属于海洋性气候、地中海气候等。

二、市场现状

大洋洲国家和地区的旅游业发展十分不平衡。夏威夷、澳大利亚、关岛、新西兰等地旅游业发达，其他地区欠发达，甚至尚未开发。每年络绎不绝到夏威夷游览观光的国内外游客达到了 700 万人次。旅游收入占当地国内生产总值的 60%，使夏威夷的经济增长率始终高于美国经济的平均增长水平。旅游业是澳大利亚经济的重要组成部分，全国每年吸引海外游客 500 万人次，每年的旅游收入都在 300 亿澳元以上。近年来，大洋洲各国重视发展旅游业。汤加、瓦努阿图等岛屿国家旅游业收入可观，成为其国民经济的重要组成部分。

三、主要优势

大洋洲各国家独立时间较晚，人文资源相对其他海区逊色一些，但其自然资源十分丰富。大洋洲以其独特的自然资源吸引着世界的眼球。

独特的动植物资源。由于大洋洲的大陆环境具有独立性，这里有许多奇特的动植物资源,有鸸鹋、鹤鸵、琴鸟、大袋鼠、针鼹和鸭嘴兽等珍禽异兽,而在这里却看不到其他大陆上的狮、虎、豹等。由于同样的原因,该大陆的植物有许多特有种类。澳大利亚共有1.2万种植物,其中有9000多种为其所特有,尤以桉树(有数百种之多)和金合欢最有代表性。

岛屿众多,各具特色。这里的岛屿分为三大类:大陆岛、珊瑚岛和火山岛。因其形成原因不同,各岛形态各异,如珊瑚礁、火山景观以及洁白的海滩等景观。大洋洲是世界上珊瑚礁分布十分广泛的地区,其中大堡礁是世界级著名旅游区。这里还是火山多发地带,大洋洲有活火山60余座,仅美拉尼西亚就有30余座。夏威夷岛的冒纳罗亚火山海拔4170米,是大洋洲最高的活火山。东部海岸地区有大片的洁净沙滩,许多地方成为旅游区和度假区,如著名的黄金海岸。

生态环境保护良好。大洋洲远离世界各大洲,各群岛和岛屿之间的距离很远,加之这些岛屿人口较少,开发较晚。所以,大洋洲是目前世界上生态环境最好的一个洲。这一优势对于发展度假旅游是极其有利的。

重要的中转位置。大洋洲是亚洲与南、北美洲之间空中和海上航线所经之地,也是海底电缆所经之地,同时也是舰船的淡水和燃料补给地,不仅在国际交通和战略中居重要地位,也为其旅游业的发展提供了较为有利的条件。例如大洋洲在地理上一些比较孤立的岛屿,正是由于地处重要的航线,其旅游资源优势才得以发挥,旅游业得到发展。

反季节旅游。由于大洋洲处在南半球,其反季节旅游较受欢迎。在南半球旅游线路中,澳大利亚、新西兰等澳洲旅游线路,因为季节因素,正成为旅游新潮流。

四、主要代表地海洋旅游概况

(一)澳大利亚

澳大利亚位于南太平洋和印度洋之间,由澳大利亚大陆和塔斯马尼亚岛等岛屿及海外领土组成。它四面环海,东濒太平洋的珊瑚海和塔斯曼海,西、北、南三面临印度洋及其边缘海,海岸线较为平直,长达37000千米。面积769万平方千米,占大洋洲的绝大部分,居世界第六位。

澳大利亚地处热带、亚热带,自然风光十分优美,海洋旅游资源相当丰富。尤其澳大利亚的阳光之州——昆士兰州,以举世闻名的大堡礁和黄金海岸的蔚蓝海水、细白沙滩著称。

大堡礁。大堡礁地处东南沿海,位于澳大利亚昆士兰州以东、巴布亚湾与南回归线之间的热带海域,太平洋珊瑚海西部,绵延于澳大利亚东北海岸外的大陆架上。它长2000千米,宽2～150千米,是世界上最大的珊瑚礁群,是世界七大自然景观之一，多天然美景和珍奇海洋生物，是著名的旅游游览胜地。1981 年，澳大利亚大堡礁被列为世界自然遗产。

大堡礁水域系统由 2000 多个珊瑚岛以及 700 多个周围的岛屿组成，至少有 350 种色彩缤纷、形态多样的珊瑚，生长在浅水大陆架的温暖海水之中。在大堡礁群中，珊瑚礁色彩斑斓，形状千姿百态，俨然一幅奇特壮观的天然艺术图画。现已被开发的只有 30 多处，其中以绿岛、丹客岛、海伦岛、蜥蜴岛、芬瑟岛等较为有名。这些各有特色的岛屿现都已开辟为旅游区，每年都会吸引无数的游客。

大堡礁地处热带，这里自然条件适宜，无大风大浪，成了多种鱼类的栖息地。在那里，不同的月份还能看到不同的水生珍稀动物，让游客大饱眼福。热带鱼类有 1500 种，如有泳姿优雅的蝴蝶鱼、色彩华美的雀鲷、漂亮华丽的狮子鱼、好逸恶劳的印头鱼、脊部棘状突出并且释放毒液的石头鱼，还有天使鱼、鹦鹉鱼等各种热带观赏鱼。软体动物达 4000 余种，如海参、海星、海葵、蠕虫、海绵、海蜇、管虫、海胆、水母、虾等。珊瑚岛是无数海鸟的栖息地，这里聚集的鸟类有 240 多种，如燕鸥、黑燕鸥、海鸥、大海雕等常在珊瑚礁面聒噪。成群的海鸥遮空蔽日，为大堡礁增添了无限生机。这里有着得天独厚的科学研究条件，还是某些濒临灭绝的动物物种的栖息地。

到大堡礁旅游，可以在海中畅游，也可以在沙滩上漫步，可以观赏丰富的珍奇海底生物，这里还是世界上最好的潜水地。乘坐飞机，从空中进行俯览，感觉极好。简言之，在大堡礁，游客可以体验大堡礁的海中奇观，纵览大堡礁的珊瑚礁，还有领略大堡礁的海底风景。

黄金海岸。黄金海岸是昆士兰州东南滨海度假胜地，由数十个美丽沙滩组成，因绵延 32 千米的金色海岸而得名。黄金海岸属亚热带海洋气候，终年阳光普照，空气湿润，一年四季都适宜旅游。

黄金海岸是澳大利亚的假日游乐胜地，这里有明媚的阳光、连绵的白色沙滩、湛蓝透明的海水、浪漫的棕榈林，前来旅游度假的人们更为这里增添了不少生机和动感。黄金海岸的中心就是冲浪者天堂(Surfers Paradise)海滩，那里阳光明媚，旅游设施完备，游客既可以在太平洋中畅游，也可以在沙滩上打排球。除了冲浪者天堂海滩之外，这里的海底世界、自然桥公园、昆拉德赌场等也非常受游客欢迎。除了景色宜人，这里最具特点的就是分布着众多富有趣味的主题乐园，比较有名的是华纳电影世界、海洋世界及梦幻世界等。此外，游客还可以到天堂农庄(Paradise Country)去体验澳州最原始的生活方式，在户外喝着茶欣赏当地人剪羊毛的表演。

作为度假天堂，黄金海岸当然少不了令人着迷的度假村和酒店。范思哲酒店 (Palazzo Versace)被公认为澳大利亚最豪华的酒店，意大利式的建筑风格和手艺，营造出设计和生活融合的全新体验。从酒店新装修的接待大厅到 SPA 中心，游客宛如置身于文艺复兴时代的辉煌时光。

神秘小岛游。位于昆士兰首府布里斯班北面约 1187 千米海面上的降灵群岛是由 74 个岛屿组成汇聚而成的人间天堂。这里游人稀少，服务高档，堪称是"世外桃源"。这里的岛屿形状大小各异，是世界一流的旅游度假胜地。

希曼岛拥有田园诗般的桃源美景，有"桃园岛"之称，游乐区大多设于珊瑚中，除大型的娱乐中心外，岛上的豪华度假村的超五星级服务和活动设施，是男女老少皆宜的好去处。"蜜月岛"咸美顿岛可算是蜜月新人必到的地方，在活动方面丰富多彩，打高尔夫球、潜水、滑浪、风帆、出海垂钓或者开汽艇乘风破浪于各岛屿之间，逍遥自在。对于喜欢水上运动的人们，咸美顿岛绝对是首选。

（二）夏威夷

就地理位置而言，夏威夷不属于大洋洲。从海洋旅游区的划分和旅游地理的角度来分析，夏威夷归为大洋洲海域。

夏威夷群岛（Hawaiian Islands）位于太平洋北部，是波利尼西亚群岛的一个二级群岛，包括 8 个主要岛屿、124 个小岛以及附近的礁岩组成，面积 16650 平方千米。它是美国的第 50 个州。夏威夷属于海岛型气候，终年有季风调节，年平均温度约在 26℃～31℃。蔚蓝的海岸、干爽宜人的气候、洁净的沙滩、丰富的水上活动、林立的高级度假饭店，再加上当地居民的音乐、舞蹈，自然而然地散发出悠闲、浪漫情怀。

夏威夷群岛是火山岛，每个岛屿几乎都被沙滩包围，著名的岛屿有瓦胡岛、考爱岛、毛伊岛和夏威夷大岛，各岛屿风格迥异。著名的海滩有科纳海滩、霍奥基帕海滩、鲁玛海海滩和威基基海滩等。

威基基海滩（Waikiki Beach）是世界上最出名的海滩之一，也是多数游人心目中最典型的夏威夷海滩。威基基海滩位于瓦胡岛，是檀香山著名的旅游胜地。海滩区东起钻石山下的卡皮欧尼拉公园，西至阿拉威游艇码头，长达一英里。这里堪称夏威夷的黄金海岸，碧海蓝天、椰林婆娑，洁白的沙滩处处皆是，令人流连往返，心旷神怡。每日到这里的游客多达 25000 人，它是世界上人口最稠密的地区之一。游人可以在威基基海滩放心地冲浪、游泳，专业救生员每天从早到晚驻守海滩，守护游人安全，防止意外发生。

夏威夷已成为著名的世界水上体育运动中心，许多世界级的大型水上比赛都在这里举行。

夏威夷除了独特的自然风光外，那极富热带海岛特色的草裙舞也非常值得一看。另外一大特色就是夏威夷料理，它融合了欧、亚、美三大洲的最佳烹饪手法，色、香、味俱全，堪称一绝。

（三）新西兰

新西兰面积约27万平方千米，人口428万（2008年）。新西兰包括南、北二岛，库克海峡将两岛分开。新西兰气候湿润，属于海洋性气候。全境大部分地区夏无酷暑，冬无严寒，终年温和多雨，夏冬温差一般不超过10℃。

新西兰每年入境游客200万左右，纯观光旅游者约占60%。2005年，新西兰入境人数为239.5万人次，比1995年增加98.6万，增长70%。可见，新西兰旅游有特殊吸引人之处，包罗万象的户外活动能满足游客不同的需求。

新西兰保留了原始海洋风貌，让每一个游客到了这个国家，都迫不及待地要去海边与水亲近一番。新西兰第一大城市——奥克兰更是名副其实的“帆船之都”。新西兰有6900千米的海岸线，是潜水爱好者的乐园。沿岸水域有丰富的海洋生物，清澈的海水透明度非常高。新西兰是世界上人均拥有高尔夫资源最多的国家。游客可以在不同类型的球场打球，这里有连接海岸线的滨海球场，也有绿野仙踪般的正式比赛球场。游客可以尽情体会不同类型球场的挑战。

电影《魔戒》获11项奥斯卡大奖以后，新西兰旅游再度掀起热潮。如今只要提起《魔戒》，世界各地的观众都会想到新西兰。电影中的“中土世界”，正是新西兰广大湖光山林、人烟稀少的景色。加上新西兰人民的淳朴，以及新西兰良好的旅游安全性，使新西兰被誉为“人间最后一片净土”。

第四节　东南亚海洋旅游区

在古代，中国把现在的东南亚地区称为“南洋”、“南海”，西方则称之为“远印度”、“外印度”以及“印度群岛”等。“东南亚”这个地名是在二战之后才开始使用的。二战期间，盟军在此设立“东南亚最高统帅部”后，这一名称得到普遍认同，并一直沿用至今。

一、地理概况

东南亚地处亚洲和大洋洲，北临中国，南与澳大利亚大陆隔海相望，东濒太平洋，西临印度洋，是太平洋和印度洋之间的“十字路口”。

东南亚的地理位置非常重要，这里是连接两大洲和两大洋的纽带。历史上，亚、非、澳各洲人民的相互交往，以及西方国家对东方殖民地的掠夺都要经过这里。现代各国之间的政治、经济、文化往来也凸显了其地理位置的重要性。各岛之间的海峡是海上交通要道。其中，位于马来半岛和苏门答腊岛之间的马六甲海峡可谓是沟通两大洋的咽喉,具有重要的战略地位。马六甲海峡每年经过的船舶超过10万艘。此外,龙目海峡、巴士海峡、托雷斯海峡等,都是重要的海上通道。

东南亚包括中南半岛和马来群岛两部分,总面积约450万平方千米。这一区域包括11个国家,它们是位于中南半岛上的越南、老挝、柬埔寨、泰国和缅甸,与位于马来群岛上的菲律宾、马来西亚、新加坡、文莱、印度尼西亚和东帝汶。除老挝外,本区其他国家都是沿海国家。目前,除东帝汶以外,其他10个国家成立了东南亚国家联盟(简称东盟,Association of Southeast Asian Nations —ASEAN),这是一个具有相当影响力的区域组织。东南亚各国都有自己悠久的历史,且都是新兴国家。除新加坡外,其他国家均属发展中国家。

二、市场现状

东南亚各国旅游业发展相对不平衡。新加坡旅游业起步于50年代初,开发较早,发展很快。90年代后,其他东盟国家旅游业也得到高速发展,并取得显著成绩。1995年新加坡接待的旅客首次超过700万人次。经过10年努力,在2004年增加到800万人次。2006年创900万人次的历史新高,这对新加坡旅游业的发展意义重大。可以说,新加坡是亚太旅游的枢纽。尽管东南亚国家旅游业曾一度受挫,但由于其优越的自然条件和靠近客源市场的优势,总体来说,各国的旅游业是处于稳步增长状态的。

三、主要优势

(一)地理位置优越,交通条件便利

地理位置对旅游资源开发来说十分重要,因为它决定了旅游目的地的可进入性。优越的地理位置是发展旅游的一个优势。东南亚地区,尤其是马来群岛是世界交通的汇合口。这里是过往船只的中转站和避风港。不仅如此,东南亚航空、陆路交通也十分发达。新加坡地处东南亚国际航空中心,新加坡樟宜机场是国际一流水平的机场;泰国首都的廊曼机场已发展成为东南亚最大的航空港之一,其航线通往世界32个国家和地区。泰国、新加坡、马来西亚的陆路交通也比较发达,三国之间有陆路相通,三国境内公路四通八达,公路质量属一流。铁路方面,马来西亚铁路发展较早,目前铁路网覆盖全国,且已全部实现电气化,铁路线南可直通新加坡,北与泰国铁路系统联线。

(二)海岛资源星罗棋布

东南亚海域海岛众多。马来群岛是世界上最大的群岛,散布于印度洋和太平洋上、东南亚和大洋洲之间,由20000多个岛屿组成,其中印尼占17000多个,菲律宾7000多个。印尼和菲律宾均有“千岛之国”之称，而且印度尼西亚是世界上最大的群岛国家。这些都是东南亚发展海洋旅游的重要资源。这些岛屿风光秀丽，景色迷人。目前，很多岛屿已经发展成世界知名的海岛旅游胜地，如印尼的巴厘岛、泰国的普吉岛、马来西亚的槟榔屿、绿中海以及菲律宾的苏碧湾等。

（三）海岸线漫长曲折，海滩洁净迷人

该区海岛众多，海岸线自然是漫长曲折。除老挝外，其他国家都有海岸线。整个马来群岛和中南半岛的海岸线总长约为10万千米，其中印尼就有3.5万千米。这样漫长曲折的海岸形成了许多优良港湾和海滩，海滩外围生长着热带雨林。

东南亚各国海滩众多，很多都已经发展成为世界知名的滨海旅游区，如泰国的芭堤雅海滩（Pattaya Beach）、马来西亚的波德申海滩（Portdickson Beach）、菲律宾的马尼拉海滩（Manila Beach）等。泰国芭堤雅旅游区素以阳光、沙滩、海鲜名扬天下，被誉为“东方夏威夷”，是世界著名的新兴滨海旅游度假胜地。长达40千米的芭堤雅海滩阳光明媚，蓝天碧水，沙白如银，小楼别墅的红瓦掩映在绿树之间，一派独特的东方热带风光，是良好的滨海游泳场。海上滑水、冲浪、滑降落伞等水上娱乐活动新奇刺激，还可乘坐透明长尾船欣赏海底五光十色的珊瑚奇景和热带鱼。

（四）火山景观奇特壮丽

马来群岛可谓是火山群岛。印尼和菲律宾是东南亚火山数量最多的国家，印度尼西亚有400余座火山，其中的120座为活火山；菲律宾也有52座火山。这些火山主要分布在印尼的苏门答腊岛、爪哇岛、努沙登加拉群岛和菲律宾的一些岛屿上。火山喷发在给当地人民带来灾难的同时，也形成了奇特的火山景观。拥有“千岛之国”美誉的印尼也具有“火山天国”之美称，在世界十大著名活火山中，有三处在印尼。这些火山景观在印尼经过妥善规划保护后，完整地保留了境内原有地貌和自然景观，其中婆罗摩最为有名。婆罗摩火山最富魅力的景色是在日出之时。

（五）民族风情绚烂多彩

东南亚地区是个多民族的地区，共有上百个民族，存在着几百种语言。东南亚地区又是世界上华侨、华人最多的地区。全区约有华侨、华人2000多万，另有200多万印度人，100多万其他国家的外来移民。这里不仅是民族的大熔炉，还是文化的汇集处，既有本土文化，又有伊斯兰文化、佛教文化、天主教文化和儒教文化，还有西方文化。这里可以称为名副其实的“民族博物馆”和“文化博物馆”。尽管现在受西方文化影响比较明显，但许多民族风情依然保存良好，如在伊利安西部的阿斯马特地区居住着2万多处于石器时代的原始部落人；印尼巴希尔族人从不着衣，并保持纹身的风俗等。

(六)客源市场广阔

东南亚发展海洋旅游具有巨大的客源市场。背靠亚欧大陆，市场前景广阔，尤其是对那些从冰天雪地的温带、寒带飞过来的欧美游客来说，这里具有极大的吸引力。东南亚北临中国，目前，中国已经成为东南亚主要的客源国之一。东南亚各国曾是欧美国家的殖民地，这里保留着宗主国的一些文化印记。所以，一些欧美国家的游客也喜欢到此一游。加上东盟国家的积极宣传促销，使这里越来越吸引世界的眼球。

四、主要代表地海洋旅游概况

(一)泰国

泰国位于中南半岛的中部，东南临泰国湾，西南濒安达曼海，西和西北与缅甸接壤，东北与老挝交界，东南与柬埔寨为邻，疆域沿克拉地峡向南延伸至马来半岛，与马来西亚相接。国土面积 51.3 万平方千米，人口 6308 万(2006 年)。泰国大部分地区属于热带季风气候，各地降水因地形不同有所差异。

泰国海岸线全长 2408 千米。泰国滨海海岛旅游资源丰富多样，有洁白的沙滩和迷人的岛屿，有海底珊瑚礁和热带鱼，还有石灰洞。目前，泰国的帕塔亚、普吉、合艾是以热带海岛滨海风光为主的观光度假旅游地。

帕塔亚位于曼谷湾东岸，原来是一个渔村，现在已是闻名全球的旅游胜地，被誉为“东方夏威夷”、“泰国夏威夷”，同西班牙的太阳海岸、澳大利亚的黄金海岸和美国的夏威夷海滩一起，被称为世界上最迷人的海滩。

普吉岛(Phuket)是泰国南部的世外桃源，它是泰国南部最小的府城，是泰国境内唯一有行省辖治地区的岛屿。普吉岛占地 543 平方千米，面积与新加坡相当，位于安达曼海中，是泰国最大的岛屿，与芭提雅海滩并称泰国海上双珠。

普吉岛的旅游业起步于 70 年代后期。这里原来是一个有名的锡岛，后来相关旅游部门发现了这里的海岛资源比锡还珍贵。于是在此兴建机场、跨海大桥，修建公路、旅馆以及娱乐设施等，很快就发展成“亚洲热带天堂”。

普吉岛最令人流连的是美丽的海岸线和新月型的白沙滩。这里海滩和海湾众多，海滩类型非常丰富，有清净悠闲的卡马拉海滩，有豪华而极富私密性的苏林海滩，有海上运动盛行的珊瑚岛，还有夜晚娱乐活动丰富多彩的芭东海滩等。其中，芭东海滩(Patong Beach)距普吉镇 15 千米，是普吉岛开发最完善的海滩。芭东是由一个渔港发展成为普吉岛上的城市的，这里有碧绿清澈的海水，翠绿的山坡和绵延 4 千米的海滩。芭东海滩海上活动项目种类繁多，如游泳、太阳浴、香蕉船、帆板、游艇等。这里水中生物种类众多，海水清澈，是亚洲公认的最优良的潜水地之一。

另外，普吉岛的攀牙湾也非常著名。攀牙湾位于普吉岛东北角 75 千米处，属于攀牙府，被誉为全岛风景最美丽的地方，有泰国的"小桂林"之称。海面上矗立的山峰姿态万千，有的像雄狮，有的像大象……放眼望去，一个个岛屿点缀在海面，十分壮观。游客需要乘游艇才能观赏其海中美景。

（二）印度尼西亚

印度尼西亚位于亚洲东南部，地跨赤道，由太平洋和印度洋之间的 17000 多个岛屿组成，总面积 190.44 万平方千米，是世界上最大的群岛国家。海岸线绵延 3.5 万千米，有"千岛之国"、"热带宝岛"等美称。印尼是典型的热带海洋性气候，终年高温多雨。

印尼旅游业在东盟国家中起步较晚，但发展较快。到 20 世纪末，旅游业已成为印尼的第三大创汇来源，其主要客源来自东盟各国以及澳大利亚、日本、美国。印尼有丰富的旅游资源，迷人的热带风光、漫长的海岸线、珍贵的名胜古迹等都为印尼旅游业发展提供了优越的条件。印尼的旅游景区中，有一处因其典型的滨海自然风光和独特的风土人情吸引了世界的眼球，那就是巴厘岛。

巴厘岛(Bali)位于爪哇岛以东，面积 5500 平方千米。巴厘岛处于热带地区，气候炎热潮湿，一年分两季，11 月到次年 3 月是雨季，4 月到 10 月是干季。该区内环境优美，空气清新，沙滩细洁，绿树成荫，鲜花盛开，有"花之岛"、"诗之岛"、"舞之岛"、"天堂岛"等美称。岛上群山起伏，最高峰阿贡山树木葱茏、风景迷人，山顶云雾缭绕，凉爽宜人，被当地人称为"世界的肚脐"。

萨努尔、努萨都亚和库塔等的海滩，是巴厘岛上景色最美的滨海浴场，这里沙细滩阔、海水湛蓝清澈。库塔海滩(Kuta Beach) 是离巴厘岛机场最近的一个海滩，是巴厘岛上最著名的戏水场所，也是最繁华、游人最多的地区。这里的海滩平坦，沙粒洁白、细腻，最适合玩冲浪、滑板。附近有热闹的商业街，各色巴厘传统手工艺品、绚丽的民族服装展示，而且还有大型百货商店等。库塔海滩上娱乐活动丰富，这里是玩冲浪的好地方，并有水上公园提供一些淡水泳池和水上娱乐设施。陆地上则有蹦极等刺激的项目。

（三）新加坡

新加坡位于马来半岛南端，扼守着太平洋和印度洋航运要道马六甲海峡这一咽喉要地，地理位置十分重要。新加坡是一个城市国家，它由新加坡岛及附近 63 个小岛组成，面积 699.4 平方千米，是东南亚最小的国家。

新加坡地处赤道以北 137 千米的位置，属于热带雨林气候，常年高温多雨。由于受海洋的调节，早晚有海风的吹拂，气候宜人，风光绮丽。新加坡空气洁净、清新，花木别有韵味，使其拥有"花园城市"的美称，为世界著名的旅游胜地之一。

新加坡政府从本国国情出发，不断改善旅游设施，突出自身优势。新加坡圣淘沙岛曾经是无人岛，1970年沦为英国海军基地，1972年改为现名。“圣淘沙”这一名称在马来语中意为“和平与宁静”。这里自然景观十分优美，犹如《圣经》中描绘的“伊甸园”。1972年以来，小岛在新加坡政府旅游政策的鼓励下逐渐被开发成为旅游胜地。1980年又开始整修原有景点，并开发“海底世界”、“万象新加坡”、“音乐喷泉”、“亚洲村”、“梦幻岛”、“火焰山”等一大批新景点。现在，洁白的沙滩、热带鱼类和动植物、历史遗迹、探险乐园、五星级大酒店，还有浪漫的入夜风情……圣淘沙一样都不缺。正是这个原因，圣淘沙成为新加坡最负盛名的旅游胜地，吸引了世界各地数以百万计的游客。其中，亚洲第一个、也是最大的热带海洋水族馆就建在此，游客可以感受与5000多只热带鱼、鳗鱼、鲨鱼与其他海底生物并肩同游的奇妙。

（四）马尔代夫

马尔代夫（Maldives）在地理位置上属于南亚亚区。从海洋旅游区划分的角度，把马尔代夫归为东南亚海区是为了便于叙述。

马尔代夫是印度洋上的群岛国家，它由19组珊瑚环礁、1200多个珊瑚岛屿组成。马尔代夫是世界上最大的珊瑚岛国。全国领土面积为298平方千米。南北延伸800千米，地形狭长低平，平均海拔1.2米。

“马尔代夫”一词，是由梵文Malodheep演变而来，就是花环的意思，马尔代夫素有“印度洋上的花环”的美称。其实，马尔代夫的岛屿是由古代海底火山喷发形成的，有的中央突起成沙丘，有的凹陷成环状珊瑚礁圈。这样，从高空俯瞰下去，无际的海面上，星罗棋布一个个如花环般的小岛，使得马尔代夫成了独特的天堂般的国度。虽属热带，气候却并不炎热，日夜温差不大，风光美丽，气候宜人，是旅游休假的好地方，基本上全年皆适合观光旅游。

优越的地理条件和独特的岛国风光为马尔代夫的旅游业奠定了良好的基础。马尔代夫被称为“印度洋上的翠玉”、“度假天堂”、“梦幻天国”。这里也是欧洲人趋之若鹜的地方，号称印度洋上最后的人间天堂。马尔代夫是全球三大潜水胜地之一。在这里潜水需要出具PADI（Professional Association of Diving Instructors，“专业潜水教练协会”）的潜水执照。马尔代夫拥有丰富的海洋资源，有各种热带鱼类及海龟、玳瑁和珊瑚、贝壳之类的海产品，种类不计其数。

马尔代夫岛屿众多，各具风格，有著名的太阳岛（Sun Island）、欧芙菲利岛（Olhuveli Island）、拉古娜岛（Laguna Island）、卡尼岛（Kani Island）等。其中，蜜月天堂拉古娜岛的海滩是马尔代夫最顶级的海滩，因为不像其他海岛一般只有一面拥有沙滩，拉古娜岛的沙滩面积甚广，几乎环绕了整个海岛，沙滩如一条长长的白色丝带般将拉古娜岛这座美丽的小岛环抱起来。这里的海水也因为五彩斑斓的活珊瑚和生活在珊瑚边的鱼类和其他海洋生物而变得十分清澈而生动。在这里,游客可以享受具有强烈冲击力的视觉盛宴。

第五节　中国海洋旅游区划

中国海洋旅游开发最早可以追溯到19世纪，秦皇岛的北戴河开发就是从那个时候开始的，当时只是为了王公贵族的避暑、疗养。新中国成立后，才把海洋旅游资源用作公众游览，并进行一定的管理。20世纪80年代，海洋旅游开始发展成为一个产业。确切地说，中国海洋旅游发展历程至今也不过是20多年。相对于世界海洋旅游开发，中国的海洋旅游起步晚，但发展迅速。进入20世纪90年代以后，中国海洋旅游作为一个新兴产业，得到了中国社会各界的高度重视。

中国作为一个海洋大国,主要包括渤海、黄海、东海、南海以及台湾岛以东的太平洋海域,大陆海岸线18000多千米,总面积约473万平方千米,相当于中国陆地国土面积的一半,而且海洋旅游资源极其丰富。因此,发展海洋旅游具有极大的潜力。国务院于2002年制定的《全国海洋功能区划》中指出,海洋旅游区是为开发利用滨海和海上旅游资源的海域,包括风景旅游区和度假旅游区等。旅游区的划分必须以相应的经济区为依托,同时考虑到传统中国近海海域的划分原则。中国海洋旅游区可以分为四个:渤海旅游区、黄海旅游区、东海旅游区和南海旅游区。

一、地理概况

中国位于亚洲东部,太平洋西岸。国土面积960万平方千米,居世界第三位。人口13亿,居世界第一。受纬度位置、海陆位置以及地形的影响,中国的气候状况比较复杂。概括起来,中国气候有以下特征:季风气候明显;大陆性气候强;气候类型多样;雨热同期。

中国海域北起鸭绿江,南至曾母暗沙,东临朝鲜海和日本海域,跨40个纬度。中国近海海域从北到南分别是渤海、黄海、东海和南海。其中,渤海是内海,其他三海为边缘海。渤海和黄海的分界线是从辽东半岛南端老铁山角经庙岛列岛到山东半岛北端蓬莱角的连线。黄海和东海的分界线是西起长江口北岸启东角,东至朝鲜半岛南侧济州岛西南角之间的连线。东海和南海之间的分界线,由福建东山岛南端沿台湾浅滩南侧之台湾南端鹅銮鼻之间的连线。

中国岛屿海岸线 14247.8 千米，面积在 500 平方米以上的岛屿 6500 多个，总面积 8 万多平方千米。中国最大的岛屿是台湾岛，其次是海南岛和崇明岛。中国陆地面积最大的群岛是舟山群岛，它位于浙江省东面的东海海域。中国南海有四个群岛，即东沙群岛、西沙群岛、中沙群岛、南沙群岛。

沿海地区是以有海岸线的沿海县(区、县级市)、沿海大中城市及沿海省区的行政区划来界定的。中国沿海地区包括辽宁、河北、天津、山东、江苏、上海、浙江、福建、台湾、广东、广西壮族自治区、海南以及香港、澳门两个特别行政区。为了便于叙述，我们把中国海洋旅游分为渤海旅游区、黄海旅游区、东海旅游区和南海旅游区。另外，将台湾岛及其以东的海域归为东海旅游区。

二、市场现状

改革开放以来，中国沿海城市的开放，带动了中国沿海城市海洋旅游的发展。中国海洋三大产业结构调整之后取得积极进展，2005 年的产业结构为 18∶38∶44，即中国海洋第三产业占海洋产业的 44%。特别是随着人民生活水平的不断提高，海洋旅游业产值居诸多海洋产业之首，已成为海洋服务业的主体。

中国的海洋旅游已初具规模。目前，沿海各市的海洋旅游发展态势良好。如大连、秦皇岛、烟台、蓬莱、威海、青岛、厦门、珠海、北海、三亚等著名的沿海城市各有特色，每年都吸引不少国内外游客。

2005 年，中国海洋旅游业增长态势强劲，全年海洋旅游收入 5052 亿元，占全国主要海洋产业总产值 29.7%，增加值 2031 亿元，比 2004 年增长 32.4%。全年海洋旅游国内收入 3887 亿元，比 2004 年增加 1391 亿元。

2006 年，中国海洋旅游业保持平稳较快发展，海洋旅游收入 4706 亿元，占全国主要海洋产业总产值 25.6%，增加值 2400 亿元，比 2005 年增长 17.6%。

2007 年，中国海洋旅游消费需求继续呈现扩张趋势，海洋旅游业持续保持稳健增长态势。全年海洋旅游收入 7748 亿元，占全国主要海洋产业总产值 31.1%，增加值 3242 亿元，比 2006 年增长 19.9%。

中国海洋旅游业正处于快速成长阶段。由于受社会经济发展水平和旅游业发展阶段等影响，中国海洋旅游业与世界水平还有较大差距。这也恰巧表明，中国海洋旅游业拥有很大的发展空间和潜力。为大力推进中国海洋旅游业又快又好地向前发展，一些沿海城市也积极大力开发海洋旅游资源。在不久的将来，中国将会涌现出更多更好的滨海度假旅游目的地，中国海洋旅游业有着光明而广阔的发展前景。

三、主要优势

中国海洋旅游之所以能够快速发展主要得益于其丰富的海洋旅游资源，这其中包括气候资源、海洋资源、动植物资源、历史文化资源等。

（一）气候资源

中国海岸线极其漫长，北南跨40个纬度。在辽阔的海域中，渤海为温带，黄海和东海为亚热带，南海为热带。所以，中国的海洋气候具有夏季消暑、冬季避寒的优点。夏天，游客可以去大连、北戴河、青岛等地度假，冬天可以飞至三亚、海口、北海等地避寒。海边的空气清新湿润，阳光充足，是取之不尽、用之不竭的宝贵资源。

（二）海洋资源

中国海洋旅游资源十分丰富，主要体现在以下三方面：

1. 海水资源

海水的旅游开发主要体现在：用于海水浴、潜水；用于水上运动，如帆船比赛、冲浪、水球；用于海上游览观光；用于医疗保健。我国很多地方都符合“健康型”海水浴场，如大连傅家庄和金石滩浴场，河北北戴河浴场，青岛第一、二、三、六海水浴场、石老人海水浴场、金沙滩海水浴场，广西北海银滩浴场，海南海口假日海滩和三亚亚龙湾浴场的水质基本良好。尤其值得一提的是三亚的海水年平均气温18℃～32℃，常年适合进行海水浴。另外，海水温泉因为稀少和有特效，被称为温泉中的极品。福建省漳浦县狮头村发现了珍贵的海水温泉，水温高达80℃，可以将鸡蛋煮熟。与淡水温泉相比，这里的温泉含硫少，富含锶、氟、氡、偏硅酸等多种矿物质，具有较高的医疗价值。勘探资料表明，这里的地热水自流量每天达1397立方米，地热资源量十分丰富。山东省威海市的温泉也在全国屈指可数。这些海水温泉都是医疗保健的好去处。

2. 海岸资源

中国海岸线漫长，沿岸景观丰富，并且分布着许多优质海滩。海岸带的山地往往岩石被海水蚀成各种奇特造型，有较高的观赏价值。如大连金石滩是一种海上喀斯特地貌，千姿百态的礁石被誉为“海上石林”、“神力雕塑公园”。而沙质海岸，又往往沙软滩平，海水清澈，可以开辟成海水浴场，是进行日光浴、游泳和各种海上文体活动的好地方。中国海滩很多，如兴城、北戴河和昌黎的海滩。昌黎海滩长达30千米，是中国最长的海滩。还有青岛汇泉湾浴场，这个浴场可同时容纳10万人。南方的北海银滩，雪白的沙滩别具特色，其规模之大堪称亚洲第一。三亚的亚龙湾、天涯海角等地拥有世界上少有的高品质海滩，不仅可以开发成高品质的滨海浴场，还可以发展成良好的滨海避寒度假胜地。中国的平原淤泥质海岸很多，那里有宽阔的潮坪，如辽东湾、渤海湾和苏北海岸；退潮时，可到潮坪上挖贝壳、捉蟹子，观看各种海鸟，进行泥浆浴，参观盐场等。

南方沿海的红树林以及珊瑚礁等均可发展观光旅游。另外，还有一些独特的自然景观，如浙江的钱塘江涌潮、蓬莱的海市蜃楼等，都是宝贵的海洋旅游资源。

3. 海岛资源

散布在中国18000千米海岸线上的众多岛屿是不能被忽视的。《中国国家地理》杂志评选的"中国最美十大海岛"中包括西沙群岛、广西北海涠洲岛、南沙群岛、台湾海峡澎湖列岛、浙江温州南麂岛、普陀山岛、山东长岛、福建大嵛山、漳州南碇岛、广东阳江海陵岛。其中，西沙群岛是最为神奇的岛屿，海底珊瑚公园会告诉你大自然的奥秘；涠洲岛将火山地貌和海蚀地貌汇于一岛，是水与火的杰作；南麂岛是海洋生态环境的典范，贝壳海滩给你关于大海最美好的记忆；普陀山有"海天佛国"之说，这里将中国海岛人文风景表现到极致。另外，中国海南岛是一个"四时常花，长夏无冬"的地方，环海南岛四周，滨海风光旖旎秀丽，从琼岛门户海口市，向东分别有东寨港红树林、东郊椰林、长坡海藻养殖场、东山岭、南湾猴岛、大东海、鹿回头、天涯海角、大小洞天等旅游点，以及岛内的琼台书院、东坡书院等名胜古迹。

（三）动植物资源

中国海域面积辽阔，海洋动植物资源品种繁多，并且拥有众多的珍稀动植物。海洋动物包括棘皮动物、节肢动物、软体动物、腔肠动物等。另外还有很多属于国家一级保护物种的动物，如中华白鳍豚、中华鲟、红珊瑚鹦鹉螺、白鹳、黑鹳等，这其中有很多是中国特有的。除了海洋动物以外，还有种类繁多、千姿百态的海洋植物。海藻是海洋植物的主体，目前可以食用的有100多种，如浮游藻、绿藻、褐藻、红藻、海草、红薯植物等。一些热带海岛如海南岛，因其独特的地理位置，还存在着独特的动植物资源，如海南东寨港的红树林。海南岛各种植物达4200多种，其中珍稀植物就有500多种。在海南热带雨林里还存在着许多珍禽异兽。在很多地方，国家成立了专门的自然保护区，如盐城沿海滩涂珍禽国家级自然保护区、崇明东滩鸟类国家级自然保护区和海南东寨港红树木国家级自然保护区等。

（四）历史文化资源

中国海洋文化源远流长，是世界海洋文化系统的重要组成部分。中国的海洋文化萌芽于新石器时期，主要代表为浙江沿海的河姆渡文化和黄海之滨的龙山文化。5000多年海洋文化的发展创造和遗存了大量海洋文化旅游资源，如海上丝绸之路、鉴真东渡、郑和七下西洋、妈祖文化等。其中郑和下西洋是人类历史上第一次规模空前的远航，是中国海洋文化的最高成就。

海洋旅游的发展必须充分挖掘文化旅游资源的优势，开发富有文化内涵的旅游项目和旅游活动，如福建泉州等地推出的“海上丝绸之路之旅”、“宗教文化之旅”、“寻根之旅”、“闽台关系考察之旅”等，以及琼北—湛江地区联合推出的“东坡之旅”等，即是成功的典范。

四、主要海洋旅游区概况

（一）渤海旅游区

渤海旅游区包括由辽宁、河北、天津环绕的渤海部分以及山东半岛以北的黄海部分。这一区域岛屿众多，主要包括辽东半岛和山东半岛北部，以及散布在渤海海域的龙山群岛和庙岛列岛，以及黄海海域上的长山群岛。这里属于温带季风气候，冬季晴朗干燥，夏季炎热多雨。由于受海洋气候的调节，这里空气湿度比较大。所以，夏、秋是这一区域的黄金旅游季节。以下将具体介绍渤海旅游区的一些特色旅游城市。

1. 大连市

大连市位于辽东半岛南端，东濒黄海，西临渤海，南与山东半岛隔海相望，是一座三面环海的半岛城市。它处于环渤海地区的圈首，是京津乃至整个东北地区的门户，与日本、韩国、朝鲜和俄罗斯远东地区相邻。这里冬无严寒，夏无酷暑，年平均温度 10℃。

山环水绕的大连市，风光旖旎，是我国著名的旅游城市之一。其临海处海湾较多，礁石错落，地貌奇特，构成了以蓝天、碧海、白沙、黑礁为特色的滨海风光，加上气候宜人，这里成为中国北方著名的旅游、休闲、疗养胜地。大连环境优美、旅游资源十分丰富，金石滩、圣亚海洋世界、棒棰岛、自然博物馆、老虎滩公园、星海公园等都令人流连忘返。

“不到旅顺，枉来大连”。旅顺口是大连的另一处风景游览区。这里群山环抱、风光清幽，既有天然良港旅顺，又有被称为“蝮蛇王国”的蛇岛、鸟岛等独具魅力的自然景观。金石滩国家旅游度假区、庄河冰峪风景区、海王九岛风景区和莲花湖旅游区的建设也颇具规模和特色。金石滩国家旅游度假区按地形状况自然地形成了东、中、西三个“旅游中心”，分别为绿色中心、蓝色中心和银色中心。东部的绿色中心主要包括以绿色为主的高尔夫俱乐部和庄园，中部的蓝色中心则是衬托在蓝天和大海下的海水浴场、金色沙滩等，而西部的银色中心则主要是以银色为主色调的国际会议中心、俱乐部、别墅等。

到目前为止，大连已成为遐迩闻名的“服装城”、“足球城”、“旅游城”，被评为“中国最佳旅游城市”、“世界环境 500 佳”城市、“北方明珠”、“浪漫之都”等。大连已发展成为一个名副其实的国际化旅游城市。

2.秦皇岛市

秦皇岛市位于河北省东北部，南临渤海，北依燕山，东接辽宁省，西近京津，位于最具发展潜力的环渤海经济圈中心地带，是东北与华北两大经济区的结合部。秦皇岛是中国重要的港口城市，是华北、东北和西北地区重要的出海口。这里水深港阔，不冻不淤，是一个多功能综合性的现代化港口。

秦皇岛是中国首批优秀旅游城市之一，素有"京津后花园"之美誉。这里拥有长城、滨海等良好的旅游资源。国家历史文化名城山海关、孟姜女庙、避暑胜地北戴河、南戴河旅游度假区、昌黎黄金海岸、野生动物园、海底世界等40多个旅游景区各具魅力，每年吸引上千万海内外游客慕名而至。秦皇岛海岸线长达124千米，沙滩柔细，海浪平缓，阳光充裕，是享受海浴、沙浴、日光浴的理想之地。这里自古以来就是中国著名的避暑胜地，以北戴河最为著名。北戴河海岸线东起狼牙山桥，西至戴河口，长约15千米。北戴河滨海环境优美，冬无严寒，夏无酷暑，年平均气温10.3℃。这里城市森林覆盖率达52.7%，空气清新，素有"天然大氧吧"的美誉。山海关拥有"天下第一关"的美誉，在历史上具有重要的军事地位。站在山海关城楼往南看，长城从这里直逼波澜壮阔的渤海，那些深入海里的建筑就像龙首在吞波吐浪，因此人们称之为"老龙头"。山海关游览区的名胜古迹除了老龙头以外，还有关城、燕塞湖、孟姜女庙、悬洋洞等。

3.蓬莱市

蓬莱素来有"人间仙境"的美誉。这里位于山东半岛北端，濒临渤海和黄海。蓬莱是著名的滨海旅游城市和历史文化名城，文化积淀深厚，文物古迹众多，境内有驰名中外的中国古代四大名楼之一的蓬莱阁。这里有凝结着人们对人间仙境的向往——传说中的八仙过海就发生在此。在春夏与夏秋季节，蓬莱附近的海面上偶会出现海市蜃楼的奇景，仙山飘渺，如临幻景。长岛的海滩上盛产一种鹅卵石，经过岁月与海水的打磨，色泽纹路都异常美丽。长岛的渔家乐也十分有名，在那里游客可以随着渔船出海，在大海上体验一番不同的快乐。

这里除了美丽的空中楼阁，还有海洋极地世界、三仙山、蓬莱水城、登州博物馆、戚继光纪念馆等景点。在极地海洋世界，每个人都可以找到自己的快乐，海洋世界里每天都上演美人鱼和王子相遇的传奇。不仅如此，这里还有亚洲最大的室内热带雨林馆以及充满欢乐和浪漫色彩的海洋表演馆。

4.烟台市

烟台市位于胶东半岛的中部，东连威海，西接潍坊，西南与青岛毗邻，北濒渤海、黄海，与大连隔海相望。烟台依山傍海，气候宜人，属于暖温带季风气候，全年平均气温12℃左右，是我国北方著名的旅游避暑和休闲度假胜地。

烟台漫长的海岸线上散布着众多的美丽岛屿和迷人的沙滩，名胜古迹丰富多彩。烟台有秦始皇几次登临过的芝罘岛、养马岛、崆峒岛以及第一海水浴场、第二海水浴场、烟大海水浴场、金沙滩海水浴场和烟台山、塔山、南山等著名景点。

说到芝罘岛，不得不追溯烟台的历史。烟台，古称芝罘。明朝为防海寇侵扰，在芝罘筑狼烟墩台，又称“狼烟台”，烟台由此而得名。据《史记》记载，秦始皇统一中国后，曾三次东巡，三次登临芝罘岛。芝罘岛，又称芝罘山，位于烟台市区北部的海面上，主峰高 298 米，东西长约 9 千米。它三面环海一径南通，为我国最大、世界最典型的陆连岛。这里的“石门春波”、“芝罘日出”十分迷人。在芝罘岛的海面上，偶尔还会出现“海市蜃楼”奇景，那虚幻的亭台楼阁，使人有羽化登仙之感。芝罘岛婀娜多姿的景色，是旅游观光度假、垂钓游玩的理想去处。芝罘岛的美不仅在于它的景致，还在于它的位置。芝罘湾水深浪缓，严冬不冻，是一优良港湾。

（二）黄海旅游区

该区是指山东半岛以南至长江口北岸的海域和海岸带，主要包括山东南部以及江苏省。这段海域海岸线相对比较平直，岛屿不多。这里的季风性气候比较明显，冬季寒冷，夏季较热，降水主要集中在夏季。

1. 青岛市

青岛市地处山东半岛东南部，东、南濒临黄海，东北与烟台市毗邻，西与潍坊市相连，西南与日照市接壤。青岛是受海洋影响比较明显的温带季风气候，空气湿润，温度适中，四季分明，被称为最适宜人类居住的城市。

青岛是座美丽的滨海城市，很多著名的景点都散落于滨海步行道上。滨海步行道西起团岛环路，东至石老人，全长约 36.9 千米。它将青岛栈桥公园、海军博物馆、小青岛公园、鲁迅公园、第一海水浴场、八大关风景区、五四广场、石老人海水浴场等主要旅游景点串联在一起，形成了一条独具特色的滨海风景画廊。栈桥是百年青岛的标志，也是青岛最好的观景点之一。八大关景区建有风格各异的欧式古建筑群，配以宁静宽阔的道路，阳春盛夏，花红似火；秋冬季节，霜染枫红，是国内知名的度假胜地。其地理位置非常优越，西临第一海水浴场，南面紧靠大海，北靠信号山，风景独特。我国海岸线第一高峰，被称为海上“第一名山”的崂山就在青岛，最高峰崂顶海拔 1127 米。当地有一句古语说：“泰山云虽高，不如东海崂”。当游客漫步在崂山的青石板小路上，一边是碧海连天，惊涛拍岸；另一边是青松怪石，郁郁葱葱，会感到心胸开阔，气舒神爽。崂山是我国著名的道教名山，传说秦始皇、汉武帝都曾来此求仙，这些都给崂山涂上了一层神秘的色彩。

作为2008年奥运会帆船比赛的主办城市，青岛建设了奥林匹克主题公园。它坐落于青岛奥林匹克帆船中心纪念墙码头西区，西侧与音乐广场、五四广场、奥运景观桥相通，东端与奥林匹克帆船中心相连。这又为青岛海洋旅游增色不少。

2. 日照市

日照地处中国沿海中段，山东半岛南翼，东临黄海，北邻青岛，南接江苏连云港，西通中国内陆诸省区，是一座新兴的滨海旅游城市，因“日出初光先照”而得名。日照依山傍海，历史悠久，具有丰富的自然景观和人文旅游资源，以蓝天、碧海、金沙滩闻名。日照拥有64千米沙质海岸，且沙细滩平、水清浪稳，林带茂密，空气清新，是我国沿海不可多得的避暑、度假、休养胜地以及开辟海上运动场、海水浴场的天然良址；拥有亚洲第二大、我国北方最大的天然泻湖和鲁南国家级滨海森林公园。境内有山海天旅游度假区、万平口景区、灯塔景区及多处海水浴场，还有风景秀丽的五莲山、九仙山、浮来山，以及距今3500多年的“天下第一银杏树”。日照还是“龙口文化”的重要发祥地之一。在这里，游客可以体会到山文化与海文化、古代文化与现代文化的完美交融。

3. 连云港市

连云港市位于江苏省东北部，是亚欧大陆桥的东桥头堡，东临黄海，北接齐鲁，南连江淮，背靠云台山。连云港海岸漫长、宽阔，海浴、楫舟、散步、垂钓，无一不宜。这里文物古迹丰富，自然风光优美，具“海”、“古”、“神”、“幽”、“奇”、“泉”六大旅游特色。这里有《西游记》的取材地花果山，其位于云台山脉之中，其最高峰玉女峰海拔约625米，是江苏省最高峰。水帘洞是游客最为向往的地方，那里水天相接，怪石嶙峋，洞中有洞，洞中有奇，给人“福地洞天”的感觉。连岛位于黄海之滨海州湾畔，这里冬无严寒、夏无酷暑、四季怡人，空气清新纯净、富含负离子。秀丽独特的滨海自然风光和别具特色的海岛人文景观使其成为理想的休闲、娱乐、度假、疗养之地。

（三）东海旅游区

东海旅游区是指长江口以南至福建东山岛南端的海域和海岸带，包括上海市、浙江省、福建省以及台湾省。这里海岸线曲折，中国沿海岛屿约有60%分布在该区，主要有台湾岛、舟山群岛、澎湖群岛、钓鱼岛等。东海东部边缘的琉球群岛一带岛屿更多。东海的海湾以杭州湾最大，流入东海的河流有长江、钱塘江、闽江及浊水溪等。该区除台湾南部属热带以外，绝大部分属于亚热带。

1. 上海市

上海是国际化的大都市，位于长江入海口，居我国大陆南北航运的中点，地理位置十分优越。上海被誉为“东方明珠”，不仅拥有丰厚的历史文化底蕴，也是一个现代化大都市，其旅游景观呈现出历史与现代的交融。黄浦江外滩是上海的一个缩影，这里有风格各异的建筑，如哥特式、巴洛克式、罗马式等，令人眼花缭乱。浦东的崛起受全国乃至全世界所瞩目，这里已是上海现代化的一个标志。南京路素有"中华商业第一街"的美誉，这里名品荟萃，琳琅满目，令人流连忘返。上海海岸线长约172千米，散布着崇明岛、长兴岛、横沙岛3个岛屿。其中，崇明岛仅次于台湾岛、海南岛，是中国第三大岛屿。崇明岛林木茂盛，四季分明，旅游资源富饶，素为旅游休闲胜地。这里还有华东最大的森林公园——东平国家森林公园和亚洲最大的候鸟保护区。另外，上海还有太阳岛旅游度假区、白玉兰滨海度假村等著名旅游景区。上海这颗东方明珠越来越耀眼，越来越吸引世界的眼球。

2.浙江省

浙江省位于太湖以南，东濒东海，南接福建，西与江西、安徽相连，北与上海、江苏相邻。浙江处在中国东南沿海，是一个名副其实的海洋大省。浙江海岸线总长6400余千米，居全国首位。面积大于500平方米的海岛有3061个，是中国岛屿最多的省份，其中面积495.4平方千米的舟山岛为我国第四大岛。

浙江旅游资源非常丰富，素有"鱼米之乡"、"丝茶之府"、"文物之邦"、"旅游胜地"之称。全省自然风光与人文景观交相辉映，特色鲜明，知名度高。以杭州西湖风景区为中心，纵横交错的旅游景点，遍布全省。浙东有中国典型的水乡景观，水网交织，直通大海；谒佛国，杭州灵隐寺、净慈寺，宁波天童寺、阿育王寺等分布在此；亦可觅唐诗之踪，李白、杜甫、杜牧等400多位唐代诗人在此留下佳作。浙南山水雄奇，名胜众多，温州雁荡山、楠溪江、洞头岛，台州天台山等令人目不暇接。浙西一片，集天地之灵气，聚山川之精华，富阳鹳山、淳安千岛湖、金华双龙洞、衢州江郎山，山水如画，美不胜收。浙北有著名的京杭大运河、纵贯富饶的杭嘉湖平原，这里是著名的蚕乡，也是南浔、西塘、乌镇、新市等江南古镇所在地；莫干山、龙王山、南北湖等避暑胜地，环境独特，景色宜人。

浙江海洋旅游资源十分丰富。钱塘江观潮，自古称之为"天下奇观"，被誉为"八月十八潮，壮观天下无"。当江潮从东面涌来，似一条银线，声如雷鸣，排山倒海，犹如万马奔腾，蔚为壮观。普陀山位于宁波市舟山岛东北角，是著名的"海天佛国"，最高峰佛顶山海拔291米。普陀山为中国佛教四大名山之一，也是著名的避暑旅游胜地。全岛幽洞奇岩，海景变幻，风光秀丽，并且又具海山之胜，东海滩千步沙浴场、梵音洞可以让人领略海之风韵。雁荡山因山水奇秀，名胜众多，以"海上名山"、"天下奇秀"著称。嵊泗列岛是浙江著名的海上避暑胜地。这里环境优美，气候宜人，山海兼胜，是中国唯一的国家级列岛风景名胜区。除此之外，浙江还有其他很多著名的海洋旅游资源，吸引了源源不断的游客。

3. 厦门市

厦门位于中国东南沿海的福建省，“城在海上，海在城中”是厦门的最大特色。这里气候宜人，四季长春，旅游资源丰富，具有山、海、岩、洞、园、花、木诸多景观，加之名人古迹和具有特色的民俗文化、乡土风情，吸引着越来越多的中外游客。

鼓浪屿是厦门最著名的景点之一，素有“海上花园”的美称。鼓浪屿古名圆洲仔，因西南滨海礁穴受浪冲击，声如擂鼓，明代改称“鼓浪”屿。岛上冈峦起伏，碧波、白云、绿树交相辉映，处处给人以整洁幽静的感觉。小岛完好地保留着许多具有中外建筑风格的建筑物，有“万国建筑博览会”之誉。这里的主要景点有日光岩、菽庄花园、港仔后滨海浴场、郑成功纪念馆等。鼓浪屿以其婀娜多姿的自然风光和积淀深厚的文化底蕴，成为国家重点风景名胜区。每年有数以百万计的中外游人来此观光游览。

另外，南普陀寺、海沧大桥、集美旅游区、滨海公园和环岛滨海大道也是去厦门很值得一游的地方。

4. 台湾省

台湾省位于中国东南海面，面积 3.6 万平方千米，包括台湾岛(面积 3.58 万平方千米)、澎湖列岛、绿岛、钓鱼岛、兰屿、彭佳屿、赤尾屿。台湾岛是中国最大的岛屿，四面环海，海岸线总长达 1600 千米。北回归线穿过台湾岛中部，北部为亚热带气候，南部属热带气候。

台湾西海岸沙滩平缓，多海水浴场，而东海岸断崖陡峭，奇石怪岩。森林茂密，动植物资源丰富，多火山、温泉、瀑布。台湾东部的清水断崖是台湾东岸的一大奇景。清水断崖高 1000 多米，以近 90°的角度紧临太平洋，崖形状如鞘，绝壁万丈，形势险峻。台湾最高峰是玉山，海拔约 4000 米。玉山之美，美在它的奇峰，挺拔、高峻，山容山势具王者之尊。站在山巅眺望，只见无穷蔚蓝空碧，一股浩气充溢心胸。台湾最大的淡水湖当数日月潭。日月潭之美在于环湖重峦叠峰，湖面辽阔，潭水澄澈。这里七月平均气温不高于 22℃，一月不低于 15℃，为著名避暑胜地。南湾是垦丁最热闹的戏水基地，绵延 600 米的白色沙滩，曾以“金沙白浪”著称。南湾适合游泳、冲浪、潜水、帆船等海上活动，沿海有各种珊瑚与热带鱼，是极佳的潜水胜地。鹅峦鼻是台湾最南端的岬角，为巴士海峡与太平洋的交界点，隔巴士海峡与菲律宾遥遥相望。鹅峦鼻公园内的灯塔，建于清朝，塔高 21.4 米，光力可以达 20 海里，是船只夜行的航标，有“东亚之光”的美誉。

(四)南海旅游区

南海旅游区包括粤、桂、琼及港、澳。中国在南海海域的主要岛屿包括海南岛和东沙、西沙、中沙、南沙四大群岛等。南海海域在北回归线以南，属于热带海洋性季风气候，终年高温高湿，长夏无冬。这里也是中国纬度位置最低、面积最大的海域。地理位置优越，海洋旅游资源丰富。

1. 广东省

广东位于岭南，中国大陆的南部，是中国南方经济的门户。它东邻福建，西连广西，北与江西、湖南交界，东南和南部隔海与台湾、海南两岛相望。这里以亚热带季风气候为主，南部为热带季风气候。广东海岸线长达4300多千米，海洋旅游资源丰富，其沿海著名的城市有汕头市、深圳市、珠海市、广州市、湛江市等。

广东省海岸线漫长曲折，地形地貌复杂。肇庆岩溶地貌发育，汕头海蚀地貌，丹霞山的丹霞地貌，还有鼎湖山自然保护区。广东沿海城市风景优美。深圳多温泉湖泊，绿水长流，200多千米的海岸线上有多处水碧沙白的天然浴场。珠海地处南海之滨，奇峰怪石，海湾优美，是座美丽的滨海城市。省会广州是一个著名的热带滨海旅游城市。这里三冬无霜，四季花开，素有"花城"美誉。广州滨海有莲花山旅游区、横档岛炮台遗迹和南沙天后宫等旅游资源，是具有"山""城""田""海"特色的海滨大都市。广州已经发展成为一个国际旅游大都市。另外，汕头南澳岛是一个不容错过的地方。南澳县是广东省唯一的海岛县，地处粤东海面，素有"粤东海上明珠"之称，由37个大小岛屿所组成。蓝天、碧海、绿岛、金沙、白浪是南澳生态旅游的主色调。南澳岛的青澳湾是沙质细软的缓坡海滩，海水清澈，盐度适中，是天然优良滨海浴场。目前，以青澳湾为中心还开发了避暑度假、健身疗养、海洋探险、文化娱乐等多种类的旅游项目。

2. 香港、澳门特别行政区

香港特别行政区位于广东省珠江东岸，临近深圳，包括香港岛、九龙、新界以及260多个离岛组成。香港是国际金融中心和贸易中心，中西文化在这里得到融合，素有"东方明珠"、"购物天堂"之称。香港也是中外游客首选的目的地之一，旅游资源十分丰富，有缤纷繁华的购物街（中环、尖沙咀）、风格各异的建筑、大型主题公园以及具体中国特色的庙宇、展馆、浴场等。香港岛南部海岸线曲折，拥有很多美丽的海滩。浅水湾位于港岛南部，这里水清沙细、海滩绵延、滩床宽阔、波平浪静，是香港最具代表性的泳滩。海洋公园是东南亚最大的海洋主题休闲中心，这里不仅深受香港居民喜爱，也受到大陆乃至国外游客的青睐。维多利亚港港阔水深，是世界著名的天然良港，这里的夜景美轮美奂，非常迷人。

澳门特别行政区位于中国大陆东南沿海，地处珠江三角洲的西岸，毗邻广东省，与香港隔水相望，临近珠海市，包括澳门半岛、氹仔和路环两个离岛。一直以来，澳门的主要收入来自博彩业和旅游业。澳门的旅游资源主要是沉淀400多年的历史文化资源，自然旅游资源较少。黑沙海滩是澳门著名的天然海浴场，海湾滩面广阔，坡度平缓，附近松林密布。每逢假日、周末，这里游人如织。竹湾位于路环岛南端，那里环境优美，海岸广阔，近来政府还在竹湾海滩旁新建了葡萄牙式旅游度假村，设施完善，是休闲度假的好去处。

3. 北海市

北海位于广西壮族自治区，是一个美丽的滨海度假旅游城市，中国首批优秀旅游城市之一。北海地处亚热带，气候温和，年均气温 22.6℃，无严寒酷暑，四季如春，是度假、疗养、避寒、观光旅游的理想之地，被称为“南方北戴河”。与海有关的一切都是北海的财富。北海著名的旅游景点有北海银滩、涠洲岛、星岛湖、海底世界等。其中，最为令人神往的是拥有“天下第一滩”美誉的北海银滩，被国家列为中国五个最美度假胜地之一。这里水质为国家一级标准，空气清新当数全国之最，并且陆岸植被丰富，环境优雅宁静，可以进行各种休闲娱乐活动。北海涠洲岛是广西第一大岛，岛上绿树茂密，风光旖旎，堪称人间天堂。

4. 三亚市

三亚市位于海南岛南端，是一个典型的国际热带旅游城市。三亚依山傍水，主要岛屿 10 个，面积较大的有西瑁洲岛、蜈支洲岛。三亚具有得天独厚的旅游资源优势，是海南省风景名胜最多、最密集的地方。在三亚 200 多千米的海岸线上，密布亚龙湾、大小东海、鹿回头公园、天涯海角、海山奇观、南山文化旅游区等著名旅游景点。海水水质、沙滩品质、大气质量世界一流，加之纬度位置较低，是著名的避寒胜地。亚龙湾国家旅游度假区是中国唯一具有热带风情的国家级旅游度假区，集海洋、沙滩、阳光、绿色、新鲜空气于一体，并建有国际一流的滨海公园、豪华别墅、海底观光世界、海上运动中心、高尔夫球场、游艇俱乐部等。这里中外游客络绎不绝，俨然已经成为一个美名远扬的国际知名旅游胜地。位于三亚西边的天涯海角，被人们称为爱情的栖息地。这里椰林摇曳，怪石嶙峋，以椰风海韵的热带风光、悠久独特的历史文化和多彩浓郁的民族风情而驰名海内外。奇石“天涯海角”和“南天一柱”都流传着动人的故事。现在，天涯海角景区更充满了现代、浪漫和时尚的气息，一年一度的天涯海角国际婚庆节和新丝路中国模特大赛，使这里成了情侣们表达忠贞爱情的圣地和模特们展示美丽风采的舞台。

第四章　海洋旅游活动方式及其分类

海洋既是全球生命支持系统最基本的组成部分，也是最重要的资源宝库。海洋以其完整的水体占据了地球表面71%的面积，从海面到海底、从海中到海岸形成了庞大而复杂的生态系统和完整的景观体系，堪称地球上最大的景观区。人类探索海洋的夙愿与现代旅游的发展，使海洋旅游活动日趋形式多样、内容丰富。

第一节　海洋旅游活动方式的分类

从旅游活动所处的海洋水体的空间位置来看，海洋旅游可分为滨海、海面、海底、海空和环球大洋等；从旅游区域来看，海洋旅游可分为滨海旅游、海岛旅游、群岛旅游、大洋旅游等；从旅游地气候特征来看，海洋旅游可以分为热带和亚热带海洋旅游、温带海洋旅游、极地海洋旅游等；从海洋旅游的目的来看，海洋旅游可以分为观光、度假、娱乐、疗养、探险、修学、朝圣等；从旅游的季节区分来看，海洋旅游可分为春、夏、秋、冬季的海洋旅游等。

一、海洋旅游活动方式的空间位置分类

(一)滨海旅游活动方式

滨海，为靠近海边、沿海的意思。滨海地区通常为沿海城市的一部分，在城市的发展规划中具有一定的区位优势，例如可以选择滨海地区建设经济开发区，滨海地区也常常因自然资源和旅游价值而引起关注，例如可以将其划定为湿地自然保护区，或者兴建滨海大道、滨海休闲广场等。

滨海地区的地貌、水域、人文等资源非常丰富，在滨海地区的沙滩、泥滩、砾石滩、海蚀岸、海岸山脉的区域上开展的海洋旅游活动形式极其多样。海边嬉水、海水浴、日光浴、沙浴、泥浴、沙雕、滑沙、滑泥、沙滩排球、沙滩足球、卡丁车、沙滩迪斯科、海边SPA、海边瑜伽、海钓、观海、体验海洋民俗文化、滨海度假区

度假养生等均属于滨海旅游活动。

(二)海面旅游活动方式

在海洋上进行的,所用时间和运动距离超过体力支撑、必须借助于工具进行的水上旅游活动被称为海面旅游活动。它不包括徒手的游泳,也与水上体育运动项目,如皮划艇、多人划艇等有所区别,它以游玩为主。

帆船运动、滑水、冲浪、游艇、摩托艇、邮轮、水上飞车、环岛观光、群岛穿梭旅游、大洋航行、环球航行等均属于海面旅游活动。

(三)海底旅游活动方式

海底旅游是近年来蓬勃发展的一种海洋旅游活动。随着科学技术的进步,人们潜入水中亲眼目睹海底世界已成为现实。自古以来,神秘莫测、充满神话传说的海底世界正以丰富多彩的形象展示在世人面前。无论是清澈透明的近岸海湾,还是昏暗幽深的大洋深处,海底旅游都给旅游者一种充满刺激的全新体验。各式各样的鱼群翔游嬉戏,五光十色的贝类漫步海底,千姿百态的藻类随波荡漾,婀娜多姿的珊瑚争奇斗艳……色彩斑斓的海底世界正在引起人们越来越大的兴趣。

潜水、乘坐水下观光潜艇、参观水下海洋馆、入住海底旅馆等均属于海底旅游活动。

(四)海空旅游活动方式

海边自然条件好、气流平稳、上空障碍物少、视野开阔、风景优美,适合开展很多活动,如放风筝、滑翔、跳伞、直升机观光、飞艇观光等。山东潍坊一年一度的国际风筝节、珠海航展等都是在海边举行的。

在海边开展滑翔、跳伞运动,不仅刺激,而且极目远眺,天海一色,景色极其壮美。不过这类项目对旅游者身体素质和心理素质都有一定的要求,所以,目前参与者多以年轻人为主。

乘坐直升机或飞艇观光是近年来比较流行的海空旅游项目。从高空鸟瞰海景,可以一览旅游地的全貌;以如此广阔的视野和全局的角度来欣赏旅游地,自然会有全新的、与众不同的收获。

二、海洋旅游活动方式的活动区域分类

(一)海岸带旅游

海岸带是指陆地与海洋的交界地带,是海岸线向陆、海两侧扩展一定宽度的带型区域。我国在全国海岸带和海洋资源综合调查中规定,海岸带调查的宽度为海岸线向陆侧延伸 10 千米,向海侧延至水深 10～15 米等深线。海岸带旅游则指在海岸带中有旅游价值的地段和与它邻近的海域中所进行的旅游活动。

理论上讲，各种空间的旅游活动（滨海、海面、海底、海空）都可以在海岸带开展，即使是环球航行这样的旅游方式，也离不开各国海岸带上那一个个为邮轮提供补给的港口，况且，欣赏沿海优美的自然风光本身就是旅游者环球航行的必选项目之一。当然，从实际操作的角度看，一个地方往往只适宜开展某一类型的活动，或以某一类型的活动为主，才能形成特色，扩大影响力和吸引力。

海岸带旅游区别于其他地理位置海洋旅游的特点在于它与陆地旅游的衔接。海岸带旅游可以和陆上旅游互相补充，设计出最佳旅游产品组合。

（二）海岛旅游

海岛是指面积大于500平方米的海面出露岸体（小于500平方米的称为海礁）。全世界约有5万多个海岛，总面积为1000万平方千米，占地球面积的1/15。这里说的海岛主要是指旅游者能到达的有常住人口的岛屿，那里有既成的交通条件和生活设施，至于能让较多人进行的海岛旅游则还需要旅游业的服务支撑。

海岛旅游，在理论上可以包括滨海、海面、海底、海空各种类型的活动。一个岛屿能够开展的旅游项目，通常是由该岛自身的资源条件和开发程度决定的。

海岛旅游的特点是各种海洋景观的综合性和海陆活动的连贯性。环岛观光、荒岛探奇（它是一种以有常住人口的海岛为集散地，对周边无人海岛的探索式的旅游）是海岛旅游特有的项目，参加当地的民俗活动、与淳朴的岛民积极互动、亲身体验浓郁的海岛风情，更是深受游客喜爱、让人流连忘返的旅游项目。因此，海岛旅游的亮点就在于它不仅让旅游者知道了大海的现状，更让旅游者领略到大海是如何影响着人类，塑造出如此神奇而灿烂的海岛文明。

如果说一座美丽的岛屿就能让人流连忘返，那么像珍珠般串联在蔚蓝大海上的群岛更使旅游者乐不思蜀。海洋中互相接近的、在地理构造上有内在联系的众多岛屿被称为群岛。群岛是非常珍贵的旅游资源，世界上许多群岛都是海洋旅游胜地。群岛旅游作为海岛旅游的一种特殊类型，其独特的优势在于它的整体效应。许多岛屿集聚在一起，几乎能将各种海洋旅游活动形式都包容其中，各岛又各具特色，能使旅游者乐而忘返，穿行于各岛之间则可让旅游者获得身临海洋水体的体验。世界上主要群岛有50多个，分布于四大洋中。其中，太平洋19个，著名的有马来群岛、夏威夷群岛、马里亚纳群岛、舟山群岛等；大西洋17个，其中巴哈马群岛、百慕大群岛、西印度群岛、维尔京群岛、马德拉群岛等在全球旅游市场上享有盛誉；印度洋9个，最著名的当属马尔代夫群岛，北冰洋5个。其中马来群岛是世界上最大的群岛，由印度尼西亚的17000多万个岛屿和菲律宾的约7000个岛屿组成。

目前，享誉全球的海岛旅游目的地有：印度洋上的马尔代夫群岛、“美国通往亚太的门户”夏威夷群岛、“千岛之国”印度尼西亚的巴厘岛、美国赛班岛、斐济群岛、我国的舟山群岛等。而在我国的最南端,唯一没有被开放的军事禁区、充满神秘色彩令所有中国人向往的西沙群岛,也是璀璨亮丽、风光旖旎,堪称大自然最完美的境界。《海南省旅游发展总体规划纲要》将西沙群岛旅游区定位为海洋观光、科考、探险、水上运动和中高档小规模度假旅游目的地。

(三)远洋旅游

远洋旅游通常是利用大型邮轮开展的旅游项目,这类旅游活动通常时间跨度长、消费水平高,由于乘坐邮轮出行,消费者不用额外负担食宿和交通费用。一次旅行游客不仅能饱览各个目的地的美景,还可以减少旅游的整体支出。另外,乘坐邮轮也能免去舟车劳顿和来回奔波、联系食宿等琐碎事务,让游客更省心、更轻松地享受旅游本身。至于船上星级酒店中的各类娱乐、健身活动等,也激发着众多旅游者的兴趣,是高消费阶层度假旅游的首要选择。

(四)环球旅游

麦哲伦一直被认为是世界上实现环球航行最早的人,然而最近英国有学者收集证据,认为我国的郑和比麦哲伦早 100 年绕行了地球。其实,无论谁是最早实现环球航行的人,对今天的人来说,环球旅行已经不再是什么艰难危险的事情。如今,人们乘坐豪华邮轮,一边品尝着美酒佳肴,一边欣赏沿途美丽的自然风光和丰富多彩的人文景观,享受这种轻松舒适、悠然自得。当然,受游览时间和高昂花费的限制,纯粹以旅游、度假为目的参与环球航行的旅游者还不是很多。尤其是世界金融危机之后,环球旅游市场也受到了不小的冲击,不过,随着世界经济逐步回暖,特别是以中国为代表的新兴市场国家经济的不断繁荣,环球旅游市场的潜力将更加巨大。

三、海洋旅游活动方式的气候特征分类

(一)热带和亚热带海洋旅游

热带地区是指南北回归线之间的地带,地处赤道两侧,位于南北纬 23°27′之间的地区,面积占全球总面积的 39.8%。这一地带终年能得到强烈的阳光照射,全年高温,只有相对热季和凉季之分或雨季、干季之分。全年平均温度大于 16℃。

亚热带地区是指位于南北纬 23°27′～35°之间的地区。亚热带的气候特点是其夏季与热带相似,但冬季明显比热带冷。最冷月均温在 0℃以上。热带和亚热带地区以其丰富的生物资源和阳光、沙滩、海洋资源,成为全球海洋旅游资源最丰富的地区:著名岛屿多达 310 个,半岛共有 24 个,群岛共有 126 个。世界四大海洋旅游区中有三个(大洋洲旅游区、加勒比海旅游区和东南亚旅游区)位

于热带和亚热带地区。

我国唯一的热带海洋岛屿省份是海南省，其年均气温为23.8℃，无明显季节之分，长夏无冬，终年湿润，是我国独具魅力的海洋旅游目的地。目前海南拟通过国际旅游岛建设，使海南成为国际化程度高、生态环境优美、文化魅力独特、社会文明祥和的世界一流海岛型旅游目的地，成为外国游客进入中国旅游、中国公民前往东南亚以及其他国家的重要中转地和南中国国际旅游集散中心，成为以休闲度假为主要特色的旅游目的地。

（二）温带海洋旅游

温带地区是指南北纬35°～55°之间的地区，年平均温度为10℃～20℃。温带气候是世界上分布最为广泛的气候类型，分布地域广泛，类型复杂繁多，为生物界创造了良好的气候环境，形成了丰富多彩的动植物旅游资源。简要概括该地区气候特征，就是“冬无严寒，夏无酷暑”。最冷月平均气温在0℃以上，最热月在22℃以下，年温差较小，由于温带地区海洋旅游地大多属于温带海洋性气候或地中海气候，非常适合发展海洋旅游。温带海洋性气候区主要分布在欧洲西海岸、南美洲智利南部沿海以及新西兰、北美阿拉斯加以南等地区。世界四大海洋旅游区之一的地中海旅游区的北部即处于温带。此外，著名的温带海洋旅游目的地还有日本、韩国、我国的青岛和大连等。

（三）极地海洋旅游

极地在地球的南北两端，纬度66.5°以上，为长年白雪覆盖的地方。这里终年白雪覆盖大地，气温非常低，以致于几乎没有植物生长。极地最大的特征就在昼夜长短随四季的变化而改变：冬季在极地几乎看不到太阳，称为极夜；而夏季就算到了午夜，太阳却还是在地平线上，不会下山，称为极昼。

极地地区由于自然条件极为恶劣，自古以来就是人类生存的禁区。最近几十年，随着人类科考活动的逐步深入，人类对极地的了解越来越深入，这两块神奇、无暇、原始如初的土地也越来越吸引人们的视线。最近几年，极地旅游逐渐升温，据统计，2004年已有1万多人到南极旅游或探险。许多国家的旅行社也纷纷开通极地旅游线路。目前美国、俄罗斯都开始了在南极的旅游活动，但都仅限于南极圈附近的大陆边缘和一些小岛。因为需要专门的训练，真正南极内陆的大规模旅游活动目前还没有办法开展。

与其他旅游形式不同，极地海洋旅游的可进入性也是一个重要问题。通常前往南极的线路，可以经智利的蓬塔阿雷纳斯，这个城市距离南极大陆边缘只有一个半小时的飞行时间；也可以经新西兰的克莱斯特彻奇飞往罗斯海边缘，那里有南极最大的考察站——美国的迈克默多站。如果乘船去南极的中国中山站或者澳大利亚、日本等国家位于南极大陆的考察站，则需经过西澳的佩斯或者南非的开普敦。北极旅游和南极旅游有所不同。南极是一块广大的陆地，面积约1261万平方千米，称做南极洲；而北极则是一片汪洋，面积约1409万平方千米，称做北冰洋。如果不包括冰岛、挪威、芬兰等国家的一些地区，北极没有永固的陆地，只有漂浮的冰山。北极旅游难以借助飞行器到达，只有乘坐特殊装置的船只才能到达，但仍然吸引了不少探险者和游客。

我国开展极地旅游最早的要数香港凤凰卫视"两极之旅"线路了。这条路线是：用8个月的时间自南向北，穿越美洲大陆，途经30余个国家和地区，最终到达北极。所至国家和地区包括：南极点、复活节岛、智利、阿根廷、乌拉圭、巴西、巴拉圭、玻利维亚、秘鲁、厄瓜多尔、哥伦比亚、巴拿马、伯利兹、古巴、哥斯达黎加、墨西哥、美国、加拿大、美国的阿拉斯加和北极等。另外，北京等地也有旅行社开通了极地旅游路线。

第二节　主要海洋旅游活动方式介绍

一、传统的海洋观光旅游项目

人们开展旅游活动最基础的形式就是观光，海洋旅游活动也是从观光起步。目前，诸如观赏海洋景观、游览海底世界、体验海洋文化等传统的海洋观光旅游活动仍然受到旅游者的喜爱。

（一）看海上胜景

海上自然风光绮丽，看海上景观是最为传统、最为基本的海洋观光旅游项目，如参观岛礁、海蚀地貌、红树林、珊瑚礁等地文景观；看台风、海啸、海雾、日出、晚霞、海市蜃楼、海虹等天象与气候景观；看海上日出日落、看涌潮、击浪等海面水体景观等等。

海洋与滨海地区有着与大陆上不同的地貌特征，有着大陆上不曾出现的奇观异象。高耸的海蚀崖、深邃的海蚀洞穴、各种造型的海蚀柱，都是观光游览的好去处。沙滩海岸则最适于开展海水浴、沙浴和日光浴，是经久不衰的旅游度假胜地。珊瑚礁既可保护海滩海岸，又是鱼类理想的生活场所。红树林海岸既是天然的防浪堤，又是很好的游览观赏景观，其观赏价值在于它奇特的繁殖方式和海面上蔚为壮观的植物群落气势。世界上有23科81种红树，我国的海南就有23科41种。红树生长在海边淤泥中，涨潮时分，树干被潮水淹没，只露出翠绿的树冠，成为壮观的"海底森林"，游人划小船进入红树林曲折的"走廊"，犹如进入神仙幻境。在中国杭州湾以南多岩岸和沙岸，其中广东汕头、福建厦门、广西北海、海南、台湾基隆等地都是良好的滨海旅游胜地；杭州湾北面以泥岸与沙岸为主，河北的北戴河、辽宁的大连、山东青岛和烟台等也都是我国著名的滨海旅游胜地；而生物海岸则分布于低纬度的福建、广东、海南沿海，尤其以海南最为丰富。观赏地文类景观是海洋旅游中最常见的项目之一，如参观海南岛的天涯海角、普陀山的潮音洞、广西北海银滩等。

海洋气象景观旅游资源十分丰富，云雨冰雪雾虽说是大气中水气运动所产生的气象景观，但在特定的环境下常能产生各种美丽的意境。海上的旭日、晚霞与明月本来就具有入诗入画的美感，因为升在海上与人们常见的陆地景观有异而更受世人的追捧。晴朗的天气、明媚的阳光、蒙蒙的细雨、朦胧的淡云薄雾、神奇莫测的海市蜃楼、动人心魄的沧海红日，也都是人们观赏的对象。海市蜃楼实际上也只是大气运动与光线折射而产生的一种自然现象，却因它的奇幻而被人们冠以各种仙境美名。海市蜃楼的产生原理十分简单：在日照充足的季节，接近海面的空气呈高密度低温状态，空气密度由下而上陡然减少，光线透过这些不同密度的空气层时便发生折射或全反射，将远处的景物形成一种幻影显示在空中或海面上空；有时，远处景物时大时小、时断时连、忽隐忽现、千姿百态、变幻莫测，增添了海市蜃楼的神秘感。我国江苏连云港和海州湾、山东蓬莱和长岛县、河北北戴河东联峰、浙江普陀山等地，都有海市蜃楼出现。

潮汐是所有海岸地带都存在的周期性的海水涨落现象。但当其发生在喇叭口形的沉降河口时，就会形成潮墙向河口涌进的壮观景象。我国浙江的钱塘江、南美洲的亚马逊河、南亚的恒河并称为“世界三大强涌潮河流”，是世界最著名的观赏涌潮地。宋代诗人苏东坡的“八月十八潮，壮观天下无”写的就是我国浙江古今闻名的钱塘潮奇观。每年农历八月十八是钱塘江观潮的最佳时机，涨潮时，浪涛排山倒海，气势十分壮观。浙江杭州地区南宋时就因此产生了观潮节。杭州人十一日起就有观潮的，十六、十八倾城而出，从庙子头到六合塔，沿江楼房均被租赁当作看位观潮。清初以来，因河流改道，观潮已移到海宁。目前，钱江潮的最佳观景点有盐官镇、杭州八堡和老盐仓 3 处。

（二）览海底奇观

掩映在海水中的珊瑚群、五彩斑斓的小鱼、神秘的沉船，构成了一个奇异而梦幻的水下世界，这也是海岛最吸引旅游者的地方。随着科学技术水平的不断提高，旅游者进行海洋旅游观光的范围也越来越向海底深入，原来被深厚的海水覆盖着的洋底面貌也将被众多游人窥视。这些地貌景象虽说与陆地相似，也有平原、盆地、沟谷、山脉等，然而其宏伟的规模气势和覆没在巨大水体下久未人知的神秘感还是令游客惊叹不已。目前世界上有两种海底观光的方式，一种是旅游者穿上潜水服，在教练的指导下直接潜入海；另一种是乘坐封闭的或是不封闭的海底观光船观赏水下奇景。

海洋景观绚丽神奇、海洋生物多姿多彩。巨大水体是生命诞生的温床和摇篮，海洋中的生物种群之多远远超过陆地，游曳于水体中的生物千姿百态，寄生于海床上的各种生物又增添了水下景观的神奇色彩。吸附在海床上的海星、海胆、珊瑚虫堆积而成的华贵奇丽的地貌，在热带湛蓝的海水中成为人们观赏探险的主要吸引物。珊瑚形状独特，有花状的、鹿角状的、枝状的、板状的、球状的、沟叶状的，色彩十分丰富，白色的、红色的、绿色的、黄色的，极具观赏价值，自古以来被视为宝玩。置身于这样的海洋环境之中，观赏成片美丽而神奇的珊瑚礁，那种身临其境的感觉，更让游人迷醉！世界上适宜珊瑚生长的地区并不普遍，美丽神奇的珊瑚礁也因此成为海洋旅游活动中人们追逐的神奇景观之一。珊瑚礁分布区域往往是鱼类理想的生活场所，因此，各国的珊瑚礁海岸都成为开展潜水旅游的胜地。

澳大利亚大堡礁是目前世界上最大的活珊瑚群，由 2000 多个珊瑚礁及 500 个岛屿所组成，总面积约 23 万平方千米。它所包容的海水面积，比英国本土的大不列颠岛（Great Britain）还大，就连在月球上也都能清楚地指认出这一带状的美丽珊瑚礁。大堡瞧的海洋生物也是千奇百怪，有 1500 多种鱼类，其鲜艳、亮丽的颜色，足与珊瑚相媲美。此外还有数之不尽的珊瑚藻、甲壳动物、虫类、软体动物和棘皮动物，色彩千变万化、鲜艳迷人。根据雪梨大学与苏黎士联邦科技学院所组成的研究小组于 1990 年发表的研究报告，大堡礁的这些珊瑚礁已有 175 万年的寿命，已经历过十二次的死亡与再生。1976 年澳洲政府设立了“大堡礁海岸公园”，开始保护这片广大而又极具价值的水域，

大堡礁

也使得大堡礁逐渐发展成为世界驰名的旅游胜地。我国于 1990 年也在海南省三亚市建立了珊瑚礁国家级自然保护区，其面积 4000 公顷，主要保护对象为珊瑚礁生态系统。

（三）品海洋文化

浩瀚的海洋吸引旅游者的不仅有迷人的海洋景观，更有丰富的海洋文化。传统的海洋旅游观光活动中，参与海洋生产劳动、体验渔家风俗、参与渔俗节庆活动等都是体验海洋文化的具体方式。

海洋民俗是沿海历代居民（主要是渔民）在繁衍生息过程中形成的独特的风俗习惯。海洋民俗既表现在显而易见的建筑、服饰、饮食、礼仪、节庆活动、婚丧嫁娶、文体娱乐、乡土工艺等方面，又表现在需要细心观察、深入体会的思维方式、心理特征、道德观念及审美情趣等方面。海洋地理环境和海洋生产方式的独特性孕育出在风俗习惯、居室建筑、服饰饮食、待客礼仪、礼俗禁忌、节庆活动、婚丧嫁娶、民俗工艺、神话传说、音乐舞蹈、宗教仪式等方面与陆地文化不同形式和内涵的渔俗风情，这是吸引旅游者参与海洋旅游观光活动的一大亮点。历史典故、名人遗迹、神话传说往往又增添了海洋旅游景观的内涵，成为人们凭吊怀古，寄发幽情的借口。我国滨海和近海历史文化名城、古渔村、古集镇众多。我国滨海和近海有秦皇岛山海关、天津、青岛、扬州、上海、宁波、临海、福州、泉州、漳州、潮州、广州、雷州、琼山等十几座国家级历史文化名城，还有不少省级名城和历史文化村、镇。这些名城作为海防重地、通商港口，海洋文化在其城市发展中留下了深刻的历史烙印；而仍保留着古朴生活情调的古渔村、古集镇则体现着滨海与海岛地区的文化原生态。民间信仰与宗教建筑对旅游者的吸引力也是相当大的。有关海洋的民间信仰中影响最广的莫如妈祖信仰。不仅沿海地区有诸多的妈祖阁、天妃宫、天后宫等建筑，甚至连远居内地的贵州镇远也建有供奉海上保护神妈祖的天后宫。妈祖信仰还随着海外交通贸易的兴盛和我国沿海地区的海外移民远播世界各地。佛教、道教中的观音信仰、神仙信仰在滨海地区形成数不尽的山海宗教景观，如“海天佛国”、全真道教天下第二丛林崂山、“蓬莱仙阁”等。沿海一带有为数众多的古烽火台和炮台、军营和屯寨等海防、海战遗迹也有一定的海洋旅游文化价值。浙江临海桃渚城、福建惠安崇武古城等卫所城垣保存较完好，仿佛仍在诉说着当年惊心动魄的抗倭场面。宁波镇海口海防遗迹，福州马江海战旧址，旅顺、大连甲午海战旧址等，断壁残垣，寂寂海面，使人感到抗敌海战的炮声依然萦绕于耳畔，民族的屈辱与抗争时时警示世人。历史人物遗迹和历史事件发生地遗址，如秦皇、汉武巡海遗址，徐福东渡遗址，泉州伊斯兰教始祖穆罕默德的门徒三贤、四贤的葬地灵山圣墓等有些确系史实，有些附以传说，记录着古人对大海的探索与认知，昭示着我国海洋文化的源远流长。

旅游者可以通过观光、参与当地居民的生活和节庆活动等获得海洋民俗的体验。旅游者以海洋劳动者的身份，参与海洋生产劳动，在海洋生产过程中能更深刻地了解海洋，能感受到海洋劳作带来的乐趣。目前比较常见的体验海洋生产的海洋旅游项目是“渔家乐”，旅游者可以与渔民同吃住，可以亲自捕鱼、拾贝、加工海产品等。

海洋旅游地区丰富多彩的娱乐生活，也能使旅游者乐不思蜀。加纳利群岛上的嘉年华和伊比萨岛上的锐舞派对，将西班牙人的热情彻底释放；泰国素以丰富的夜生活而闻名，芭堤雅彻夜不眠，林立的酒吧、妖艳的人妖秀都使这座城市的夜色更加迷离；斐济的特色“走火”表演、夏威夷极富热带海岛特色的草裙舞、闻名世界的西班牙斗牛节、流传了126年的德国基尔周帆船节、巴西海神节、中国航海节、中国青岛海洋节、中国舟山的休渔节、中国象山开渔节、舟山国际沙雕节、蓬莱渔灯节、湄洲妈祖文化旅游节和沈家门渔港的民间民俗大会都能使旅游者轻松体验海洋文化的魅力。而丹麦的滨海城市哥本哈根和赫尔辛格，瑞典的赫尔辛堡，荷兰的阿姆斯特丹、鹿特丹及海牙三大滨海城市，德国的汉堡，美国的纽约，巴西的奥林达，加拿大历史名城蒙特利尔，中国的青岛、大连、三亚、秦皇岛、香港、澳门等历史文化名城，也都是著名的海洋旅游胜地。

草裙舞

（四）尝海洋美味

海洋旅游地区的美景无可争议，许多海洋旅游地区的美食也同样令人难忘，凭借得天独厚的地理优势，在海洋旅游区可以吃到最鲜美的海产品。由于地域的差别，各个海洋旅游区还有许多独特的美食：印尼的咖喱美名远扬，将咖喱与海鲜结合之后，不仅保留了海鲜的美味，还有咖喱的辛辣；毛里求斯声名远扬的“百万富翁沙律”充满了当地人的奇思妙想，由当地盛产的棕榈树心烹调而成，一棵棕榈需要五年的时间长成，只有树心能吃，一棵只够八人享用，可谓桌上珍品，独具创意；意大利的卡普里岛菜肴则继承了古希腊与罗马的风格，每道菜都带着浓郁的乡村风情，被许多艺术家认为是绝无仅有的色彩和滋味。

我国海洋水产品种类和数量丰富，四大海区的海产品有鱼类、虾蟹类、贝类、藻类和海兽类。其中鱼类产量最大，约占四分之三。渤海海区渔场有常见鱼类70多种，加上虾、蟹、贝、藻类，共计170多种，主要水产品有小黄鱼、带鱼、鳓鱼、对虾、毛虾及海蟹等。黄海面积为渤海的5倍,黄海海区渔场有各种鱼类200多种,是我国唯一有冷水性鳕鱼分布的海区,主要经济鱼类有大黄鱼、小黄鱼、带鱼、墨鱼、鳕鱼、鱿、鲥等。东海面积相当于黄海的2倍,东海海区渔场有各类鱼种700多种,东海海区是我国最大的海洋渔业产区,主产全国四大经济鱼类即带鱼、大黄鱼、小黄鱼、墨鱼,已建有上海、舟山、宁波、镇江、温州、镇海、马尾和厦门等重要渔港。其中浙江的舟山渔场是全国最大的海洋渔业基地,商品鱼数量约占全国1/2。南海面积为东海的3倍多,是我国海洋水产的第二大产区。鱼类种类众多,经济价值较高的有兰园参、沙丁鱼、海蛇等,还盛产金枪鱼、鲨鱼等大洋性鱼类,海龟、海参、玳瑁等是南海海区渔场的特产。

百万富翁沙律

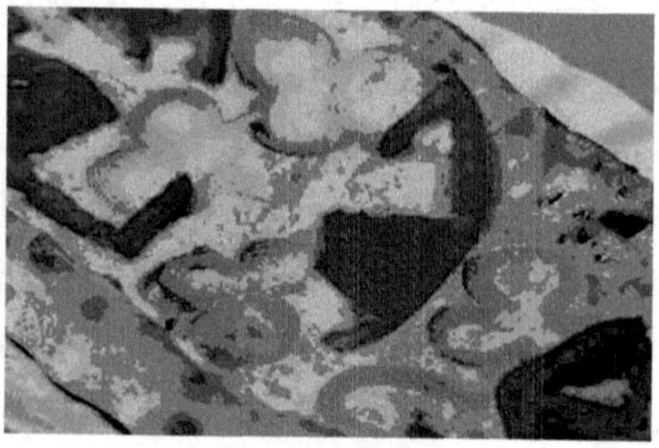
艺术的意大利菜

在传统的海洋观光旅游活动中,品尝海鲜一直是广受旅游者欢迎的必选项目之一。海产品味道鲜美、营养价值高,对内陆旅游者尤其具有吸引力。在大酒店、渔家、大排档等处品尝海鲜的感受各不相同,也各具特色。

(五)购海洋特产

海洋旅游区手工艺品的精美程度与陆地城市比起来毫不逊色。希腊的伊兹拉岛因为聚集了许多的艺术家,岛上的手工艺品在全世界享有盛名;马耳他的银器、传统玻璃工艺品等都是旅游者必买的商品;塞浦路斯的手工刺绣凭借巧夺天工的手艺也成为一大特色;复活节岛上的神秘石像是岛上标志,当地市场上售卖的小型石像栩栩如生、小巧精致;大溪地的黑珍珠那圆润的色泽足以令人为之神魂颠倒。

"食、住、行、游、购、娱"在传统的观光旅游活动中缺一不可,海洋旅游活动中,观赏了海洋美景和海底奇观、体验了海洋文化、品尝了海洋美味,游客大都希望带回一些最能体现海洋之旅的旅游商品,买海货和各类海洋旅游纪念品便是很好的选择。海洋旅游地的海货和旅游纪念品丰富、真实、原始。有干带鱼、干墨鱼、干海参、干海星、干贝、虾米、干海蛇和鱿鱼丝等供食用的海产品,有供妆饰用的贝壳项链、贝壳手链、贝壳发夹、珍珠项链、珍珠手链、珍珠耳环、珍珠戒指、珍珠发夹、珊瑚项链等首饰,有既有实用价值又能表现海洋艺术的渔民画、沙雕画、贝壳画、贝壳包、贝壳风铃、贝雕和立体沙贝画等等，还有体现海洋生产的船模等物品，很多热带海岛还有椰雕娃娃、椰壳画、椰壳包、椰壳手机链、椰壳腰带等椰子制作的纪念品，都极具收藏、馈赠价值。

贝壳包

椰雕娃娃

立体沙贝画

二、传统的疗养度假旅游

康体疗养自古以来就是休闲度假旅游的主要内容，从活动形式上看，主要有以养生休憩为目的的滨海渔村养生，海岛休闲度假，沙滩日光浴、沙浴，海水浴和海水游泳，海边 SPA，海边瑜伽，泥疗，海钓游艇、邮轮度假等等。

（一）沙滩日光浴和沙浴

日光浴指按照一定的方法使日光照射在人体上，引起一系列的生理、生化反应的锻炼方法。日光中含有紫外线、红外线和可见光，人体进行日光浴时，在这三种光的照射下，能产生很多有益的生理作用。紫外线不仅能够杀死皮肤表面的细菌，还能使皮肤增加弹性、光泽和柔软性，也能刺激血液细胞的新生，改善体内的糖代谢，促进体内维生素 D 的合成，有助于钙的吸收和利用。红外线可以增加皮肤的温度，改善皮肤的血液循环，对皮肤组织生长、关节肿痛的治疗均很有好处；可见光有一定的镇静、止痛作用。日光浴对改善人体的新陈代谢、增加食欲、改善睡眠、提高机体的抗病能力等，都是很有帮助的。

日光浴一般采用直接照射法，可取卧位或坐位，必须按照循序渐进的原则，逐渐扩大照射部位和延长时间，使人体逐渐适应日光的刺激。一般情况下，先照射下肢和背部，然后照上肢和胸腹部；要保护头部和眼睛免受照射，可用白毛巾、草帽遮头并戴墨镜。照射时间应根据海拔高度、季节和照射后个体反应来掌握。例如，高原比平地日光强，含紫外线多，夏季中午

日光浴

的日光最强，照射时间应短；冬天日光中紫外线含量约为夏季的1/6，照射时间可适当延长。日光浴的地点要清洁、平坦、干燥，在沙滩进行日光浴是非常理想、舒适和惬意的。

沙浴

沙浴是一种揉搓、刺激和净化身体的轻微的磨蚀方式。沙浴的好处很多，能促进血液循环，可强身，能有效地治疗关节炎、脚气、皮肤病等常见疾病。进行沙浴时，可以把身体埋入沙中，吸收沙中的微量元素，但切不可深埋。也可以用一小手帕包装一定湿度的沙土来遍擦全身，但要注意不要选太糙的沙，沙粒直径在0.25毫米左右为宜，不要用力到擦伤皮肤的程度。进行沙浴以后要彻底清洗干净。

（二）海水浴和海中游泳

海水是一种含有多种矿物质的广义的矿泉水。当身体接触海水时，体温明显下降、皮肤血管收缩、毛细孔关闭、脉搏跳动有力、神经系统进入兴奋状态。在海水中沐浴、游泳，对人体心血管系统、呼吸系统和皮肤功能的改善有相当好的作用：海水的刺激通过热量调节作用与新陈代谢能促进血液循环；水的压力和阻力还对心脏和血液的循环起到特殊的作用，血管的弹性也有所提高，皮肤的血液循环也得到加强。海水中所含有的多种无机盐及微量元素，也像氯化钠泉和碘泉一样，能对身体产生医疗保健作用。当然，有心血管功能障碍、心肌病等的人则不宜进行海水浴。

游泳运动是男女老幼都喜欢的体育项目之一。根据现有史料考证，国内外较一致的看法是游泳产生于居住在江、河、湖、海一带的古人。他们为了生存，必然要在水中捕捉水鸟和鱼类作食物，通过观察和模仿鱼类、青蛙等动物在水中游动的动作，逐渐学会了游泳。

游泳最理想的水温是24℃～28℃，游泳持续时间一般不应超过1.5～2小时。海水游泳时还要特别留意潮汐变化，一般在涨潮前2小时游泳，退潮时间和晚上不宜游泳。

（三）海边SPA

SPA一词源于拉丁文“Solus Por Aqua”(health by water)的字首，Solus＝健康，Por＝精油，Aqua＝水，意指用水来达到健康。从狭义上讲，SPA指的就是水疗美容与养生，形式各异的SPA，包括冷水浴、热水浴、冷热水交替浴、海水浴、温泉浴、自来水浴，每一种都能在一定程度上松弛紧张的肌肉和神经，排除体内毒素，预防和治疗疾病。近年来发现，水疗配合各种芳香精油按摩，会加速脂肪燃烧，具有瘦身的效果。从广义上讲，SPA 包括人们熟知的水疗、芳香按摩、沐浴、去死角质等等。现代 SPA 主要透过人体的五大感官功能，即听觉（疗效音乐）、味觉（花草茶、健康饮食）、触觉（按摩、接触）、嗅觉（天然芳香精油）、视觉（自然或仿自然景观、人文环境）等达到全方位的放松，将精、气、神三者合一，实现身、心、灵的放松。

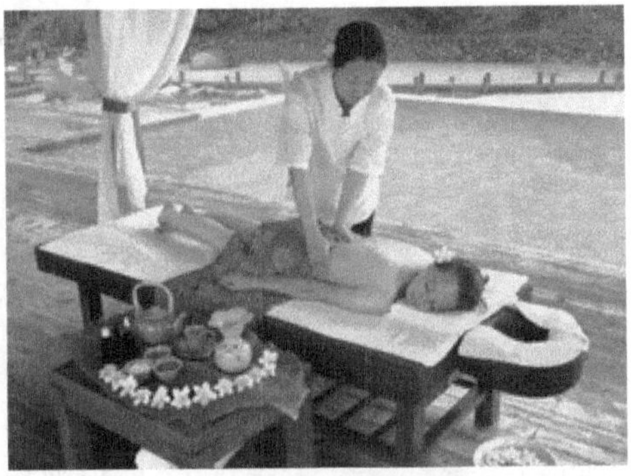

海边 SPA

水疗是 SPA 最普遍的形式。据考，SPA 的名字起源于罗马帝国时期比利时的一个叫"SPA"的小镇，因为那里有一温泉，可以美容甚至治疗疾病而闻名。到了近代，科学家才揭开温泉的秘密，水中的精油成分来源于当地山上成千上万种花卉草木在上游水源的浸积。所以现在人们就模拟建造类似的环境及水质，使其对人体具有康体及健美作用，即为现代的"SPA"。现代的 SPA 关键是水资源及水设备，常见的有桶浴、湿蒸、干蒸、淋浴及水力按摩浴等，也常常选用矿物质、海底泥、花草萃取物、植物精油等来改善水质。现实生活中，SPA 具有美容养颜、放松身体、舒缓身心、健康皮肤、治疗疾病等功效。

随着时代的发展，人们不断赋予 SPA 更新的方式和更丰富的内涵。如今 SPA 这种融合了古老传统和现代高科技的水疗方法已不再是贵族们的专宠，而逐渐成为现代都市人回归自然、消除身心疲惫，集休闲、美容、解压于一体的时尚健康概念，配合着五感疗法，不论是舒缓按摩、美容还是温泉水疗，凡此种种与减轻压力、舒缓身心有关的活动，都可以称为 SPA。依照 SPA 的不同用途可分为：都市型 SPA（Day SPA）、美容 SPA（Beauty SPA）、饭店/度假村 SPA（Hotel/Restort SPA）、俱乐部 SPA（Club SPA）、温泉型 SPA（Mineral Spring SPA）。

世界各地有很多的温泉疗养胜地，如美国、法国、英国、意大利、奥地利、日本等国都有很知名的温泉疗养中心，SPA 这种休闲方式在我国海南岛、台湾也开展得比较好。

海边 SPA 已在不少海洋旅游区开展，其中比较有特色的是巴厘岛。当眼前是辽阔而平静的大海，空气中弥散着花儿的清香，脑海里是浪花舞动的样子时，身体完全浸泡在布满玫瑰花瓣的 SPA 池中，无论是谁都会感受到无比的轻松和舒适，每个人都希望时间过得慢些，再慢些，最好停滞下来。从 SPA 池中拖着不舍的脚步上来，趴在白沙滩上专门供做SPA的床上，不要昏昏欲睡，此时另一种享受才刚刚开始，这就是来自巴厘岛纯正的推油——如果你是敏感性的肌肤，那么岛上的椰子去角质绝对是最好的选择。如果想让肌肤变得更白皙，可以利用冷冻优酪乳。还有一种叫BOROB的SPA方式是利用巴厘岛上的丁香、胡椒、生姜与各类草本药调配而成，涂抹于全身会产生灼热感，进而促进血液循环。巴厘岛SPA的独特在于它融合了相生相克的概念，包括了薰香精油（风）、海藻泥（土）、芳香精油（火），以及天然环境所营造出来的灵气（空），让都市人能够彻底地解脱和放松。

（四）海边瑜伽

海边瑜伽

瑜伽这个词，是从印度梵语yug或yuj而来，是一样的读音，其含意为“一致”、“结合”或“和谐”。瑜伽是一个通过提升意识，帮助人们充分发挥潜能的哲学体系及其指导下的运动体系。瑜伽姿势是一个运用古老而易于掌握的方法，提高人们生理、心理、情感和精神方面的能力，是一种达到身体、心灵与精神和谐统一的运动形式。瑜伽是一个非常古老的能量知识修炼方法，集哲学、科学和艺术于一身。瑜伽的基础建立在古印度哲学上，数千年来，心理、生理和精神上的戒律已经成为印度文化中的一个重要组成部分。古代的瑜伽信徒发展了瑜伽体系，因为他们深信通过运动身体和调控呼吸，可以控制心智和情感，以及保持永远健康的身体。瑜伽包含伸展、力量、耐力和强化心肺功能的练习，促进身体健康，有协调整个机体的功能，学习如何使身体健康运作的同时也增加了身体的活力。此外，培养心灵和谐和情感稳定的状态也引导你改善自身的生理、感情、心理和精神状态，使身体协调平衡，保持健康。瑜伽相对而言可分为智瑜伽、业瑜伽、信仰瑜伽、哈他瑜伽、王瑜伽、昆达里尼瑜伽六大类。

瑜伽已有数千年的历史，唯一的经典是根源自公元前两百年的著名瑜伽行者（YOGI）帕坛伽利（音译）所著的《瑜伽经》（瑜伽的重要理论著作）。严格来说，瑜伽是一种身心锻炼的统称，好比中国讲返本归源、导引等等，瑜伽在印度也是一个身心修练的通泛名词。有一段时期进行各种身心修练的人不管任何派别，都被尊称为瑜伽士（Yogi，女性为Yogini）。

考古学家曾在印度河流域发掘到一件保存完好的陶器，上面描画着瑜伽人物做冥想时的形态，这件陶器距今至少已有五千年的历史了，可见瑜伽的历史可以追溯到更久远的年代。

一般来说，人们都是利用早晨、中午、黄昏或睡前来练习瑜珈姿式。其实，只要保证空腹的状态，一天中的任何时间都可以练习。换句话说，饭后(3 小时之内)是不宜练习瑜珈姿式的。在真正的瑜珈行者看来，清晨 4～6 点才是练习瑜珈的最佳时刻，因为此时周围万籁俱寂，大气最为纯净，肠胃活动基本停止，大脑尚未活跃起来，容易进入瑜珈的深层练习状态。室内练习瑜珈要在干净、舒适的房间里，有足够的伸展身体的空间。最好是在露天的自然地练习，海边瑜伽就是一个很好的选择。但要注意千万不要在大风、寒冷或有污染的空气中练习，也不要在太阳直射下练习(黎明除外，因为那时光线柔和，有益于健康)。

(五)泥疗

泥疗，是将含有对人体有益的矿物质的海泥、湖泥等泥类物质抹于身体之上或者将整个身子浸于泥液之中，以达到治疗和缓解症状的作用。这种疗法在我国古代医学中早有记载，如东晋葛洪的《肘后备急方》、唐代孙思邈的《千金要方》等，都有泥疗的记载。早在古希腊时代，崇尚自然的人们就开始以泥为浴了。泥浴时所选泥类以淤泥最好，尤其是矿泉水形成地带的天然热矿淤泥，还有海湾、湖底和池沼的淤泥。因为这些淤泥含有极其丰富的矿物质、胶体物质、盐类，如钾、碘、钠、铁、钙、硫化物等。

泥浴

泥浴之所以有良好的保健治疗效果，是因为淤泥中的物质对皮肤有消毒、杀菌的作用，泥中的有机物质、胶体物质又以“离子”状态透过皮肤组织进入体内发挥作用。加上泥土与皮肤摩擦，使毛细血管扩张、充血，这便促进了血液循环和淋巴循环，提高了新陈代谢，使皮肤组织的营养得到了改善，从而加强了皮肤再生功能，提高人体的防御能力。

泥浴，一般宜选择在夏季或天气暖和的季节进行，进行泥浴的一种方法是把淤泥涂于体表，躺在海边或湖边吸收充足的阳光。另一种方法是在泥浆池内浸泡 20 分钟。泥浴对身体有很好的保健治疗作用，且具有消炎止痛的效果，对皮肤病、风湿、麻痹、黄疸病、便秘、慢性关节炎、慢性骨髓炎、外伤后的瘢痕、痉挛和黏连，胃肠手术后黏连、慢性盆腔炎等有一定的理疗效果。但是有各种皮肤感染、开放性损伤，及患有严重器质性病变者不宜进行泥浴。

目前，我国的许多有着优质泥涂的滨海地区都纷纷开展泥疗项目。《海南省旅游发展总体规划纲要》也提出，海南省北部有得天独厚的火山矿泥资源，该火山矿泥不受工业污染、不含微生物、不含任何化学添加剂，使用后完全被降解，已有企业开采作为面膜原料。可以把火山矿泥放进温泉池内，开发以温泉泥浴为主的保健度假旅游项目。浙江舟山的秀山岛2004年已兴建了全国第一座泥主题公园，其中的泥疗项目就是该公园的主打产品。

（六）海钓

海钓是一种新兴的海洋旅游休闲活动，也是钓鱼运动中最具魅力的一类。在欧美发达国家已有上百年的发展历史，是一项高雅的海洋休闲活动和高度刺激的竞技活动。就目前来说，海钓集渔业、休闲游钓、旅游观光为一体，是一种高端的旅游休闲产品。海钓区别于河钓、塘钓，其最主要的三种方式是岸钓、矶钓和船钓。岸钓是指站在海岸边用专用抛杆将钓饵抛向前方钓海鱼；矶钓就是在突出水面的岩石或礁石滩上垂钓，是海钓里比较危险刺激的，很能磨练人的意志和性情。船钓是指在船上或渔排上钓海鱼，这种方式可以不受潮汐影响，能远离海岸，深入渔场，寻觅渔汛，追踪鱼群，对所钓鱼品种有较大的选择性，钓获量较大，但要求钓鱼者必须没有晕船等不适症状。

当然，海钓是一项技术要求高、针对特殊人群需求的专项性的海洋旅游休闲项目。一般来说，海钓对鱼竿、鱼线、钓钩、坠等都有专门的要求，而且海钓者要准备价格不菲的较齐全的个人装备，因此，海钓也被称为“海上高尔夫”。海钓还需要准备治疗创伤、外敷内服、防虫蛇咬等的常备药品。

我国大连、青岛、宁波、厦门、珠海、海南的一些岛屿都是优良的海钓场所。

（七）游艇

游艇，是一种水上娱乐用高级耐用消费品。它集航海、运动、娱乐、休闲等功能于一体，满足个人及家庭享受生活的需要。游艇旅游是目前海洋旅游业中增长最快的一个门类。自1990年以来，全球游艇旅游人次年平均增长率为8%，接近世界旅游业平均增长速度的两倍。游艇运动发源于17世纪英国贵族阶层。直到2006年游艇运动才开始起步，并呈现出平民化的发展趋势。

游艇

游艇可以开展观光、考察、探险等旅游活动，若与海岸上的旅游资源相结合，还可以形成海陆联动的空间开发模式，形成新的旅游目的地。游艇休闲服务的发展空间很大，现有的陆地上的休闲项目都可以转移到海上，这样会产生意想不到的效果，使休闲活动提升到更精致的层面。基于游艇还可以开展各种海上运动，譬如海上射击、海上高尔夫运动等等。

（八）邮轮

邮轮旅游虽然目前还只占世界旅游市场份额的1%左右，却是国际旅游增长较快的部分之一。1912年“泰坦尼克”号的首航虽然让世界留下痛苦的记忆，但也昭示了海上游览度假活动的广阔前景。在当时，这艘被誉为“不沉的船”的首航活动就受到了世人的追捧。今天的巨型邮轮，不仅船体坚固，造型漂亮，结构复杂，乘坐起来也十分舒适。邮轮旅游最大的特色就在于悠闲浪漫与自主性强，它就像一座漂浮在海上的豪华饭店，各种设施一应俱全，包括餐厅、咖啡厅、酒吧、迪斯科厅、游泳池、夜总会、电影院、购物商店、球场、健身房、商店、图书馆等。邮轮旅游还有岸上游览行程，旅游者不用带着行李一路奔波。邮轮旅游中，选择航线通常比选择邮轮困难得多。而舱位方面，多数的客舱是安排在船的中部。越高层位的客舱越豪华、景观也越好。作为公共区域的餐厅、商店、酒吧、夜总会、电影院等场所大多位于邮轮的首尾部分，这使得所有旅游者都能共享最好的海景。邮轮旅游产品价格一般依据航行海域的距离远近、邮轮等级、住宿舱位、天数多少等因素确定。

全球第二大邮轮——玛丽皇后2号

最初的豪华邮轮可追溯到19世纪中叶。美国航运巨头爱德华·科林斯在远洋邮轮的建造中引进了豪华的概念，另一位英国工程师爱森伯特·布律内尔建造了一艘传奇般的巨轮，从而开启了未来巨轮的时代。在19世纪中叶发展起来的大马力蒸汽引擎，导致了铁制、钢制外壳邮轮的出现；19世纪的世界大移民，又推动了邮轮业的发展。1912年下水的“泰坦尼克”号，就是当时最大、最豪华的邮轮，当时还有著名的“德意志”号、“保里塔尼亚”号邮轮；而“奥丽安娜”号邮轮则把速度与豪华结合得最为完美，它的速度仅次于当时最快的战舰，并成为当时世界上最大、最快、最豪华的邮轮，开创了航海的新时代。10年前豪华邮轮还是贵族、富人独享的一个领域，而今它已成为世界海洋旅游业中一个生机勃勃的行业。到目前为止，尽管豪华邮轮有所普及，但乘坐豪华邮轮仍被视作高档、奢华的消费。

目前，世界邮轮公司前三强是美国嘉年华邮轮集团公司（Carnival Cruises）、美国的皇家加勒比国际邮轮公司（Royal Caribbean International）和马来西亚的丽星邮轮集团(Star Cruises),他们占据了世界邮轮市场总份额的80%以上。①其他著名邮轮公司还有名人邮轮公司(Celebrity Cruises)、荷美航运公司(Holland America Line)、迪斯尼(Disney)、邱纳德(Cunard)、水晶(Crystal)、日本邮轮株式会社等。

由于欧美邮轮市场日趋饱和以及受经济危机的冲击,国际邮轮业正将发展重点转向亚洲这一新兴市场。嘉年华、皇家加勒比、丽星三大国际邮轮巨头已全面开发中国航线,其他各大邮轮公司也纷纷开拓中国市场,参与竞争。中国邮轮市场的发展呈急剧上升态势,根据中国交通运输协会邮轮游艇分会的统计,目前已有上海、宁波、天津、大连、青岛、广州、厦门、三亚、海口等16个沿海城市接待过国际豪华邮轮停靠。近年来,我国许多沿海港口城市已把邮轮产业作为推动城市经济发展新的动力点,加快邮轮码头和基础设施建设,积极为邮轮经济的发展创造条件和环境。目前,中国大陆已建成了上海国际客运中心、厦门国际客运中心、三亚凤凰岛国际客运中心3个设施较为齐全的邮轮港口。此外,天津港邮轮码头已开工建设,大连国际邮轮码头进入设计阶段,深圳邮轮港有望年底动工,青岛、珠海、宁波等城市已经在制定邮轮客运中心的规划或建造邮轮客运中心。我国海南三亚凤凰岛国际邮轮码头将有可能成为国内第一个国际豪华邮轮母港。

三、新兴的体育娱乐旅游

(一)潜水

潜水(Diving & Snorkeling)是一项以在水下活动为主要内容,从而达到锻炼身体、休闲娱乐目的的休闲运动,广为大众所喜爱。潜水活动是出于人们对神秘海底世界的畏惧和憧憬而慢慢发展起来的,无论是被冰川撞沉于海底的泰坦尼克号,还是海洋中绚丽的珊瑚礁和海洋生物,时常牵引着人们去一睹它的庐山真面目。如今,潜水已不是单纯的运动项目,众多海洋旅游区都开设了别出心裁的潜水活动:海底潜水观光、沉船之潜、观鲨之潜、举行浪漫水下婚礼等等,这些活动适合在清澈的水域进行,像大连、青岛、烟台、广东、广西、海南的一些海域均可以开展。

潜水分浮潜(Snorkeling)和深潜(Scuba Diving)两种。浮潜需要面镜,脚蹼或蛙鞋和呼吸管,有时为了节省体力或对于泳技不好者,也会加一件救生衣或浮力调节装置;深潜则需要浮力控制装置、呼吸调节器、潜水仪表、气瓶和增加负重

① 杨瑛:《对话世界邮轮三巨头》.船艇在线.http://www.scsya.org/kcnews_detail.asp?id=10007,2007-11-06.

的铅腰带，同时加上面镜和脚蹼。水温较低时还需要保暖的潜水衣（分干式、湿式两种）和潜水鞋。

深潜

浮潜

目前全世界很多专业潜水组织如 PADI（潜水教练专业协会）、NAUI（水中教练国际协会）、BSAC（英国潜水协会）和 CMAS（世界水中活动联盟）等提供潜水证书培训。其中 PADI 证书培训中心遍布世界各地，最为普遍。中国只在香港和台湾有经 PADI 授权的潜水培训中心。

马尔代夫、马来西亚的诗巴丹岛、红海齐享全球三大潜水胜地的美誉。诗巴丹就像是潜水者心目中的天堂，同时也为世界五大峭壁潜水之首。另外，美国塞班岛最具代表性的首推洞穴潜水，蓝洞（Blue Grotto）是世界闻名的洞穴潜场。海南岛的亚龙湾潜水、蜈支洲岛潜水是我国国内著名的热带潜水理想地点。

（二）沙滩排球、沙滩足球和沙滩摩托车

目前在众多海洋旅游区，沙滩体育项目开展得很多，其中最常见的当属沙滩排球、沙滩足球和卡丁车。

起源于 20 世纪 20 年代的沙滩排球，被誉为“21 世纪最杰出的运动项目”。沙滩排球以其极强的竞技性和独特的艺术性、观赏性和趣味性风靡了世界。这项运动 1920 年起源于美国加利福尼亚的 Santa Monica，1927 年开始传入欧洲，当时是法国“裸体主义者”的活动项目之一；20 世纪 30 年代，两人制沙滩排球赛出现。20 世纪 40 年代，由官方组织的两人制比赛开始出现。如今，沙滩排球已是夏季奥运会的正式比赛项目。置身于蓝天、碧海的怀抱中，沐浴在和煦的阳光下，耳听涛声，脚踩在洁白、柔软的沙滩上，激情、阳光的沙滩排球是勇气与智慧的对抗，这诗情画意般的境界，很自然地将人们与大自然融为一体，也使参与者在这优美的景色中展示着迷人的风采。

沙滩足球则极富观赏性，比赛中随时可能出现的倒挂金钩、门将肆意夸张的飞身扑救，都让观众感到兴奋。沙滩足球更强调技术而不是奔跑，球员可以尽情享受阳光与海风。目前，沙滩足球开展最广泛的地区是南美，此外，欧洲的葡萄牙、西班牙、法国、荷兰、土耳其，大洋洲的澳大利亚与新西兰等也开展得较多，亚洲开展得最普遍的是泰国。

卡丁车

沙滩摩托车也被称为卡丁车。“卡丁”(karting)是一项刺激的、具有魅力的运动，安装初级发动机的车辆，最高时速大约是100千米。能够使驾驶者体验到一种平时体验不到的驾驶乐趣。卡丁车运动是汽车运动中的一个特殊类别，它不仅作为汽车场地竞赛的一个项目，同时也是一个大众休闲、健身、娱乐的项目。因为卡丁车的结构简单，使用轻钢管车架，装配汽油发动机，组装成4轮单座位微型赛车，操纵简便，无车体外壳。它易学好开，不管男女老少，只要坐上去，几分钟就可以学会驾驶。碧波荡漾的大海边平展开阔的沙滩就是沙滩摩托车的活动场地。沙滩摩托车会让你在沙滩上享受飞驰的快感和刺激。驾驶卡丁车不仅可以给驾驶者带来身体、视觉上的高度刺激和乐趣，还是对青少年实施技能教育，培养他们不畏艰苦及挫折而勇于拼搏的精神和良好的心理素质、自觉遵守纪律和各项法规、树立良好道德观念、适应社会发展普及汽车驾驶技术、汽车基础理论知识和机械常识、提高动手能力的课堂。

（三）沙雕

无论是小孩还是大人，都非常喜爱在海边玩沙，也许是它可以充分发挥人的思维和想象能力随意堆造，给人带来无穷的乐趣。

玩沙被世人所喜爱，渐渐地发展成为一门艺术——沙雕。沙雕，简单地说就是把沙子堆积并凝固起来，然后雕琢成各种各样的造型，它通过堆、挖、雕、掏等手段塑成各种造型来供人观赏。早在公元前4000年，埃及人已经开始用沙子来辅助建造金字塔了，可见那时候已经有了沙雕的雏形。沙雕艺术起源于美国，20世纪初在美国佛罗里达州和加利福尼亚州海岸举行了各种沙雕竞赛和活动，艺术家从中学习了各种技巧和经验，并把它发展成为巨型雕塑。经过近百年的发展，沙雕已成为一项集雕塑、绘画、建筑、体育、娱乐于一体的边缘艺术。它以纯粹自然的沙和水为材料，雕塑过程中不允许使用任何化学黏合剂，作品完成以后经过表面喷洒特制的胶水加固，不会造成任何环境污染，在正常情况下一般可以保持几个月。由于沙雕会在一段时间内自然消解，所以又被称为“速

沙雕创作

朽艺术”。正因为其无法长期保存，所以每个作品都是独一无二的，这也正是沙雕的魅力所在。由于沙雕艺术的神奇和独特，近年来已引起越来越多人的浓厚兴趣，沙雕爱好者迅速增多，成为国际上一个热门的旅游项目。

世界上各沿海国家，只要有条件都在举办沙雕节。我国最早、最著名的沙雕节是中国舟山国际沙雕节。1999 年 9 月，在朱家尖南沙举行了首届沙雕节，此后，舟山市每年七月至十一月期间都要举办，每年都采用比赛与展示相结合的形式，每一届都有一个主题，各路选手围绕这个主题施展各自绝活，观赏性强。主要活动有国际组沙雕比赛、国内组沙雕比赛、沙雕作品展示，业余沙雕比赛、开铲仪式、开幕仪式等。为丰富沙雕节活动，还常配套有朱家尖国家生态公园观光、普陀山朝觐观光、沙雕摄影、征文比赛、沙滩足球比赛、海上运动表演、时装泳装模特表演、商品交易会等活动。另有花车游行、海岛特色文艺表演、海鲜美食品尝等活动。至 2008 年 9 月，已经连续举办了十届。即将举办的第十一届中国舟山国际沙雕节主题活动拟围绕 2010 年上海世博会展开。

(四)帆船和帆板

帆船运动(Sailing)是人们借助自然风作用于帆上所形成的动力而行进的竞技、旅游、远洋、探险的水上运动。帆船运动集娱乐性、观赏性、探险性、竞技性于一体，是目前海洋旅游中一项较受欢迎但又限于一定技术人员参与的海上运动。帆船运动乘风破浪、航行自如、飞速前行的船体和五颜六色的风帆，形成海上独特的风景，吸引着人们到蓝天大海之中潇洒一回。作为娱乐活动的帆船起源于 16～17 世纪的荷兰。19 世纪英、美等国纷纷成立帆船俱乐部。国际帆船联盟于 1907 年在巴黎成立。早在 1896 年第一届奥运会上，帆船运动就被列为正式比赛项目。现代帆船运动已经成为世界各沿海国家和地区最为普及且喜闻乐见的体育活动之一，也是各国人民进行航海文化交流的重要渠道。我国帆船运动开展的时间较短，为了丰富青少年的业余生活，学习水上运动的知识和技能，从 1995 年起，中国帆船运动协会利用假期轮流在沿海城市组织全国性的 OP 级帆船夏令营。

国际上视帆板为帆船运动的一个分支项目。世界帆船运动管理机构为国际帆船运动联合会(International Sailing Federation，简称 ISAF)，1996 年以前称 International Yachting Federation，简称 IYRU。它是世界上最大的单项体育联合会之一，现有 122 个会员国(或地区)。我国对应的管理机构为中国帆船帆板运动协会(CYA)，成立于 1981 年。

我国国内此项运动开展较好的地区为青岛和海口。2008 年奥运会的帆船项目正是在青岛举行；海口于 1984 年兴建了国家(海口)帆船帆板训练基地，其主要任务是每年冬季接待国家集训队和全国各省市帆船帆板队集训，承办全国锦标赛。

帆船

帆板

(五)滑水

滑水

滑水运动是人借助动力的牵引,在水面上"行走"的水上运动。滑水者通常要穿着"水鞋"(即水橇),在水面上完成各种动作。根据滑水者所使用的水橇种类或不使用水橇,滑水大致可以分成花样(Tricks)、回旋(Slalom)、跳跃(Jumping)、尾波(Wakeboard)、跪板(Kneeboard)、竞速(Ski Racing)、赤脚(Barefoot)等项目。滑水运动最早起源于20世纪初的美国,并迅速在欧美等发达国家普及开来。20世纪40年代,成立了滑水运动的国际组织——国际滑水联盟,并开始举办国际性滑水比赛。1988年,国际滑水联盟正式更名为国际滑水联合会。滑水运动是国际奥林匹克运动委员会正式承认的运动项目。滑水既可以使人感受高速滑行带来的刺激,又能使人体会翻、转、跳、跃带来的快乐,让人充分享受夏日蓝天碧水以及体育运动带给人的无穷乐趣。

(六)滑泥

在有些海洋旅游区,海岸并非都有沙滩存在,许多地方只有泥岸。利用泥滩而开展的新兴旅游活动——滑泥,成为现今世界上悄然兴起的一项时尚旅游项目。顾名思义,滑泥就是在滩涂上的滑行运动。它原本是我国渔民在滩涂养殖贝类时的一种生产劳动技能,随着渔民转产转业经营休闲渔业活动而被挖掘出来。滑泥者通常利用滑泥板,既可以在泥涂中滑行,又可以在泥涂中拾螺捡贝,充分体验运动与劳动的快乐。用于滑泥的工具叫做海马,又名泥橇,俗称泥滑板,也有人称之为"踏槽"、"弹涂船"。用法是将一条腿跪在踏槽内,两手把住扶手，另一只脚用力向后一蹬，踏槽就会在泥涂里很快地滑行。如果需要转弯，则需要一些技巧，扶挡的左右手和踩泥的脚要相互配合。有人说，滑泥就像赶海一样，如果你深刻领悟其要领，还可以在泥涂中抓到鱼虾、海蟹，或是海瓜子、蛏子等海产品，获得意外的惊喜。

在国内滑泥首选秀山岛滑泥主题公园，这是我国首个以泥为主题的公园，包括滑泥运动区和泥疗休闲度假区。它于2004年8月在舟山市岱山县秀山岛揭牌，目前开展有滩涂滑泥游乐、泥疗、滩涂拾贝、赶海等活动项目。设有原始滑泥、风帆滑泥、木桶滑泥、泥竞技比赛、现代泥瘦身、攀泥运动、泥浴、泥疗、泥钓等项目。

（七）滑沙

滑沙

滑沙运动是继滑冰、滑雪、滑水、滑草之后另一新兴运动，它使户外运动爱好者在运动的同时又能领略到沙漠的绮丽风光。滑沙，即乘坐滑板从高高的沙山顶自然下滑，滑板用木头、竹子或塑料等材料制成。这项运动起源于非洲。相传在非洲西南部有一个叫“纳比”的地方，那里有一处古老的沙漠，滑沙运动最早便从那里兴起。滑沙的滑道坡度一般为45度，游人乘滑沙板以大约20米/秒的速度下滑，下滑中速度越来越快，惊险刺激又绝对安全，黄沙漫天飞舞，轻轻拍打身躯，沙坡下还会发出万鼓齐鸣的隆隆声，像是强烈地震时天空中轰鸣的响雷，令人胆战心惊的同时颇感刺激，无论是眼睛、耳朵，还是肢体和脑子皆在这一瞬间得到了极度的满足和欢愉。

滑沙运动类似滑雪和旱地雪橇，需要勇气和胆量。同时，还需要滑沙板、防晒油、矿泉水等基本装备。当然，在海洋旅游区开展的滑沙活动要求海滩上有大沙丘或者专门开辟滑沙场，目前，我国国内比较成熟的滨海滑沙场所有：秦皇岛市南戴河旅游度假区、河北昌黎县翡翠岛。

摩托艇

（八）摩托艇

水上摩托运动是集高科技、观赏、竞争和惊险刺激于一体，富有现代文明特征的高速水上运动。其比赛的场面壮观激烈、惊心动魄、精彩纷呈，是世界公认的具有较大影响力、较高收视率(仅次于奥运会、世界杯足球和F1汽车)的竞技体育项目之一。[①] 摩托艇起源于19世纪末。1980年美国人L.泰勒设计建造的一艘以火箭为动力的快艇，达到了每小时563千米的速度。我国于1956年7月开始开展摩托艇运动，于1958年在武汉举行了首次全国比赛，于1981年正式加入国际摩托艇联盟。摩托艇运动包括：竞速艇(船)、运动艇(船)、游艇(船)、汽艇、水上摩托、气垫(船)艇、喷气(船)艇、电动(船)艇等运动。随着旅游活动参与性的日益增强，摩托艇运动已成为一项热门的海洋旅游活动。驾驶着海上摩托艇飞跃在海面上，风驰电掣，宛如一支离弦的箭，使旅游者在速度与激情中体验最为刺激的运动，心情得到极大的放松。因此受到年轻游客的追捧。

海上摩托艇操作极为简便，游客只需通过油门来控制它速度的快、慢或开、停。驾驶前，需要穿上救生服，这样即使掉进大海，也不会有任何问题。不敢独自驾驶的游客，也可由工作人员驾驶带着在海上飞驰。

目前中国的大部分海域都能开展这项运动，三亚的蜈支洲岛、西岛等均开展此项海上娱乐项目。

(九)水上飞车

水上飞车又叫水上自行车，船体用玻璃钢一次成形制成，轻便、牢固、稳定性好、浮力大，对初学者还可加上平衡翼，确保万无一失。水上飞车外形如小艇，能漂浮在水面上，上面装有方向盘、座椅和脚踏板，兼具有小艇和自行车的特征。驾乘的关键是掌握方向和平衡。在脚踏板上轻轻踩几下，即可轻盈前行，稍稍转一下方向盘，飞车立刻转向，灵活自如。清风徐来，悠闲漫游于碧波之上，怡然自得，别有一番情趣。若三五好友成行，可展开水上追逐赛，时速可达11千米。体验水上飞翔的感觉，十分具有挑战性。

水上自行车

水上三轮车

水上步行球

水上飞车采用人力驱动，没有污染，迎合了都市人崇尚自然和环保的时尚。大部分的海洋旅游区都有此项目。其他类似的人力驱动水上项目还有：水上三

① 《水面也能"骑摩托"》. 中国摩托艇运动协会网. http://motoboat.sport.org.cn/home/zhishi/2004-06-17/49899.html,2004-06-17.

轮车、水上步行球等等。出于安全的考虑，这类项目最好只在近海海面开展。

（十）空中飞伞

空中飞伞（Flying Kite）也叫水上降落伞。18世纪30年代，随着气球的问世，为了保障浮空人员的安全，杂技场上的降落伞开始进入航空领域。据国外资料介绍，当时有人制成一种绸质硬骨架的降落伞，以半张开状态放置在气球吊篮的外面，伞衣底下带有伞绳，系在人的身上，如果气球失事，即乘降落伞落地。这可能是最早用于航空活动的降落伞。飞机问世后，为了飞行人员在飞机失事时救生，降落伞又有了进一步改进，1911年出现了能够将伞衣、伞绳等折叠包装起来放置在机舱内，适于飞行人员使用的降落伞，这种降落伞于1914年开始装备给轰炸机的空勤人员。

空中飞伞

空中飞伞最早其实就是降落伞通过改装，添加了两个伞翼和很多的风口，然后前面有一艘船或者一辆车，伞和船（车）之间有一段很长的绳子连接，玩者身穿专门制作的安全装备，坐在伞上开始空中旅行。在海上开展的空中飞伞，多由大功率快艇作牵引，依靠高速行驶快艇形成张力将人带上距离水面50米左右的高空。

该项目升空自然、落地平稳、有惊无险，在开阔的海面凭高览胜、其乐融融。大部分的海洋旅游区都可以开展此项目。

（十一）冲浪

冲浪是一项古老而又刺激的水上运动，也是一项颇受人们喜爱的海上娱乐活动。据考证，这项运动在太平洋地区已有几千年的历史，见诸文字记载的也有200多年了。1778年，人们就在夏威夷群岛开展了这种运动；1908年，冲浪运动传到欧美一些国家；1960年又传到亚洲。夏威夷群岛一直是世界冲浪运动的中心。

冲浪

冲浪运动以浪为动力，要在有风浪的滨海进行。一般要求海浪的高度在1米左右，最低不少于30厘米。还需要一定的装备，主要有：冲浪板、冲浪衣。板可分长板、中板和短板三种。长板通常头部呈半圆形，它最大的优点是浮力大，即使是小浪也可以使用，极适合初学者。短板头部呈尖锐的三角形，浮力小，需要足够的推力和良好的海浪条件才能使用，属于技术板。它转向灵活，可以做花式动作，但使用者需要一定的技术。中板顾名思义就是长度介于长板和短板之间的板，它既有长板的稳定性又有短板的灵活性，只要浮力大、浪小也能玩。冲浪衣分为夏季用和冬季用两种。夏季用的冲浪衣一般可起到防晒防磨的作用，还应有防水母的作用。冬季用的冲浪衣主要起到保暖的作用。冬季一般比较冷，穿上一件防寒的冲浪衣可以让你在水中玩得更尽兴。冲浪衣有长短袖之分，短袖的比较方便，长的则更加防晒防寒。

冲浪也是一项技术性较强的运动。冲浪者先俯卧或跪在冲浪板上，用手划到有适宜海浪的地方作起点。当海浪推动冲浪板滑动时，冲浪者使冲浪板保持在浪峰的前面迅速站起身体，两腿前后自然开立，两膝微屈，通过身体的重心控制冲浪板的运动，随波逐浪，快速滑行。进行冲浪运动下水前要检查装备、安全绳、救生衣；要做暖身运动 20 分钟后，才可以下海冲浪。

另外，时下极为流行的冲浪项目是“浅冲”，即浅水冲浪，它有别于一般的冲浪活动，因其特有的安全性以及同时给予游玩者心里的极大满足感，越来越受到冲浪爱好者的喜爱和追捧。“浅冲”活动源自美国加州的拉古纳海滩，所以此地便成为“浅冲”爱好者心目中的“麦加”。“浅冲”用的冲浪板较短，主要是在岸边的浪头玩。

（十二）海岛高尔夫

打高尔夫球是一项具有特殊魅力的运动。它是人们在优雅自然的绿色环境中，锻炼身体、陶冶情操、提高技巧的活动。率先涉及打高尔夫球的是苏格兰北海岸的士兵，后来逐渐引起宫庭贵族和民间青年的浓厚兴趣，最终成为苏格兰的一项传统项目。尔后传入英格兰。19 世纪末传到美洲、澳洲及南非，20 世纪传到亚洲。由于打高尔夫球最早在宫庭贵族中盛行，加之高尔夫球场地设备昂贵，故有“贵族运动”之称。

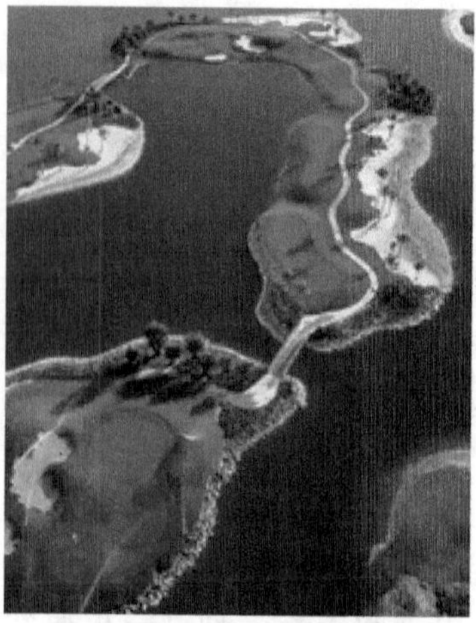

海岛高尔夫球场

休闲度假旅游活动的日益普及，使高尔夫运动不再是少数人的奢侈享受，如今越来越多的旅游者成为高尔夫爱好者。而呼吸着纯净的空气、听着海风和海浪声，在海天美景中挥杆，更是一种淋漓尽致的畅快享受。

夏威夷瓦胡岛上的夏威夷王子球场(Hawaii Prince Golf Club)和夏威夷海滩球场

(Turtle Bay Golf Georgefazio Course),被称为美国高尔夫城的南卡罗来纳州的Greater Myrtle Beach,美国佛罗里达高尔夫海岸 Gasparilla Inn 高尔夫度假村,多米尼加共和国 TeethoftheDOg 球场,百慕大群岛有着"天堂般的高球胜地"美誉的大溪地(Tahiti,又译塔希提岛),巴哈马高尔夫群岛号称有彩色大海的斐济群岛共和国 Denarau Golf and Racquet Club、被誉为"亚洲最好的海景球洞汇集地"的印尼民丹岛(Bintan Island)等都是目前比较著名的海岛高尔夫胜地。

我国的海南岛也是国内新兴的海岛高尔夫好去处。它拥有发展高尔夫旅游不可多得的资源优势:明媚的阳光,湛蓝的海水,四季如春,价格优惠。其中,海景高尔夫球场——南燕湾高尔夫球会依山傍海,景色优美,独特的天然地势与雅致的自然环境完美结合,不仅充分体现了天人合一的高尔夫理念,而且为球场平添了天然的障碍和难度。前 9 洞葱郁幽静、鸟语花香、山峦起伏,后 9 洞海风习习、视野开阔。除了在挥杆时感受到的热带滨海球场的魅力外,更可以在打完之后享受一下习习海风,海上生明月,天涯共此时,一天的辛劳顿时烟消云散。

第三节 未来海洋旅游活动方式展望

一、未来海洋旅游趋势

(一)海洋旅游业发展的经济背景

我们的地球实际上是个水球,我们就生活在这片蔚蓝之中,水中的矿产资源、生物资源,哺育了一代又一代的人类,而我们共同的未来,也将向海洋中追寻。[①] 当前海洋旅游发展的一个突出背景,就是加快发展海洋经济已成全球共识。自 20 世纪 90 年代以来,随着联合国《海洋法公约》的生效和《21 世纪议程》的实施,海洋在全球的战略地位日趋突出。而随着全球化的加速,世界经济布局也日益向沿海地区聚集,海洋产业已经成为世界经济发展新的增长点,总产值由 1980 年的不足 2500 亿美元迅速上升到 21 世纪的 10000 多亿美元。仅以美国为例,作为海洋大国,美国海洋线长 22680 千米,其专属经济区海域总面积达到 340 万平方千米,海洋及相关产业已成为美国的经济支柱之一。与此同时,全球人口的趋海性也进一步增强,约 65%集中在海岸带地区。人类从未像现在这样

① 贝尔纳:《人类共同的未来 需向海洋中寻找》. http://www.weather.com.cn/static/html/article/20090402/28680.shtml,2009-04-02.

依赖海洋，也从未像现在这样对海洋寄予巨大期望。

我国濒临太平洋西岸，拥有1.8万多千米的大陆海岸线，1.4万多千米的海岛岸线，岛屿6500多个；管辖的海域南北延伸近40个纬度，面积达300多万平方千米，且绝大部分海域处在中、低纬度地带，自然环境和资源条件都比较优越。有中温带、暖温带的海上景致，更有热带、亚热带的海洋风光，拥有丰富多样的海洋旅游资源。因此，中共十六大提出了"实施海洋开发"的战略，2003年又确立了建设海洋强国的目标，规划到2010年，我国将逐步成为海运强国、船舶工业强国、海盐生产大国、海洋旅游大国和海洋油气资源开发大国，并最终成为海洋强国。由此可见，大力发展海洋旅游产业，不仅是我国自身产业经济发展的需要，也是我国融入世界经济的大势所趋。

（二）海洋旅游业发展的特点

海洋旅游业是世界海洋经济的最大产业之一，海洋经济的发展，离不开海洋旅游业的发展。可以说海洋经济发达的国家，海洋旅游业大多在其中起着非常关键的作用。当前，海洋旅游业发展呈现出以下四大特点：

一是海洋旅游在世界旅游业中占有举足轻重的地位并且呈现强势增长态势。在全世界旅游收入排名前25位的国家和地区中，沿海国家和地区有23个，这些国家和地区的旅游总收入占到全世界旅游总收入的近70%。我国的海洋旅游近年来也取得了长足的发展，2005年以来旅游收入增加值每年以两位数递增。

二是海洋旅游在各国国民经济中所占地位日趋重要。在西班牙、希腊、澳大利亚、印度尼西亚等国，海洋旅游业已经成为国民经济的重要产业或支柱产业，在热带、亚热带的许多岛国，海洋旅游业已成为最主要的经济收入来源，有的甚至占到国民经济总量的一半以上。

三是热带和亚热带目的地在世界海洋旅游中占主导地位，形成了一批世界级海洋旅游目的地。目前最具市场影响力的世界级海洋旅游目的地主要包括地中海地区、加勒比海地区和东南亚地区，南太平洋地区和南亚地区正在迅速成为世界海洋旅游的新热点。

四是大多数世界级海洋旅游目的地都具有优越的自然条件和独特的文化背景。这些世界级海洋旅游目的地，尽管其开发时间和发展背景各不相同，但共同的特点都是很好地把握并且利用了各自拥有的内部条件和外部机遇。从地中海、加勒比海、东南亚、南太平洋到美国夏威夷和南亚的马尔代夫、斯里兰卡，土著民族的生活方式、多民族交融的文化背景、传统文化积淀与现代时尚元素的结合，不仅成为最有魅力的旅游吸引物，而且成为了旅游目的地的独特形象。

(三)海洋旅游业发展的趋势

随着旅游产品结构调整的逐步深化和旅游市场的逐步成熟,海洋旅游业显示出以下几方面趋势:

一是多元化趋势。一方面是旅游功能的多元化。具体表现在观光、休闲与度假、康体、娱乐、疗养等功能的有机结合。从海洋旅游的自身发展看,其经历了三个阶段,即治病疗养阶段、疗养游乐阶段、游乐度假阶段,康体、娱乐等功能越来越成为现代旅游消费者的需求。另一方面是旅游产品类型的多样化。将由传统的阳光、沙滩、海水等单一产品逐步扩展出高尔夫、滑水、摩托艇、海底观光等项目,形成滨海、海面、空中、海底立体式的海洋度假旅游系列产品。

二是生态化趋势。摆脱城市生活的负效应,回归自然、放松身心是海洋度假旅游者的主要动机之一。同时,可持续发展观念的引入也是海洋旅游生态化发展的一大动因。越来越多的人开始意识到生态环境是海洋旅游乃至整个旅游业发展的重要根基。环境、设施、服务将被视为海洋旅游产品整体框架的一部分,海洋旅游产品的生态含量也将越来越高。

三是休闲化趋势。美国未来学家甘赫曼将人类社会发展的第四次浪潮预言为“休闲时代”,随着休闲时代的到来,休闲体验已成为旅游者消费需求的一大特征,而海洋旅游所具有的良好环境、丰富内容又能为游客休闲提供特殊的经历与体验。为适应这一市场需求,在未来的海洋旅游发展中,旅游产品的休闲性功能将不断增强,使旅游者在享受大自然的同时还能享受到民俗、文化、艺术等无限的休闲乐趣,这也将大大延长游客的平均逗留时间并提高重游率。

四是创新化趋势。创新是发展的源动力,随着市场成熟化程度的逐渐提高,新的需求特征逐步凸现,海洋旅游要寻求持续稳定发展,就必须根据市场变化做出及时的调整与不断的创新,以实现综合竞争力的提升。对海洋旅游的创新主要表现在规划开发、经营模式、产品设计、营销管理等方面。

五是深入化趋势。海洋旅游活动的不断丰富也是对旅游者海洋探奇心理不断满足的过程。海洋旅游的深入化主要体现在海洋旅游活动向海底深入、活动形式体现更多的体验性和参与性、活动内容体现更多的科普性和专业技术性。

二、未来海洋旅游活动

游够了名山古刹、园林遗迹,人们将未来旅游的目光锁定在能够同时满足呼吸新鲜空气、沐浴健康阳光、接触辽阔天空、感受蔚蓝大海的海洋旅游上。而目前盛行的海洋旅游活动并不能持续满足旅游者海洋探奇的需要,更多向海底深入、更高体验性和参与性、更深厚文化韵味、更强科普性和专业技术性的海洋旅游活动有望成为未来海洋旅游活动的主流。

（一）大型实景演出

实景演出

山水实景演出是一种特殊的演出形式，其开山之作，是由张艺谋为桂林策划的《印象刘三姐》。漓江之上，民歌互答，渔舟唱晚，不仅为桂林带来了极高的人气，也使当地旅游业赚了盆满钵满。《印象刘三姐》开掘出一个潜力巨大的旅游消费市场，实景演出渐渐成为了一项旅游产业，各地各种实景演出相继推出：昆明的《云南印象》、杭州的《西湖印象》、西安的《长恨歌》、嵩山的《禅宗少林》、海南的《印象海南岛》等。

这些山水实景演出让旅游者在欣赏自然风光美景的同时，有了多样的选择，甚至成为吸引许多旅游者“故地重游”的重要因素。有些旅游者过去虽然游览过桂林，但因为想亲眼目睹人气很旺的《印象刘三姐》，又携全家再次游漓江。有人评价说：“实景演出《印象刘三姐》让人们对漓江的美有了不同感受，视觉场面非常宏大，自然山水与美丽的传说恰到好处地融合，使人印象深刻。大型实景山水历史剧《长恨歌》也使家住西安的旅游者再游华清池景点。业内人士指出，目前我国的旅游业正在从“自然风光旅游”“园林旅游”向“人文旅游”、“文化旅游”过渡，而实景演出正是这一趋势下的产物，所以受到人们的欢迎。

从 2009 年 4 月 12 日起，在海南省海口市西海岸的印象剧场正式公演的《印象·海南岛》是大型海洋实景演出的代表作。它融汇舞蹈、戏剧、杂技等各种表现形式，以音乐剧为主，利用视频、舞美相结合的手法，通过独特的魔幻水升降舞台，将时尚、休闲、浪漫的元素带给游客，通过新颖的艺术形式和丰富的艺术元素演绎出海南岛上真正的海岛风情、休闲文化和浪漫椰城，将大家带入一种新型的旅游文化体验之旅。印象剧场是专为《印象·海南岛》量身打造的海胆形仿生剧场，是目前世界上最大的海胆仿生型剧场，设计上实现了沙滩与大海的完美融合，呈现海天交融、情海相接的浪漫享受，令观众感受到新奇而自然的视觉伸延，其建筑工艺的精美可媲美北京的“鸟巢”。剧场位于风景美不胜收的海口市西海岸，她西临假日海滩，东接国际轮滑赛场，是南国椰城的滨海度假休闲胜地，在这条迷人的热带海岸线上，囊括了海南岛屿风光的所有标志：椰林、阳光、海滩、大海、美食、度假别墅等。而且距市区仅需 10 分钟车程。

青岛奥帆中心也于 2009 年 8 月开展大型全海景实景演出。海南三亚更是准备建设一个“实景山水”演艺及文化产业园项目。项目选址于天涯海角一带，总投资额达到 20 亿元，其中包括世界最大的海上舞台、最长的海上表演走廊和最长的喷泉水幕。

(二)海底狩猎

狩猎是一项消费高、参与性和刺激性很强的旅游项目。而在海底进行狩猎不同于一般的狩猎活动,它对海洋区域地貌、气候、环境及生物资源等条件,尤其是海底能见度都有较高的要求。

海底狩猎对旅游者也有一定的能力要求,必须具有潜水教练等级证书的游客才能参与,并要有熟悉当地海底情况的教练陪同、穿着水肺潜水装备一起下海,以确保安全。据了解,海底狩猎分为器械式与徒手式。器械式是指手持水枪或鱼叉射杀鱼类、龙虾、螃蟹等。徒手式是指戴手套捕捉鲍鱼、螺贝、海参,或采收紫菜等。

据美、英等国旅游专家考证,我国只有海南岛海域最有条件开展海底狩猎。[①] 海南岛海底狩猎可以在文昌铜鼓岭,陵水的陵水角,三亚的蜈支洲岛、西岛等沿海海域开展,这些海域岩缝、裂隙或小洞穴中有龙虾、石斑鱼等。

(三)水下摄影

摄影是指使用某种专门设备进行影像记录的过程,一般我们使用机械照相机或者数码相机进行摄影。有时摄影也会被称为照相,也就是通过物体所反射的光线使感光介质曝光的过程。英文摄影 Photography 一词是源于希腊语光线和绘画或绘图,两字一起的意思是“以光线绘图”。有人说:摄影家的能力是把日常生活中稍纵即逝的平凡事物转化为不朽的视觉图像。

水下摄影是影视特技摄影方法之一。摄影者携带有防护罩的摄影机和潜水装备,潜入水中直接拍摄。摄影人员身穿潜水衣,脚戴鸭蹼,操纵水下摄影机拍摄,也可以将摄影人员和普通摄影机放在潜水设备中通过密封窗拍摄。较深的水下,须要水下照明灯光。也可以把水下摄影机潜入水中,摄影师在水面上,遥控摄影机拍摄。水下摄影可真实地反映水下景象,如水生动植物的生活、海底和河床的地质资料、考古发现等。水下摄影在科研、军事技术、体育、教学等方面应用较广。最早应用于海洋旅游活动的,是从记录浪漫水下婚礼游开始。当然,这也是一项专业技术性较强的海洋旅游活动,需要旅游者具备一定的潜水和摄影能力。

(四)海底音乐会

海底音乐会等活动是利用海底优美的环境,以千姿百态的海底、美丽的珊瑚礁为舞台,红色的潜水通气管当指挥棒,携带各式各样的仿制乐器,在宁静的海底倾情“演奏”。举行这种特殊的音乐会或音乐节,能把人文的音乐与自然的海

---

① 《读海南旅游发展纲要　20年后海南旅游玩什么》.海南在线 http://www.hainan.net/cgi-bin/news/news_read.asp? id=232980,2004-12-2.

底有机结合起来，让人们有机会感受新时代的水下音乐也可以在海底环境中举办类似的活动，与其他海底旅游形式相结合，集趣味性、知识性、参与性于一体。潜水能力是对参与者的最基本要求。

（五）海底洞穴探奇

海底洞穴的奥秘深深吸引着众多的探险者，海底洞穴探奇可以带来意想不到的新奇与欢乐。一些追求新奇和刺激的旅游者非常喜欢这样的旅游形式。但是海底洞穴探奇不同于普通的海底旅游，也不同于普通的海底探险。海底洞穴探奇不仅需要旅游者具备强壮的体魄，而且需要旅游者具有超凡的胆量和气魄以及非凡的心理素质，因为旅游者面对的是陌生的、黑暗的、阴森恐怖的海底洞穴，可能遇到各种预想不到的险情，这就需要游客经过教练的专业指导，有完备的洞探装备，做好充分的准备工作。

（六）海底文化遗迹探访

深海海域一直是大自然探险家们实现海底旅游探险的朦胧世界。海底历史古迹和沉船残骸正是被淹没在这神秘区域里的瑰宝，海底文化遗迹探访将有可能使人类失落的文明与历史重现。沉没于海底的遇难巨型游船残骸越来越成为好奇者关注的对象。历史上很多海域都有巨轮沉没，并留下许多传说。随着技术条件的提高，海底观光沉没巨轮成为可能。海底历史古迹也是一样受到关注，如在海南琼山市东北海岸的海面下，隐蔽着 72 个“海底村庄”。据史书记载，明朝万历年间的一次特大地震，造成了 72 个村庄垂直沉到海底。如今这些村庄遗迹成为一道著名的水下景观。

（七）海岛野营

野营（camping）是生态旅游的重要方式之一，它是人们利用帐篷、睡袋、小木屋等在户外过夜，享受大自然的幽静、美景和野趣的一种户外活动项目。野营是投入大自然最简单的方式之一，野营者早睡早起，生活节奏悠闲，穿着随便，不拘小节，很容易与其他营友沟通；野营度假者生活在大自然的日出日落、蝉鸣鸟叫的节奏中，是最亲近自然、感受自然、领悟自然的活动。野营生活丰富多彩：白天在蓝天白云下享受野炊的乐趣，夜晚与星月为伴安然入眠，还可以参与捉虾、捕鱼、观星、赏鸟、游泳、戏水、篝火晚会、辨识植物等活动，这种返璞归真的生活自然别有一番情趣。

野营度假，以其独特的形式回归自然，加之经济实惠，刺激性强，自由度大，在世界各国都极为盛行，尤其是在欧美等发达国家。如在法国乡村到处都有野营地，有相当部分集中在地中海和大西洋岸边著名的景点附近。风景秀丽的森林以及河湖岸边也是野营的好地方。

在海岛野营，对装备的要求很高，需根据野营计划制定物资及装备的准备方案，如果是多人一同前往，则应分个人装备与集体装备两类来准备。一级物品包括背包、帐篷、睡袋、雨衣、帽子、手套、地图、食物、指北针、常用药、保温水壶。二级物品包括哨子、小刀、手电、电池、灯泡、笔记本、垃圾袋、卫生纸、打火机、针线包、锅、碗、望远镜、相机、毛巾、防寒衣物等。

（八）动力三角翼

动力三角翼也称动力悬挂滑翔机，是航空运动领域中最受欢迎的一种轻型动力的飞行器，70 年代在欧洲兴起，至今历久弥新。飞行员通过移动机身与机翼的相对重心位置实现操纵，因机翼具有较高的滑翔性能，即使在失去动力的情况下，动力三角翼飞行器依然可以像鸟儿一样滑翔着陆，因此动力三角翼是相当安全的。

动力三角翼

因为它具有体积小、重量轻、简单易学、安全可靠等特点，利用动力三角翼这一航空器械在沙滩和滨海水面上进行的海空运动，逐渐成为一种深受欢迎的海洋旅游活动项目。动力三角翼通常可供两人乘坐，游人可以从天空中俯瞰海面的秀丽景色，绿林、金沙、碧海尽在眼底，因此，许多海洋旅游景区都开展了这项活动。

（九）海上拓展训练

拓展训练（outward bound），也被称为体验式培训。从字眼上解释为船要离港招集船员的旗语。这种训练起源于二战期间的英国，最早是为了训练年轻海员在海上的生存能力和船触礁后的生存技巧，使他们的身体和意志都得到锻炼。战争结束后，拓展训练的独特创意和训练方式逐渐被推广开来。

拓展训练的目标是：利用崇山峻岭、翰海大川等自然环境，通过精心设计的活动达到“磨练意志、陶冶情操、完善人格、熔炼团队”的培训目的。其理论依据主要是：“努力/放弃”（积极/消极）的心理力学模型以及“体验、了解、控制、超越”的心理适应规律。其基本原理为：通过户外体验项目活动中的情景设置，使参加者充分体验所经历的各种情绪，尤其是负面情绪，从而深入了解自身（或团队）面临某一外界刺激时的心理反应与后果，进而学会控制情绪、实现超越自我。传统的拓展训练课程主要由陆、海、空三类课程组成。水上课程包括：游泳、跳水、扎筏、划艇等；野外课程包括：远足露营、登山攀岩、野外定向、伞翼滑翔、户外生存技能等；场地课程是在专门的训练场地上，利用各种训练设施，如高架绳网等，开展各种团队组合课程及攀岩、跳越等心理训练活动。

海洋的自然条件可以说为拓展训练的展开提供了充分的便利，现代海上拓展训练的项目通常有：铁人三项、海滩拓展、海上球赛、海上搏浪、体能竞技、同舟共济等。

（十）海洋科考探险

随着旅游需求的越来越个性化、旅游市场的逐步细分，海洋科考探险活动不再是科学家的专利。对于海洋知识的渴求、对于海洋神秘世界的探究，吸引着越来越多的旅游者深入到海洋环境之中，去探求未知的、有异于陆地生态环境的海洋。于是，求知性的海洋旅游活动、探险性的海洋旅游活动以及科考性的海洋旅游活动日趋兴盛。

海洋科考探险活动的范畴，既包括海洋景观观赏，还广泛涵盖了以海洋环境、海洋生态、海洋生物、海洋历史、海洋文化、海洋宗教、海洋科技、海洋知识等为载体的游览、体验、感受、娱乐、休闲、养生、康体、学习、餐饮、购物等具有海洋特殊色彩的物质和精神的消费活动。如参观海底世界、参观海洋生物馆、参观海洋科技馆、参观海洋博物馆、参观海洋历史遗迹、参观渔业博物院、逛海洋图书馆、海岛火山考察以及深入荒岛的生物考察、环境考察。在技术以及先进装备支撑下的海底探险活动等也是海洋旅游活动之一。当然，海洋科考活动、海洋探险活动作为旅游活动形式之一，仅局限于一小部分人群，这是因为它要求旅游者具有一定的海洋科学知识，具备一定的科学探险兴趣和勇气，需要装备特定的技术设备，因此短期内它还不能发展成为一种大众旅游项目。

第五章　海洋旅游效益

海洋旅游开发可以美化、改善旅游地环境，提升旅游地的文明程度；能增加就业机会，增加国民收入和税收；能促进民族文化的发展和保护。当然，不合理的海洋旅游开发也会引起一系列的负面影响。

第一节　海洋旅游经济效益

旅游经济，在学术界已被认可，并且研究成果颇为丰富。然而说到“海洋旅游经济”，或许会有一种陌生感。这是因为“海洋旅游经济”是一个新的概念。狭义地说它是在旅游经济的基础上延伸出来的一个新的经济领域。如今旅游产业已成为世界经济骨干产业之一，它作为一个经济产业参与了整个社会经济活动的运行，成为国民经济的一个组成部分。在旅游经济供给不可缺少的旅游资源中，海岸风光、碧蓝海水、海岛景观、海底世界等与海洋有关的自然资源占了很大一部分。然而在旅游资源中有多少属于海洋资源，旅游收入中有多少来自海洋旅游，目前是不可能将它们严格地区分开来的。

例如一个沿海城市的旅游开发有可能大部分是依靠海岸风光、滨海景观、水族馆、海底世界等海洋资源来进行的。按理说旅游者在沿海城市的旅游应该属于海洋旅游的范畴，旅游者的消费支出应该属于海洋旅游的收入，沿海城市所获得的旅游经济效益也应该归功于海洋旅游经济。然而，由于海洋旅游经济这个概念还处于萌芽状态，在经济效益的统计中，通常都是把它作为旅游经济中的旅游收入来统计的，而没有把它单独作为海洋旅游经济的收入来统计。这是因为旅游经济中含有海洋旅游经济的要素，海洋旅游经济附属于旅游经济，需要在旅游经济发展成熟的基础上进一步扩展。可以说，海洋旅游经济是旅游经济的一个分支，属于旅游经济的一部分。

一、海洋经济与海洋旅游经济的关系

海洋资源不仅是海洋经济的发展根基，还是发展旅游经济不可缺少的基础。

有所不同的是，海洋经济利用的海洋资源具有实用价值，而旅游经济利用的海洋资源具有观赏价值。无论是实用价值还是观赏价值，从利用海洋资源这个角度上来说，海洋经济与旅游经济是具有共性的。并且从对发展国民经济所起的作用这个视点来看，它们是一种平行的关系。从另一个角度来讲，海洋经济的繁荣必将为海洋旅游的开发铺平道路，因为从产业结构来看，海洋旅游已占海洋经济的14%。因此，海洋旅游的发展不仅会促使海洋经济的发展，而且会促进旅游经济的更大发展。由于旅游经济中含有海洋旅游的要素，其发展最终又会加速海洋经济的发展，因此海洋经济与旅游经济具有相辅相成的关系。如果把海洋经济与旅游经济结合起来综合考虑的话，势必可形成海洋旅游经济。因此，海洋旅游经济可以定义为以海洋资源为吸引物、以旅游经济为基础而形成的一个新的经济领域，属于旅游经济的一个分支。

(一)海洋的经济价值

海洋的经济价值主要表现在以下几个方面：

1.海洋是全世界来往的通道

船舶通航于海洋，使大陆与岛屿之间、大陆与大陆之间克服了空间隔绝。目前海洋运输在世界运输总量中占80%～85%，而铁路运输仅占12%，公路运输占5%，航空运输占0.5%～1%。法国地缘政治研究所所长玛丽·弗朗斯·加罗夫人在谈到海洋运输问题时说："水是一种非常实用、非常便宜的运输和交流手段。你们可以想一想，一艘巨型油轮运送的石油需要一列1000千米长的火车才能运送。"海上运输要比公路、铁路和航空运输的效率高得多，成本却要低得多。比如：一列火车以50节车厢计算，每节载重60吨，总载重量也不过3000吨；一艘万吨远洋轮船，船员只有十几或几十个，却能承担数十列火车的运量。所以，海上运输的优越性是陆地和空中运输所无法比拟的。

2.海洋是资源的宝库

地球上动物界32个门类中，有23个门类仍然生活在海洋中。据推算，海洋的初级生产力每年有6000亿吨。大约1000吨浮游植物可养活1吨高级海洋生物，那么每年可供人类利用的鱼、虾、贝、藻类约有6亿吨，而目前全世界每年捕捞量仅为9000万吨，却为人类提供了22%的动物蛋白质。海洋矿产资源丰富，在近海海域中石油资源储量约为1450亿吨、天然气储量约为45万亿立方米，约占世界油气总资源量的45%。整个海洋石油储量大约是陆地的3倍。世界海洋底蕴藏着大约3万亿吨锰结核资源量，其中包含的锰、镍、钴、铜是陆地的几十倍、几百倍。目前已知的100多种元素中，能在海水中找到的就达80多种，其中有氯、钠、镁、硫、钙、溴、钾、碳、硼、氟等。海洋能是取之不尽、用之不竭的能源。海洋波浪、海流、潮汐、盐度差、温度差、压力差等都会产生巨大的能量，可供开发、利用的总量在766亿千瓦以上，相当于目前全世界发电总量的两倍。

3.海洋是人类新的生存空间

为解决和缓解生存与发展空间问题，不少国家围海造地或者建造海上人工设施、人工岛屿等。目前世界上有海上机场30多个、海底隧道200多条、海洋公园200多个。例如，日本1945年至1975年共填海造地1180平方千米，荷兰800年来造地8000平方千米。

4.海洋是兴国的发祥地

海洋区位优势突出。目前的世界强国均是沿海国家，而内陆国家一般比较落后。世界35个国际大都市中有31个是靠海港发展起来的，其余4个均为国家首都(政治中心)。1995年世界银行公布的全球国民生产总值排名前10位的国家都是沿海国家，它们是美国、日本、德国、法国、意大利、英国、中国、加拿大、西班牙、巴西。世界海洋经济1970年为1100亿美元，1980年3400为亿美元，1990年为6700亿美元，每10年翻一番，高于同期世界经济的发展速度。预计到2010年将达到30000～35000亿美元，由现在海洋经济占世界经济总量的5%～7%升至10%～16%。

(二)海洋旅游——海洋经济的主要产业

从20世纪60年代开始，人类对海洋的开发利用重点集中在以捕鱼、海运和盐业等海洋产业。随着人类对海洋利用的不断深入，现已进入了现代海洋开发时代，开始大规模开发海洋油气资源、发展海上娱乐和旅游事业等。

根据《全国海洋开发规划》提出的设想，2000年的海洋产业及其排序是：海洋交通运输业、海洋渔业、海洋油气业、滨海旅游业、海盐业、海洋服务业、海水直接利用业、滩涂种植业、滨海砂矿业。可以看到，滨海旅游业排列第四。2007年主要海洋产业增加值的统计显示，海洋旅游以31.08%位居海洋交通运输业(32.72%)之后，排第二位。到2020年海洋业分为四个层次，第一层包括海洋交通运输业、滨海旅游业、海洋渔业和海洋油气业。2020年海洋一、二、三产业的比例为2∶3∶5。到21世纪中叶，海洋产业数量增多，层次提高，海洋可成为各种类型的生产和服务基地。而海滩和海上运动娱乐区将成为旅游娱乐基地。

根据《中国海洋21世纪议程》中提出的海洋开发战略目标，为保证海洋资源的可持续开发利用，为适应海洋旅游娱乐业迅速发展的要求，一切适宜于海洋娱乐的岸线、海滩、浴场和水域都要预留下来，保证旅游娱乐事业的需要。现代海洋开发的进程已将旅游业的发展推上议事日程。旅游业正成为海洋产业的新的增长点，“八五”期间旅游业年均增长速度达32%。根据中国可持续发展信息网海洋网站(http://sdinfo.coi.gov.cn/index0.html)提供的信息：2007年，滨海旅游消费需求继续呈现扩张趋势，滨海旅游业持续保持稳健增长态势。全年滨海旅游增加值3242亿元人民币，比上年增长19.9%。2006年，滨海旅游业保持平稳较快发展，旅游市场持续扩大，旅游消费稳步增长，服务水平进一步提升。

全年滨海旅游收入 4706 亿元，增加值 2400 亿元，比上年增长 17.6%。2005 年我国滨海旅游业继续保持强劲的增长态势，沿海地区积极开发突出海洋生态和海洋文化特色的国内旅游市场，提升滨海旅游业的整体服务水平，全年滨海旅游收入 5052 亿元，占全国主要海洋产业总产值 29.7%；增加值 2031 亿元，比上年增长 32.4%。

纵观全球，海洋旅游业已成为方兴未艾的朝阳产业。著名的地中海沿岸（以西班牙为代表）、加勒比海沿岸以及夏威夷群岛等等，是目前重要的海洋旅游目的地。据统计，海洋旅游的游客在德国占 50%，在英格兰占 70%，在比利时达到 80%。以"出售阳光和沙滩"的西班牙，每年的旅游外汇收入高达 100 多亿美元。近几年来，亚洲的泰国、印度尼西亚、马来西亚等国国际旅游业的发展，也得力于海洋度假。发展海洋旅游业，对促进沿海地区经济发展，提高沿海地区人民生活质量，带动沿海地区社会文化全面发展有着十分重要的意义。

二、海洋旅游经济效益

（一）影响海洋旅游经济效益的因素

旅游的经济效益是旅游发展对一个国家或地区的经济体所产生的直接和间接影响的总和，它是旅游所依赖的经济手段、支付能力的外在表现。在旅游现象之上所笼罩的经济外壳，是最早使旅游现象引起人们关注的主要原因。这种关注以学术姿态出现，就成为影响旅游学发展的历史力量。1899 年意大利政府统计局的鲍德奥发表了题为《在意大利的外国人的移动及其消费的金钱》一文，这是可见到的最早的研究旅游经济现象的文献。进入 20 世纪之后，意大利的尼切佛罗和贝尼尼分别于 1923 年、1926 年发表了论文《在意大利的外国人的移动》、《关于游客的移动的计算方法的改良》。这一时期的研究主要集中在对旅游过程中的一些经济现象的描述和计量方法的改进，目的在于了解旅游活动的运行规律，以便于政府部门制定相应的财政政策和管理措施。可见，旅游研究一开始就与功利性的经济目的相联系，反映了旅游学研究萌芽期中的一个突出特点。恰恰是这种渊源上的关系，它几乎在半个多世纪中左右了旅游学研究方向的选择。只是到了 20 世纪 60 年代之后，由于大众旅游的发展所带来的其他效应的积累已经不容忽视，才促使一些人将研究的视点转向他处，进而重新理解旅游的本质规律性。

毫无疑问，海洋旅游也表现了与经济因素之间的深刻的依存关系。海洋旅游者出行过程中离不开（但不是绝对的，这非常重要）经济上的支出，滨海旅游地通过旅游接待所获得的也主要是经济上的收入。旅游设施的开发以及休闲机会的增加由此便常常被看作是对国家收支平衡具有很大的积极贡献的变化，也是一个调整地区收入分配和就业均衡状况的手段。海洋旅游对经济所产生的影响，在各个国家或地区会表现出极大的差异，这主要是各种复杂的因素综合作用的结果。这些因素包括：

1. 海洋旅游目的地的经济发展水平

海洋旅游目的地所处的经济发展阶段意味着目的地在满足旅游者多重需要方面的能力大小。处于起步阶段的海洋旅游目的地，各种功能设施较少，为海洋旅游者提供的服务项目有限，这样，海洋旅游者在该目的地的消费支出水平就可能很低，从而在经济方面对当地的影响就相对有限。如果海洋旅游目的地是一个能提供综合服务功能的城市，旅游者在这样的目的地的消费水平当然要高得多。

2. 外国人对海洋旅游设施的拥有程度

如果海洋旅游目的地的众多旅游企业或旅游设施中有相当数量为外国人所有，那么，就会发生收益或外汇的漏损。在轰轰烈烈的旅游旺季之后，便是外国企业的老板携带丰厚的利润回到定居国，旅游目的地因此没能从旅游发展中获得应有的收益。

3. 对非本土劳动力的雇用情况

通过海洋旅游业所赚取的收益，也可能因在海洋旅游企业中大量雇用外国或外地劳动力尤其是外籍高层管理人员而流出本地经济，这种情况在发展中国家旅游业发展的早期非常普遍而且十分严重。

4. 政府在基础设施方面的投入

在海洋旅游目的地，除了各种企业对饭店、餐馆、酒吧以及娱乐设施的投资之外，政府必须提供一系列基础设施和公共设施建设，以改进旅游目的地的可进入性。像道路、停车场、垃圾处理场、医疗设施等的建设，多数需要政府的投入。这种投入的多寡，影响着海洋旅游经济效应的深远程度和数量水平。

5. 旅游者的类型

上述所列的因素全部属于供给方面，它们构成了为海洋旅游者提供服务所产生的经济方面的流动。但旅游者本身又如何呢？他们的数量和质量都不可忽视。一般来说，海洋旅游者越多，人均花费水平越高，其经济上的影响就越大。但是，如果海洋旅游者所需要的产品或服务无法从当地获得，就会有一大笔收入损失掉。

(二)海洋旅游对经济的积极效益

Alister Mathieson 与 Geoffrey Wall 在他们颇有影响的著作《旅游的经济、环境和社会效应》一书中，曾系统地考察了旅游的多重影响。根据他们的总结，人们对旅游经济效应的理解集中在这样几个方面：旅游发展对经济发展的影响，旅游发展对国际收支平衡的影响，旅游发展对劳动就业的影响，旅游发展对政府财政收支的影响以及旅游发展对国家或地区产业结构调整的作用等方面。

1. 增加经济收入

海洋旅游可以为旅游目的地增加经济收入。在旅游者的停留期间，海洋旅游目的地的旅游企业和部门向他们提供交通、住宿、餐饮、游览、娱乐、商品等方面的物质产品和服务产品，以满足其物质和精神需要。海洋旅游企业和部门在提供这些产品的同时得到了销售收入。这些收入中将有一部分长期留在海洋旅游目的地的经济体系里，并会在海洋旅游目的地的相关行业之间引发一连串的交易和生产活动，从而进一步增加海洋旅游目的地的产出，产生旅游收入乘数效应。WTTC公布的世界旅游收入与总产出的增值关系的资料表明，全世界旅游乘数效应为2.5倍。若照这个数值计算，我国2007年滨海旅游业增加值3242亿元人民币，其创造的国民收入增量是3242×2.5=8105亿元人民币。

2. 增加外汇收入，平衡国际收支

外汇储备量是衡量一个国家经济实力和国际支付能力的重要指标。取得外汇收入的主要途径有两条：对外贸易外汇收入和非贸易外汇收入（也称无形贸易外汇收入）。前者指物质商品出口带来的外汇收入，后者指国际间有关保险、运输、旅游、利息、居民汇款、外交人员费用等带来的外汇收入。海洋旅游创汇是非贸易外汇的重要组成部分，由国际旅游者在旅游目的地国家的各种消费支出所组成。它实质也是一种贸易活动，即通过旅游产品就地输出而换取外汇的贸易活动。在创汇的意义上，接待入境旅游也是一种出口，称为旅游出口，同物质商品出口没有本质区别。对于发展中国家而言，旅游出口比贸易出口的创汇率更高。因为发展中国家的商品在国际市场缺乏竞争力，换汇率低，而提供海洋旅游服务和海洋旅游产品不需要国际运输，降低了成本；销售海洋旅游服务和海洋旅游产品不受国外关税壁垒的影响。发展海洋旅游业对于国家创汇和弥补外贸逆差、平衡国际收支具有重大作用。

我国旅游局2008年统计的各省、直辖市、自治区旅游外汇收入如下图所示。

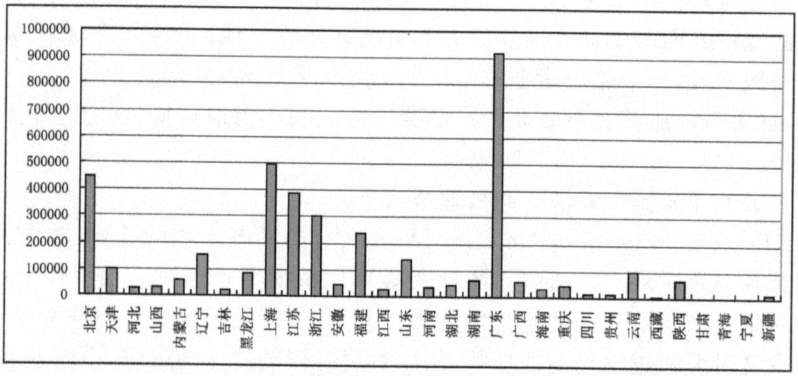

2008年中国各省、直辖市、自治区旅游外汇收入　（万美元）

其中沿海省份旅游外汇收入高达2855267万美元，占2008年全国旅游外汇收入(3969597万美元)的71.9%。可见，海洋旅游在创汇方面发挥了重要作用。

3.加快货币回笼，稳定市场供求

世界各国都必须有计划地投放货币和回笼货币，使整个社会经济正常运转。货币的投放和回笼要有一定的比例，在社会商品投放量不变或增加不大的情况下，如果货币投放得多或者回笼得少，就意味着市场上流通的货币总面值超过了市场上商品的总价值，直接结果是货币贬值，产生通货膨胀。如果人们的存款增加而有效的商品供给没有相应增加，则会对市场构成威胁；存款数量越大，潜在的威胁就越大。因此，国家在投放货币后都要设法回笼，主要方法是增加有效供给，即向市场投放符合人们购买意愿的足够的物质商品和各种服务。在国家的物质商品生产和投放能力有限的情况下，发展海洋旅游产业有助于转移人们的购买兴趣，拓宽货币回笼渠道，加快货币回笼速度，扩大货币回笼数量，成为稳定货币流通量和商品供应量的比例关系、调节市场供求、稳定物价的重要手段。据《海南日报》报道，2008年三亚游客接待量首次突破600万人次，达603万多人次，同比增长12%以上。2008年，三亚旅游市场接连遭受南方雪灾、四川地震、海啸传言、金融危机等影响，虽总体仍保持平稳较快增长势头，但增速比2007年下滑了近5个百分点。统计数据显示，2007年三亚共接待国内游客近554万人次，同比增长近14%。国内旅游市场增长势头仍较为强劲，并将成为三亚2009年旅游市场最重要的增长点。但入境游市场经过几年的大幅增长后，受到了多重因素冲击，首度出现回落态势。但邮轮旅游异军突起，邮轮游客量近5.7万人次，同比大增了300%以上。初步统计，2008年三亚旅游总收入近90亿元人民币，同比增长近12%。

4.促进社会生产

海洋旅游目的地的旅游行业通过向旅游者提供各种旅游产品而对该地区的社会生产起到促进作用，并带动相关行业的发展。旅游目的地接待旅游者会使其旅游供给量增加，这种供给增量反过来又对向旅游行业提供产品和服务的相关行业提出更多的需求，因而成为许多其他行业产品的消费市场，从而刺激和促进这些行业的发展。与旅游行业相关的行业生产规模的扩大必然会要求为其供应原材料、设备和服务的其他行业提供更多的供给，进而推动这些行业生产规模的扩大。由此可见，海洋旅游能够促进旅游目的地的社会生产，带动各种相关行业发展。

5.增加政府税收

发展海洋旅游业可以起到增加目的地政府税收的作用。税收是目的地政府提供“公共产品”的资金来源，没有足够的税收，政府便难以有效地提供治安、消防等公共产品，因而海洋旅游的这一作用的重要性是显而易见的。滨海旅游目的地政府税收目前主要来自两个方面：一是从国际旅游者那里获取的税收，包括入境签证费、出入境时交付的商品海关税、机场税和执照税等；另一方面是来自海洋旅游业的各有关营业部门，包括各旅游企业的营业税和所得税等。此外，由于海洋旅游业涉及许多其他有关产业部门并可带动各经济部门的发展，当这些部门的生产和经营因旅游业的发展和带动而扩大业务量时，政府可以从这些部门得到更多的税收。

6.增加就业机会

在解决劳动就业问题上，旅游业比其他行业具有更大的优越性。第一，旅游业是劳动密集型产业，多数工作需要依靠人力或手工劳动完成。满足旅游者在旅游过程中的多种需求以及提供富有人情味的直接服务都需要大量的员工，与现代化高新技术企业相比，旅游业提供的劳动就业机会更多；第二，海洋旅游业的工作岗位层次多，既可以为具有丰富专业知识和技术专长的高层次人才提供就业机会，也可以为不具备技术专长的低层次人员提供就业机会。比如：滨海度假旅游酒店服务人员，滨海旅游景区景点服务人员，海洋旅游资源规划设计研究人员，以及邮轮从业人员等等；第三，海洋旅游业发展带动了相关产业的发展，也间接地为相关产业提供了大量的就业机会。

（三）海洋旅游对经济的负面效益

各个国家的经济条件不同，对海洋旅游发展的承受力也不相同。这与国家的国力大小、经济结构的差异、生产能力和产品质量、国家的进口政策、海洋旅游发展的阶段、目标市场不同的游客的种类等因素息息相关。如果海洋旅游接待国或地区不顾自身条件，不量力而行，而是盲从、随大流，片面强调海洋旅游业的积极作用，其结果可能对海洋旅游业的发展产生得不偿失的作用。这主要表现在以下几个方面：

1.过分依赖旅游业会影响国民经济的稳定

旅游需求受多种因素影响，复杂多变，难以掌握。旅游市场的敏感性，世界经济危机、战争、自然灾害，旅游目的地各种政治、经济、社会形势的变化等都会使客源大受影响。因此，一个国家或地区不宜主要依靠旅游业发展自己的经济，像我国这样一个大国更应谨慎从事。一旦非本国所能控制的因素发生突变，致使旅游需求大幅度下降，旅游业及其相关产业就会一蹶不振，“一业衰则百业竭”。有人称旅游业是一座“建立在流沙上的大厦”，正是基于此因。

2.有可能造成通货膨胀和物价上涨

可能引起通货膨胀，有时表现为季节性。一般说来，旅游者的日常消费能力高于旅游目的地居民，所以在旅游旺季，必然会造成旅游目的地日常用品和其他消费品物价上涨、能源和水等供应短缺、交通及其他公共场所拥挤、地价上涨，造成供不应求，甚至通货膨胀，损害了当地居民的利益。例如，在70年代，加勒比海地区游客突然增多，造成当地居民的居住费用增加，生活费用成倍增长，但收入却不能按比例增加，传统物资停止供应，手工艺品被中间商转手牟利，而当地的手工艺匠人生活仍旧贫困。因此，旅游业的发展一定要适应地区经济的发展。

3. 旅游管理不善，造成浪费

有很多旅游目的地在景区旅游资源开发、设施配套建设方面盲目贪大求全，并且廉价出让土地，免征地方土地税和环保税，优先安排原材料、配套资金、发放贷款等，致使宾馆、游乐场等、旅游设施重复建设，盲目攀比数量、等级等。旅游接待设施间互争客源，造成资源浪费。在引进外资方面，不重视外商实力的调查评估，轻率地拨配套资金，搞配套建设，结果自己千辛万苦兴土木，外资却“千呼万唤不出来”，造成巨大损失。

此外，过分依赖外国或外地资金和技术来发展本国或本地区的海洋旅游业，会使该国或该地区失去经济上的独立自主。表面上看海洋旅游业很发达，实际上绝大部分海洋旅游收入和利润落入外国或外地投资者的腰包，而对本国或本地经济繁荣起不到什么作用，当地绝大多数人并不能感受到发展旅游带来的利益，受益者仅是少数经营旅游业的人，从而引发当地经济、社会的矛盾。另外，旅游的季节性也会造成淡季大量设备闲置浪费和劳动力季节性失业等问题。

第二节　海洋旅游社会文化效益

海洋旅游社会文化根植于滨海地区原有的社会文化之中。如果说以滨海地区富于魅力的自然景观和人文景观为依托的观光旅游是对该地区文化的选择性展现，那么海洋旅游度假区、海上游乐场或运动场等就是对海洋旅游社会文化的再塑造。实现旅游地经济、文化在高品位、高起点上的协调发展，是现代海洋旅游业发展的一个新概念，海洋旅游社会文化的展现和再塑造应当反映滨海地区的主流文化特色，同时兼顾旅游消费群体的审美取向。

海洋文化又称“蓝色文化”，是一种世界性的文化，由于西方发达国家濒临大海，拥有众多天然的优良港湾，大规模、有组织的海上移民和海上贸易是西方国家的祖先们赖以生存和发展的重要手段，由此不断发展完善的西方文化便成为蓝色文化的典型代表。事实上，我国有长达7000年的不间断的海洋文化发展史，航海事业在唐、宋、元迄至明中叶的七八百年中曾领先于世界。但近几百年来，由于根深蒂固的重陆轻海思想和闭关锁国政策，再加上近代列强的侵略以及其他各种原因，我国的海洋文化衰落了，直至新中国成立后相当长的一段时期内，海洋文化和海洋经济的发展仍然没有得到足够的重视。这些历史的原因造成了国民海洋意识比较淡薄，甚至导致很多人忘却了我们自己的海洋文化传统。改革开放的国策使海洋文化显示出从未有过的生机和活力。作为中华文化中最活跃的部分，海洋文化对中华文化的发展与创新产生着深远影响。中华民族拥有和创造的一切与海洋密切相关的物质和精神财富，都是中国海洋文化的组成部分。正因如此，海洋文化的体系广博深邃、繁杂丰富：海洋科学知识，航海历史，沿海城市、港口的沿革及史迹，海洋神话、传说与史料，滨海名胜，沿海民俗，滨海运动、艺术与宗教等，沿海人民千百年来认识海洋、开发利用海洋的活动和结果，构筑起海洋文化的框架。随着我国海洋旅游活动的不断发展深入，以海洋文化为背景，沿海地区在为旅游者提供住、食、行、游、娱、购、服务和相关设施的建设过程中，形成了滨海地区特有的旅游文化。对于一个个具体的滨海地区，其海洋文化的外在表象各不相同，各有侧重。

一、旅游与社会文化变迁

文化是一个学习的过程，甚至还可以说包括了被学习的过程。文化的习得性与文化的传承性是一个事物的两个方面，而在旅游世界中，这种双面性得到了最直观的表现。这便是文化的采借过程。

两种文化接触后发生传播，在传播过程中互相采借对方的文化，这是文化发展的普遍现象。但是，采借并不是完全对等的，也不是对所有外来文化的全部采借。文化采借大多是相对落后的社会采借发达社会中的先进文化元素，而相反的情况十分少见。采借是有所选择的，选择的标准主要有：使用价值的大小、与本民族文化模式的接近程度、与本民族心理的一致性等。在文化采借过程中，一般的情形是物质文化的采借先于精神文化的采借，因为物质文化的利用价值比较容易判断，它与本民族的意识形态没有直接的冲突，因而易于被接纳。而精神文化所遇到的情形恰恰相反。一种理论或观念往往打上民族的和阶级的烙印，与其他民族或社会的传统的或占统治地位的意识形态有可能发生冲突，因此它的传播与采借会遇到更多的困难和阻力。但是，伴随着物质文化的被采借，精神文化的传播几乎是不可避免的，只是程度有所差异、时间或早或晚、影响有强有弱而已。

旅游由于是人与人之间（尤其是具有不同的文化背景、文化特征的人之间）的交流和接触，所以它就可以而且确实是文化采借的一个渠道。然而，由于接待地国家或地区往往在经济上十分落后，而它们又主要以经济上最有实力的西方发达国家作为其旅游客源地，因此，“主人”与“客人”之间的交往所引起的文化采借就会呈现不均衡的局面。因为，这些目的地要在一年当中的较长时间里遭受外来文化的冲击，而每个旅游者在旅游目的地的活动相对于其日常生活而言仅仅是一个很短暂的阶段，因此很难使当地文化对其日后的生活方式真正产生影响。所以这些接待地国家或地区的文化相对西方文化来说，往往成了弱势文化，在整个旅游文化交往过程中，他们向游客所采借的多，而向游客所传输的少。由此出现了文化的不对等交流。这种不对等交流还会因旅游者的旅游方式、个人动机和文化特性、旅游者与当地居民的交流时间与空间等因素的变化而呈现极不相同的效果。试想，作为东道地社会的居民，他们会长期地面对另一类人：陌生的但都有某种共同特征（这种共同特征如果被目的地居民看做是美德，就可能成为他们模仿的东西）的旅游者；而作为旅游者，他们只是暂时地面对另一类人：陌生的但都有某种共同特征（这种共同的特征曾作为吸引他们前来的因素）的东道地居民，之后，他们会很快回到自己的文化当中，回归到其正常的工作与生活当中。如果在东道地所领略到的文化对这些人有所影响，这种影响将只表现在这个旅游者个体身上，而它很可能逐渐又被淹没在旅游者所在的主流文化当中。

我们需要注意的问题是，如何客观地估量旅游对社会文化变迁影响的真实程度。如果把社会文化变迁置放于大尺度的历史空间去考察，这种变迁几乎是必然的。这样，旅游也许起到的是加快了变迁的脚步的作用。同时从另一方面看，由于旅游本质上的规定性，又决定了它有阻挡文化向着商业化方向变迁的内在动力，因为旅游者的动机在于追寻特色文化。谢彦君认为，文化实际上有动态的部分（语言、价值观念和生活方式等）和物化（建筑物、遗址、服饰、文物等）的部分。动态的部分所经历的演变过程与整个社会经济发展的历史过程结合在一起，企图让它停滞在某个阶段的形态上是不现实的；物化的文化是人类的历史遗产，对其中有价值的部分是能够也应该加以原样保护的。如果想知道一个社会的来龙去脉，就一定要保护静态的文化，并从中发掘生动的信息；一个社会要想满足其成员不断增长的精神和物质需要，就一定要认可文化的积极变迁，否则，就会产生伦理上的问题，也可能酝酿不安定的社会因素。

二、海洋旅游社会文化效益

海洋旅游的社会文化效益涉及很多方面，但其中大部分属于以下这十个主要的研究领域：社区参与、人际关系的性质、社会组织的基础、社会生活节奏、移民、劳动力分工、社会分层、权力分配、异化、传统与艺术等。从国外的研究状况看，到目前为止，这些领域中都取得了一定的研究成果。在某些问题上，学者们也达成了一些基本的共识。然而，就海洋旅游的社会文化效益的基本性质而言，却难以得出一致的结论。不同类型的海洋旅游目的地、不同的目的地文化形式以及这种文化在旅游发展中的不同地位、不同的旅游者类型以及当地各种社会力量对比的不同性质，都使海洋旅游的社会文化效益呈现出可能完全不同的面貌。在谈到海洋旅游的社会文化效益时，人们主要指的是海洋旅游所引起的社会变化（或变革）和文化演变，但这些变化是无法脱离海洋旅游的其他效应而存在的，甚至有时这些变化（尤其是价值观和态度方面的变化）就是由其他效应所催发的。因此，认识海洋旅游社会文化效益的基本框架总应该是整体性的。

（一）海洋旅游对社会文化的积极影响

应该强调的是，海洋旅游发展可以带来有益的社会文化效益。相互交换观念、文化和认识会大大有利于消除无知和误解。尤其是发展青年旅游往往会带来长期的利益，不仅会带来回头客，还会促使人们对文化差异有更广泛深入的了解。海洋旅游还有其他一些实际益处。以下是最重要的几点：

1. 海洋旅游有助于促进民族文化的发展与保护

民族文化是海洋旅游业发展的灵魂。旅游活动和旅游业的发展，促使人们加深了对本民族文化的了解，提高了保护本民族文化的自觉性，也促使政府重视民族文化的发展和保护。例如，动员社会各界力量维护、修复文化遗址，资助传统艺术团体恢复活力，开放博物馆、科学宫、大学校园，举办国际艺术节、音乐节，建造主题公园等。

2. 海洋旅游有助于促进文明素质的提高

海洋旅游业以旅游服务为载体和媒介，对外展示民族精神和民族风貌。发展海洋旅游业有助于良好社会风气的形成，成为创建精神文明的阵地。在发展海洋旅游业过程中，加强美化环境，强化精神文明建设，随地吐痰、乱倒垃圾的少了，市民文明意识明显提高，为旅游的发展创造了良好的社会氛围。海洋旅游强化了社会的各种价值观，使人们日益重视休闲、娱乐以及需要高质量环境的活动等，如斯堪的纳维亚半岛各国。

3. 海洋旅游业可以促进贫困地区或非工业化地区的发展

这些地区的传统产业正在走下坡路。例如在许多加勒比海国家，海洋旅游业正在取代甘蔗种植业。海洋旅游的发展能够保持一个社会的完整，减缓居民向城市的流动。保持原有的社会是保护传统和生活方式的最佳办法。海洋旅游带来的收入和就业机会稳定了这些社会生活。

4. 海洋旅游促进传统文化复兴

在受到保护的自然环境中，海洋旅游业也可以促进地方工艺品和传统文化活动的复兴，如苏格兰的高地运动会、印度尼西亚日惹市的布兰罗摩衍那班南室外文化中心。在最理想的情况下，海洋旅游业甚至能够复兴当地人的社会和文化生活，从而振兴社会，鼓励国家内部的交往，吸引年轻人，促进当地的活动。在尊重地区特色、祖先的遗产和文化环境的同时，海洋旅游业可以更新传统的地方建筑。海洋旅游业还可以成为城市复兴的起点，如苏格兰的格拉斯哥市。

（二）海洋旅游对社会文化的负面影响

旅游对社会和文化的许多影响基本上被认为是负面的。德·卡德特（de Kadt）1976 年的研究和奥格莱迪（O'Grady）1981 年研究，都有详尽的案例说明旅游给社会的结构、价值观以及传统带来了重大的变化。这些变化是有益还是有害，学者们一直争论不休。社会利益和个人利益并不一定一致。但是，在国际旅游占重要地位的国家里，旅游的确成为社会变化的主要诱因。这一点是不容置疑的。

1.行为观念冲突

在许多国家，海洋旅游者对当地的习俗、传统和道德规范并不熟悉，无意中会有所冒犯。从某种意义上讲，外国游客没有融入到当时社会，而是与其发生了对立。当大批同一国籍的外国旅游者来到另一个国家，出现反应是不可避免的。反应有两种表现形式：当地人排斥外国游客，或是当地人接受外国人的行为模式，形成某种社会“示范效应”，即当地人模仿外国人的穿着和行为。这两种情况都会引发问题。

当海洋旅游者来到目的地国时，他们不仅仅带来了购买力、带动了便利设施的建设，更重要的是，他们带来了不同的行为。他们的行为可能会排斥和动摇海洋旅游目的地国人民长期存在的基本观念，彻底改变当地的社会习惯。旅游属于一种“全方位的社会活动”，可以引起社会结构的变化。这些变化在世界各个地区都能够看到。在旅游季节，当地居民不但必须接受过分拥挤的状况（这种状况在其他季节可能并不存在），而且还必须改变他们的生活方式（增加季节性工作、轮班工作），与不同类型的旅游者同居一地，而这些旅游者主要是来自城市的休闲旅游者。这种“共处”并非总是很容易的，经常会导致社会不安和排外心理。在非常受欢迎的海洋旅游区或是在当地居民由于心理、文化或社会原因不愿屈服于“海洋旅游侵略”的地方，这种情况尤其明显。

2.“示范效应”改变价值观

“示范效应”是由不同人群的密切联系所造成的，并且通过价值观的改变表现出来。示范效应常常会引起当地社会价值观的改变，因为向往旅游者物质水平和价值观的当地人在旅游者的影响下期望值会升高，而社会价值观的变化自然而然地会导致政治价值观的改变，有时还会伴随不稳定的局面。道德和宗教价值观的日益淡薄也很常见，表现为犯罪率的上升。不仅当地人的观念改变了，连犯罪活动的目标和机会也增加了。因为海洋旅游从根本上说是人类的活动，所以最好应该避免游客和目的地国家人民之间的冲突。海洋旅游者的行为模式必须是海洋旅游目的地国家人民能够接受或能够容忍的。目的地国人民是否能够接受海洋旅游业取决于许多定性参数：当地人的社会职业结构；教育水平和旅游知识；生活水平；现有文化和风俗的力量。必须承认，当地居民是当地文化遗产的一部分。应该像保护旅游目的地其他方面（如环境）一样保护当地的文化遗产。

3.传统文化商业化

海洋旅游文化是由旅游目的地居民、旅游者的旅游活动所营造的一种新型文化形态，而本土原始文化仅仅存在于相对封闭的社会或社区生活当中，常常是海洋文化旅游的对象。换言之，一旦该社会或社区敞开大门面向外部世界，一旦该社会或社区将接待旅游者、兴办旅游业作为发展的途径，其本土原始文化的演变速度就会加快，并有可能最终逐渐演化成为一种旅游文化，这是一种渊源于本土原始文化而又采借了大量外来文化的新型文化形态。著名旅游人类学家埃里克恩在论及文化旅游与旅游文化的关系这个问题时这样写道："当旅游最初渗透进一个偏僻的少数族群中时，由于很少受到外部力量的影响，当地'自然的'生活方式及习俗就成了对游客的主要吸引力。但是随着旅游业在当地的成熟以及这一族群随之通过市场力量及政府行为逐渐与该国社会文化相结合，便出现一个问题：这种结合常常导致这一族群在文化上的逐渐被同化。在多数情况下，他们的文化在该国就受到排斥和弱化。由此，这一族群的民族旅游的吸引力就会下降"。"而有些地方形象虽然没有'受损'，但文化独特性却日益减少，于是只好忙于弥补这一对矛盾，把他们的真实性搬上舞台：居民穿上他们的'民族'服装，'展示'给游客看，而在家里时却穿普通城市服装；他们把手工艺品作为纪念品卖给游客，而他们自己已不再使用这些物品；他们表演各种仪式，表演的时间和地点均不符合这一仪式本来的举行地点和时间。由此出现了与他们实际日常生活隔绝的'舞台化'的旅游圈。一些专为旅游'设计建造的'景观代替了'自然的'景观(即海岛少数族群传统居住地)，甚至在当地的习俗已逐渐消亡时，情形也是如此"。这时，海洋旅游文化作为一种新的文化形态便自然而然地衍生出来。在这种海洋旅游文化当中，商业化的文化活动自然成为文化的重要甚至主体成分。比如某些海岛土著居民出自经济目的而刻意为海洋旅游者提供的舞蹈或仪式性的表演，在很多方面已经不具有其原始的意义。因此，这种表演与普通剧团的演出活动已经没有本质的差异，因为仪式本身的某些性质已经与表演相剥离。

严格地说，在拥有独特的民族原始文化的地方，因海洋旅游而发展起来的海洋旅游文化，已经不可能重塑本土原始文化的形骸和精神，因为本土原始文化是历史的、社会的，是与环境相依存的。在人类学家的眼中，当真实的文化与这种舞台化的文化在同一个族群聚落同时存在时，那种专门呈现给旅游者的文化表演，很可能已经割断了连接本土原始文化这个婴儿与其所依托的社会、历史和环境这个母体间的脐带，因此，虽然它的形式可以愉悦旅游者，但它的内核则注定是僵死的东西。这些文化孤立于社会，成了一座座孤岛，成了真实文化虚假的面具，仅仅具有商业的价值，供人们尤其是旅游者在闲暇中把玩娱乐。不过，随着海洋旅游的发展，在一些海岛民族旅游极其发达的地方(如巴厘)，海洋旅游业与当地的社会文化已经紧密地结合在一起，以至于无法区分何为当地"真实的"内部社区生活，何为“舞台化的”外部形象。在这种情况下，具有某种独特的文化特质的旅游文化的塑造，将有可能为若干年之后的该社会或社区带来另一种面孔的“本土原始文化”。比如说，在美国社会专门为旅游而创造的迪斯尼文化，也许在百年之后却成为美国通俗文化的一种典型形式，并以这种面貌吸引着旅游者的目光。这使得我们在看待旅游所引起或旅游所推动的文化变迁时多少会采取更为客观一点的态度。

4.社会文化影响反应滞后

海洋旅游可能会使社会付出代价，而这些代价往往很难估算，但是这并不意味着这些代价不严重。国家和某些地区独有的传统习俗受到威胁就是一个例子。海洋旅游对经济的影响如果不是立即可以看到的，也是可以在短期内显现出来的。我们可以看到旅游者抵达机场并开始消费。但社会和文化影响则需要很长时间才能显现出来，而且由于社会和文化影响所带来的是质的变化，因此这种影响可能很难觉察，很难衡量。有时，几乎没有什么措施可监控这些变化，直到有一天终于引起了当地人民的强烈不满。这些不满的爆发会阻碍旅游者访问一个国家，甚至一个地区；常常会毁灭多年来苦心树立起来的（昂贵的）形象。

5.社会安全问题

旅游者远离家乡来到一个完全陌生的环境，其语言、服饰、习惯与当地人截然不同，极易识别；且由于旅游者对旅游目的地的情况或危险区域不熟悉，其自我防范、抵御攻击的能力较弱，加上旅游者往往看上去较为富裕，所以，他们常常是劫匪或其他罪犯首选的攻击目标，容易成为被侵害的对象。例如，1994 年 3 月 11 日，在浙江千岛湖发生特大抢劫纵火杀人案，犯罪分子暴力抢劫游客财物后焚烧“海瑞号”游船，致使船上 32 人全部遇难（其中台湾游客 24 人）。此案震惊海内外，不仅使当地的旅游业一落千丈，而且对两岸经济文化交流产生不利影响。

埃及有一段时间因恐怖活动猖獗，曾使该国旅游业毁于一旦。1997 年 11 月 17 日，在埃及首都开罗以南、尼罗河西岸的著名旅游胜地卢克索，发生了一起极端恐怖主义分子在光天化日之下枪杀外国游客的事件，导致 67 名游客死亡，109 人受伤，其中大部分是外国游客。据统计，1992 年至 1997 年，埃及袭击外国游客的流血事件频繁，共有 108 名游客在此间不幸遇难。因此，赴埃及的国际游客流量急剧下降，使埃及的旅游业受到致命打击。

水城威尼斯附近的一处旅游海岸，曾经是著名的旅游胜地，但随着北约轰炸南联盟的战争升级，就成了北约飞行员理想的卸弹场所。为了确保自己的安全，北约的飞行员一般都选择降落前把余下的炸弹扔掉，地点不限。在距该海岸7～22 海里的地方，北约飞行员投下了数百枚未爆集束炸弹。有些北约飞机就在人员密集的旅游区内投下未爆的炸弹，有时投下的炸弹距游客仅有 200 米，而集束炸弹的杀伤范围在500～1000米的范围内，这样一来游客都被吓跑了。这些炸弹已经成为当地居民和游客安全最大的隐患，而一些意大利渔民已被这些炸弹炸伤，导致前往威尼斯旅游的游客日渐稀少，意大利政府不得不关闭该处海岸。更为可怕的是，目前北约投在这处岸边的炸弹有些已随着海流深入到了意大利的内陆湖泊，它所带来的危险直接影响到意大利的旅游业。目前这已引起意大利数十万旅游从业者的愤怒。

三、结论

从国际环境来看，全球经济的一体化已经是“世界潮流”，顺之者始能昌，但文化的“趋同”却绝非人类的福音，来源于西方海洋思维模式的西方世界在观念形态上的强势文化心态和文化霸权主义是当今世界的一个不和谐音，甚至造成一系列的暴力冲突。而在中国的海洋文化传统中，则有着“兼容并纳、各美其美”、“海静波宁、天下大同”的特质。如在海洋旅游名城泉州，旅游者可以参观到“老子天下第一”的中国本土宗教——道教的老子造像，古老的佛教寺院开元寺，埋葬伊斯兰教始祖穆罕默德门徒的灵山圣墓，阿拉伯建筑风格的清净寺，仅存的摩尼教寺庙草庵遗址和摩尼光佛石像，印度婆罗门教的石柱与雕刻，基督教（景教）的墓碑、石墓盖和大量的十字架等，几乎全世界各主要宗教在这里都有迹可寻，它们在同一城市中和平共处，没有硝烟，没有仇杀，甚至水乳交融。踏访南京宝船厂、静海寺、天妃宫，泉州郑和行香碑，长乐太平港等故地旧迹，追寻600年前郑和七下西洋所到的印尼、新加坡、南印度半岛、斯里兰卡、东非等地区的遗踪旧影，旅游者可以感受到不以殖民、征服、称霸为目的的“和平之旅”所透露出的东方海洋文化观。这种欣赏、接受多元文化的心胸，保存维护不同文化基因火种的态度，通过对旅游者的渗透而显示和发扬其“普世价值”。

现代海洋文化的实质，是人类文明不断摆脱和超越海洋的劣势与局限，孜孜不倦地开拓，发挥海洋的优势，以最大限度沟通人类物质和精神文明的一种媒介。这种追求现代化、全球化的海洋文化精神，就是海洋文化之“魂”。海洋文化在时间和空间上具体表现为开放性和外向性特征。这种开放性和外向性与我国城市的改革开放和现代化进程相协调，是与现代都市人的生活方式相契合的，它引导了都市新的旅游消费理念和消费潮流。在伦理本位和天人合一思想的支配下，中国传统文化一向有尚古的传统。人们在旅游文化建设方面，往往试图发掘旅游地的各种历史渊源来提高知名度、证明当地发展旅游业的重要性，似乎在发展旅游业时，历史的就是高价值的。中华五千年文明史为我们留下了不可多得的旅游资源和文化财富，不能否认历史价值的重要性。但美国仅有几百年历史，它每年的入境旅游人次数和旅游外汇收入却居世界之首；澳大利亚的发展史并不漫长，但以现代文明的标志——悉尼歌剧院为背景的滨海风韵，正是世人公认的旅游文化之美的化身。因此,建设海洋旅游文化,要尊重历史的现实,更要着眼于未来。在广州等一部分历史积淀深厚的滨海旅游城市,要协调好保护与发展的关系,使传统的优秀文化作为旅游文化的重要组成部分不断发扬光大,同时加强规划和建设,培育更多、更新的旅游增长点。在我国多数历史旅游资源不成规模、特色不突出的海洋旅游地区,既不应当为了发展旅游文化而发展旅游文化,花费大量财力物力去仿造或新建一批仿古、怀古的旅游设施,或是将一些层次不高、即使国内旅游者也不欢迎的诸如斗鸡等活动作为民间文化加以渲染,更不应当不顾及周围文化背景,囫囵吞枣式地将外国旅游区的一些民族文化照搬过来。在滨海旅游地区,将反映滨海地区物质文明和精神文明、反映滨海地区时代潮流的高品位高质量的文化淋漓尽致地表现出来,为世界、为后人留下一份精神财富,是旅游工作者、规划者和管理者不可推卸的责任。滨海旅游既现代又亲和、既浪漫又质朴的文化氛围,是现代国内旅游者为之心弛神往的关键所在,也是和国际接轨、赢得国际商务旅游者青睐的必要条件。因此,将海洋文化的开放性、外向性、崇商性精神确定为海洋旅游文化的核心内涵是恰当的。滨海地区的旅游社会文化建设都必须紧紧围绕这根主线。

第三节　海洋旅游的环境效益

滨海和海洋环境作为开放的空间为人类提供了休闲、观光和健身的场所。人们可以寄情于大海,呼吸新鲜的空气,沐浴灿烂的阳光,尽情欣赏海天一色的壮美景观,谛听海浪击岸的旋律,感受潮涨潮落的气势。目前的海洋旅游活动大都集中在大陆边缘的滨海地带或岛屿群,真正的大洋旅游仅限于环球旅行、考察、探险等特殊项目。旅游与海洋环境间的相互关系是十分复杂的,一方面,开展海洋旅游业的滨海地区必须具备一定的环境条件;另一方面,海洋旅游业的发展又给滨海与海洋环境带来影响,大量负面的影响严重制约着海洋旅游业的可持续发展。

一、旅游环境的概念

旅游环境是指以旅游系统为中心,影响其产生与发展的各种自然因素和社会因素的综合体。它从属性上可分为自然环境和社会环境,共同构成旅游环境系统。目前大多数学者主要以旅游者在旅游目的地所接触的自然环境为主要研究内容。本节的研究对象也是海洋旅游的自然环境效益。

（一）旅游环境的构成

从旅游系统的空间结构分析，因旅游系统涵盖了旅游客源地、旅游通道和旅游接待地等三个空间，所以从宏观上论述，旅游环境系统应是由旅游客源地环境、旅游通道环境和旅游地环境等三部分共同构成的。从旅游系统的组织结构分析，旅游环境系统是由旅游者的旅游活动（即旅游需求和旅游消费）环境和旅游经营活动（即旅游供应）环境相结合而构成的系统。从环境要素的属性上论述，旅游环境系统是由自然环境、社会环境（包括工程环境和美学环境）等诸要素共同构成的复合系统，它凝聚着诸要素的交互作用。从游客的旅游活动主要涉及的环境要素分析，游客的旅游活动主要涉及旅游目的地的政治和经济环境、社会和文化环境以及旅游业的设施与服务环境。

可见，旅游者在旅游地所接触的环境（包括旅游资源及其外围环境），只是旅游环境系统的一部分。旅游业迅速发展的事实已经说明，旅游与环境的关系极为密切与微妙。尤其对于旅游接待地来讲，人们的旅游活动和旅游经营活动主要是在旅游地环境这一空间展开的。这一环境对旅游开发、经营及旅游活动均有十分重要的制约作用。处于强势的旅游开发和经营活动与相对处于弱势的环境相互作用，旅游开发经营对环境的负面影响，以及环境对旅游发展的制约均十分明显。

旅游环境系统是一个多因素耦合的复杂动态系统，也是一个开放的、具有耗散结构的系统。该系统不断与外界进行着物质、能量和信息的交换，主要表现为旅游开发经营和旅游活动与旅游环境之间的相互影响。这些影响主要是从两方面体现的，即旅游环境容量和旅游环境质量。旅游环境系统的结构，即构成该环境系统的主要环境要素之间的数量比例关系、空间位置关系以及联系内容和联系方式，对其进行分析可以看出，不同空间和不同时间的旅游环境，其结构状态不同，对旅游活动的制约与支持也不相同。

（二）旅游与环境的关系

1. 旅游与环境的相互独立性

旅游与环境间的相互独立性，系指二者各自保持独立，相互之间没有接触、干扰和作用。从旅游活动的角度讲，旅游活动必定是在一定的环境中进行的，它离不开环境、尤其是其中的旅游资源的支持。因此，只要有旅游活动，它必然要与其所在的环境产生联系，发生作用。在未开展旅游活动的地区，当地的环境仍然按照自身的发展规律在变化。

2. 旅游与环境间的相互促进性

从旅游的性质与环境的发展来说，二者有内在的统一性，二者的发展是并行不悖的。旅游是人类的享受活动，是人们的审美实践，在旅游活动中的人们要求他所接触的环境都应是美的，不管是自然环境还是人文环境。旅游业的经营者为了旅游业的发展，必然要刻意进行环境的建设与保护，以满足游客的需求，并且增加对潜在游客的吸引力。因此，旅游的发展必然会促进环境的建设与保护。另一方面，环境的建设与保护，必然会提高环境质量，也有可能扩大环境容量，从而提高游客的旅游质量。

3. 旅游与环境间的相互冲突性

旅游发展与环境保护之间的相互冲突或相互矛盾，一方面表现为环境对旅游活动的制约，对旅游客源的产生形成阻力，对旅游客流量和客流方向形成影响；另一方面，相互冲突表现为旅游发展对环境的负面作用和消极影响，它表现为旅游环境受到污染和破坏。旅游环境污染源，既来自旅游和其他方面的有害物质和废弃物等对自然环境的污染，即旅游的自然污染或物质污染；同时，旅游活动对旅游接待地的人文社会环境造成的不良影响，可称之为旅游的社会污染或精神污染。

二、海洋旅游环境条件

海洋旅游活动的环境应是：岸坡平缓、海滩宽广、沙滩细软，风浪小、潮水平静，水下无尖利的石块杂物；海水清洁，基本无污染；无鲨鱼侵袭。对于帆板和冲浪等活动来说，则要求沿海有一定的风速和浪高。对于以观赏海底景观为主的旅游活动来说，则要求海底生物景观丰富多彩，水体中悬浮物质和浮游生物要少，海水透明度高，以利于旅游活动的开展。对于潜水旅游活动来说，则要求海底水流平静，不能有激烈的暗流；同时，不能有凶猛鱼类出没。

（一）海岸地质、地貌条件

海岸地带受风浪、沿岸海水流动、潮汐和入海河流等的作用，在地壳构造运动及岩性的共同影响下形成的地貌，称为海岸地貌，包括海蚀地貌和海积地貌，前者有海蚀台地、海蚀洞、海蚀柱、海蚀崖等，后者如海滩、沙坝和沙嘴、泻湖等。特别具有旅游意义的是平原沙砾质海岸和山地丘陵海岸。沙砾质海岸滩阔沙细、坡度平缓，有利于开发滨海浴场等旅游项目。山地丘陵海岸又称岩岸，基岩临海，岬湾相间，水深湾大，多为天然良港。有些岸段受断层控制，形成危岩峭立的断层海岸。最典型的是台湾东部的太平洋海岸，那里断崖直落海底，在离岸50多千米外就都落到4500米深的大洋盆地中，岸边有高达1800米的世界最高的海岸悬崖，仰望崖顶烟雾缭绕，俯瞰崖底波涛汹涌，景色极为壮观。基岩海岸可发育成各种海蚀、海积地貌形态。侵蚀型基岩海岸普遍分布着岩滩和海蚀崖，形成蔚为壮观的滨海奇观。岩岸海积地貌多发育在湿热气候条件下，那里沿岸深厚的风化层发育，在植被破坏、水流侵蚀的情况下，大量泥沙入海，并在岸边堆积，形成沙堤、连岛沙洲、沙嘴等海积地貌。此外，平原淤泥海岸也可造成旅游价值巨大的海积地貌，这就是沿海平原地区由河流泥沙淤积而形成的海积泻湖。

海滩在现代海洋旅游中具有极为重要的地位。目前世界上著名的疗养避暑、游览观光、海上运动的滨海旅游地都有良好的沙滩条件。评价海滩浴场质量的最简便方法是粒度分析。通过全国旅游海滩121个组成物样品的粒度分析，平均粒径为0.19～0.64mm，除其中的4个样品的分选系数大于1以外，一般为0.3～0.7。用粒度参数对照各海滩的坡度、污染指数等，一般认为，颗粒粒径适中、分选系数较小的海滩是安全和卫生的，其中平均粒径0.18～0.7mm，分选系数小于0.5的为优质海滩浴场。这样的海滩坡度适宜、滩面柔软，沙粒既不扎脚也不沾脚，通常具有比较平缓的沙堤，形成的层层激浪，既有刺激性，又相对安全。

（二）气候与生态环境

气候条件影响海洋旅游活动的地域分布。通常，终年温暖湿润、舒适宜人的热带、亚热带地区是海洋旅游活动的密集地。从全球范围来看，地中海、加勒比海和亚澳陆间海是世界闻名三大滨海旅游区，这三大海域均处于中低纬度，属于亚热带或热带气候类型。

在这样的气候条件下，海洋生态系统相当复杂，有琳琅满目的适宜观赏的动、植物旅游资源，生态环境良好。为维护滨海旅游地的自然生态，旅游地接待的旅游者人数不应超出当地的旅游环境容量，如每位游人平均占有绿地不低于40平方米，城市公园绿地与滨海绿地比例3∶1～5∶1，一些著名的滨海旅游度假地还规定了建筑物离海边的最小距离和建筑密度。

不同的海洋旅游项目对滨海气候和水文环境条件如风速、潮流速度等有不同要求，尤其是海上运动旅游的要求往往较高，如快艇要求海水潮流速度最大为2海里/小时；小艇要求风速小于5米/秒，水温25℃以上，等等。

（三）水环境

水体是指河流、湖泊、池塘、水库、沼泽、海洋以及地下水等水的聚积体。水体是自然地理环境中地表水圈的重要组成部分，是以相对稳定的陆地为边界的天然水域。水是自然界最活跃的因素之一。在环境学中，水体不仅包括水本身，还包括了水中的悬浮物质、溶解物质、胶体物质、底质（泥）和水生物等。对水体的研究应把它看做是完整的生态系统和完整的自然综合体。自古以来，人类与水的关系就非常密切，水是人类生存和生产的重要物质条件，人类的生产与生活活动离不开水，人们傍水而居，得水之利。世界上最早的文明古国与当今世界上的发达国家和地区，大都位于大河、大海的沿岸地带。水同时也是海洋旅游活动重要的环境要素。

1.水资源与环境的旅游意义

水体资源与环境和旅游的关系极其密切，水景既是旅游者进行旅游活动的对象，又是开展旅游活动的重要环境背景。水是天然景观的基本构景条件，水能塑造环境、改善气候、提供多种多样的旅游活动项目；水景也是很多人文旅游景观中不可或缺的组成部分。优良的水质有利于开展旅游活动，受到污染的水体会阻碍人们开展相关的旅游活动。随着旅游活动的快速发展，人类对水资源与环境的需求和消耗会日益增加。

(1)审美功能

地球上水体分布呈现不同形态，水体以海洋、湖泊、河流、瀑布、涌泉、冰川、云雾、雨、雪等不同形式存在于大自然之中，并且以其水面大小、形态、水量、色彩、运动状态不同而具有多方面的美学特征和造景功能，水体以其特有的魅力而成为最宝贵的旅游资源，它可以展现形象美、影像美、声音美、色彩美、味道美、清洁美等美感。水的不同形态组合的差异就会构成不同的审美风格，为游客提供种类繁多、富有生气的旅游环境。水体是最能满足游客参与要求的旅游资源，有时在水中玩耍要比观赏水景更有情趣。水体是各类风景名胜的重要构成要素，有水景的风景区才有生气、有活力，甚至可以说，任何风景名胜都离不开水景。

(2)运动、疗养功能

在滨海、湖泊和河流的适宜地区，游客喜爱进行各种水上运动，如游泳、划船、帆船、冲浪、漂流、滑水、潜水、垂钓等参与性、体验性的旅游活动，它们都是以不同形式利用水体资源，是充满刺激和愉悦的享受。在滨海和湖滨风景区，空气清新、少尘埃、空气中还含有一定量的碘离子、氧离子，这些离子有益于人体健康，是开展疗养旅游的好场所。矿泉水中含有多种化学成分，对疾病具有一定的医疗功能。若矿泉水温度较高，则疗效更好。

2.海洋旅游活动的水资源和环境条件

并非所有水体均可成为海洋旅游资源或旅游环境，只有具备相应条件，水体才可成为海洋旅游资源和旅游环境，其主要应具备的条件，一是水体的卫生环境质量，二是水体自身的优美程度。水体的卫生环境质量对海洋旅游活动影响很大。水体的卫生环境质量，简称水质，是指包括在水中微量化学元素和生物含量在内的各种物质的总和。天然水的水质取决于它形成的区域环境特征，一方面与接触水的岩石、土壤、大气、生物等环境要素的物质组成及其溶解性有关；另一方面还与接触过程中的地形、水文条件和气候有关。因此，不同地区、不同类型的水体，其水质不同。对水质的判断，一是感观判断，即味道、嗅味、颜色、透明度、浑浊度、悬浮固体、总固体等；二是可通过仪器分析测定水中的氧、有毒物质、生物、细菌等物质含量来判断。目前，对旅游区水环境的判断，可参照相应的水环境标准，如海水水质标准(GB3097—1997)。在旅游区内，水体卫生环境质量差，不仅会破坏旅游景观，使水体的形、色、声以及气味等都退化，而且水体中的有机污染物还会滋生苍蝇、蚊子及其他有害水生生物，同时还滋生病原微生物等，严重危害游客的身心健康，甚至传播各种疾病，这会大大影响旅游者的旅游兴趣。

水体自身的优美程度影响旅游活动的质量。水体具有形态美、色彩美、声音美等诸多的美感。一般来说，水体有动态与静态之分，各有千秋，给游客不同的美的感受。广阔的海面给人以浩瀚之美，具有旅游开发利用的价值。水温的高低对水体资源的开发利用影响较大，海水温度直接影响到游泳、漂流、潜水及医疗、疗养等旅游活动项目的开发。

三、海洋旅游对环境的效应

海洋旅游发展对环境空间和环境要素的影响，呈现出十分复杂的形态。这里既有显性效应，也有隐性效应；既有即时效应，也有滞后效应；既有积极效应，也有消极效应。因此，客观地认识海洋旅游的环境效应，是制定适当的环境政策的基础。

（一）正面影响

当前，生态环境问题已成为全球性的大问题。人们从一系列全球环境问题所带来的危害中认识到，如果没有良好的生态环境和长期可利用的自然资源，人类将失去赖以生存和发展的基础，经济和社会也难以持续发展。因此，开展海洋生态旅游可以提高人们对生态环境的保护意识，进而通过各种方式和手段保护生态环境。海洋生态旅游将游客带往拥有优美自然环境和珍稀动植物的地区，以此为当地赚取更多的收入，从而鼓励发展中国家保护自然资源，改变那种竭泽而渔，捕杀野生动植物的生活方式。

海洋生态旅游业对保护动物确实起到了积极的作用。墨西哥的下加利福尼亚和阿根廷半岛的溪谷水域，是灰鲸和露脊鲸经常出没的地区。80年代以前，商业性捕鲸使得这一地区变成了一块死亡地带。提倡海洋生态旅游后，环境保护主义者说服当地渔民收起鱼网和鱼叉，铺起了欢迎游客的红地毯。随后情况大为改观，石斑鱼、海蛰等海洋生物迅速繁殖，灰鲸从灭绝的边缘线上挣脱了出来，成了吸引游客的一大资源。

1.保护重要自然景区

海洋旅游业有助于保护自然公园、户外娱乐活动和作为旅游景点的自然保护区并为此提供资金。如果没有旅游业，这些地区的生态环境有可能会恶化。

2.保护历史古迹

海洋旅游业有助于保护考古场所与历史古迹（作为旅游景点），并为其提供资金。如果没有旅游业，那么这些考古和历史场所就有可能会状况恶化或逐渐消失。

3.提高环境质量

海洋旅游业可以通过控制空气污染、水污染、噪声污染、垃圾和其他环境问题，促进环境的全面净化，并可以通过各种园艺项目、得体的建筑设计和更好的维护来进一步美化环境。

虽然这一好处带有一定的主观性，但是设计得当的旅游设施确实可以美化自然环境和城市环境，否则这些环境看上去会让人感到很单调乏味。

4.改善基础设施

海洋旅游的发展常常能改善地方的基础设施，如机场、道路、用水系统和污水处理系统、通讯设施等，从而促进经济发展，改善环境质量。

（二）负面影响

1.水污染

(1)旅游设施污染源

旅游设施，如在旅游区内的宾馆饭店、游船及其他旅游服务设施等，在其运营过程中，都会产生一定量的污水和垃圾等废弃物，并且排放烟尘和废气。若这些废弃物未经科学处理便排入旅游区内的水体中，就会造成一定程度的污染。在旅游景区景点，游览船艇随意抛洒垃圾污物，是水体主要的污染源。船舶在旅游水域中航行时，其排泄的废水、废油和洗刷船舶而产生的污水也会对旅游水域造成污染。湖区网箱养鱼随处可见，各种捕鱼网具乱捕滥杀，湖内原有的弓鱼等稀有鱼种已濒临灭绝。

(2)旅游活动污染源

旅游活动污染源主要表现为旅游者向旅游区的水体内乱扔垃圾污物，严重地影响了水体的清洁。我国东部沿海海岸16个滨海浴场，由于游客向海洋扔下的垃圾太多，大风浪把这些垃圾推上海滩，致使这些海滩成了垃圾堆放场，因而不得不宣布临时关闭海滩。据调查，虽然旅游区内设有垃圾箱，但80％以上的游客仍会随地乱扔垃圾，不少游客还故意将垃圾扔到大海中。

成千上万的游客在热带、亚热带浅海进行潜水旅游活动，使这些地区的珊瑚礁受到严重破坏。由于珊瑚具有较高的观赏价值，因而成为游客竞相购买的旅游纪念品，游客的购物需要刺激有些人对珊瑚进行掠夺式的开采，从而使珊瑚礁资源遭到很大破坏。

(3)生活污染源

随着人口在旅游城市或旅游区周边的集中，旅游城市和旅游区内及其附近地区城镇居民所产生的城市生活污水成为引起旅游区水体污染的重要污染源。所谓城市污水，是排入城市污水管网的各种污水的总和，有生活污水，也有一定量的各种工业废水，还有地面降雨、雪融水，并夹杂各种垃圾、废物及污泥等，是一种成分极为复杂的混合液体。其中，生活污水是人们日常生活中产生的各种污水的混合液，其来源包括家庭和各种集体单位和公用事业单位等的厨房、浴室等排出的污水和厕所排出的粪便污水。这种污染源排放的多为洗涤水、冲刷器物所产生的污水以及排泄物等，由一些无毒有机物，如糖类、淀粉、纤维素、油脂、蛋白质、尿素等组成，其中氮、磷、硫等含量较高。污水中还伴生有各种合成洗涤剂，它们对人体和水生生物均会有一定危害。此外，在污水中还含有相当数量的微生物，其中的一些病原体，如病菌、病毒及寄生虫等，都对人的健康有较大的危害。

城市生活污水含有大量有机物质，排入旅游水体后，即成为微生物的营养源，使有机物分解而被消化。分解过程中消耗水中大量的溶解氧，一旦水体中氧气补给不足，将使氧化作用停止，引起有机物的嫌氧发酵，分解出甲烷、硫化氢、硫醇、酚类化合物及氨等腐臭气体，散发出恶臭，严重影响游客的旅游活动。水生生物受这种有臭味废水的影响，也带有臭味，使鱼类、贝类的质量下降，甚至使之无法食用。若有色度高的废水排入旅游区的水体，除影响旅游水体外观外，还会影响其色泽，从而影响游客的观赏质量。

(4)油污对水体的污染

沿海及河口石油的开发、油轮的运输、炼油工业废水的排放，会使水体受到油的污染，特别在河口和近海水域，近年来这种污染十分突出。油的污染不仅有害于水的利用，而且油在水面形成油膜后，影响氧气的进入，对生物造成危害；漂浮在水面上的油膜还容易填塞在鱼的鳃部，使鱼窒息；漂浮在水面上的油层受水流和风的影响，可以扩散很远，致使海滩变坏，鸟类生活也遭到危害，滨海休养地和风景区都会遭到破坏。

2. 空气污染

旅游业被普遍认为是一个“干净的产业”，但旅游开发也会带来空气污染。如果一个地区旅游者使用的车辆和为旅游者提供的车辆过多，就会造成空气污染，特别是在重要的旅游景区。车辆废气排放系统保养不当会加重这种污染。另外，如果旅游开发项目规划不当，开发不好或正在建设中，那么在开阔的、没有植被的地方，空气中就会充满尘土并造成空气污染。

3. 噪声污染

大量的旅游者和旅游车辆可以产生噪声。有时游乐园、汽车和摩托车赛车道等旅游景点也可带来噪声。这些噪声可能会令人感到不适和烦躁。

4. 视觉污染

设计不好或设计不当的饭店和其他旅游设施也许会与当地的建筑风格和规模格格不入。旅游设施的布局规划不得当，景观的美化不到位，过度使用丑陋的大型广告牌，以及破旧不堪的建筑物和景观等，都会使环境对旅游者和居民失去吸引力。过度拥挤的交通、游客数量过多（特别是在深受欢迎的旅游景点）以及交通拥挤所造成的与旅游相关的环境问题，都会引起当地居民的不满。

5.破坏生态平衡

有些类型的生态问题是由于对旅游业开发不加控制而造成的。例如,旅游者过度使用脆弱的自然环境会破坏生态平衡;在公园或保护区内,许多旅游者践踏植被,导致植物死亡或阻碍它们的生长;旅游者采集稀有贝壳、珊瑚、海龟壳或其他诸如此类的东西(或者当地人采集后出售给旅游者)造成了某些生物种群的大量减少;船只、船只抛锚以及潜水者会毁坏和杀死珊瑚(珊瑚再生需要几十年的时间);过分充填红树林湿地,而这些沼泽地正是海洋生物的重要栖息地和水循环的重要场所。

法国、西班牙、意大利等国,由于海洋旅游业的飞速发展,沿海的大部分地区已失去了原来大海、阳光、沙滩、绿树和村落构成的纯朴自然景观,这些地区很多已被拥挤的建筑、人群所取代。同时,对野生生物的破坏以及各类废弃物等困惑着这些滨海旅游胜地。由于人为的因素,使得森林火灾十分频繁,火灾每年都要毁掉约 20 万公顷的森林。旅游业使地中海地区的多种生物物种受到灭绝的威胁,龟和海豹及很多海洋生物遭到灭顶之灾。在突尼斯这个本来已是视水如金的国度,旅游业对水的需求导致地下水资源几乎枯竭。在肯尼亚、坦桑尼亚、马达加斯加、毛里求斯、塞舌尔、泰国、马来西亚及其他一些国家,珍贵的自然景观珊瑚礁已经遭到破坏。

海洋旅游业的发展给旅游区的生态环境带来了不少新的问题。例如,度假者群集于墨西哥太平洋海岸,观看海龟在月光下产蛋。这对阻止当地人偷猎海龟起到了一定的作用。可是,海滩投下的强烈耀眼的灯光,也使海龟不知所措,以至于不能产蛋。在非洲加纳利群岛,每年几十万游客蜂拥而至,来观赏挑逗鲸鱼的节目,并在海上坐着游艇追逐鲸鱼。受到惊吓的鲸鱼潜入水中,由于时间过长而面临窒息的危险。哥斯达黎加是创建生态旅游较早的国家,这一行业为国家每年带来 5 亿美元的收入,仅次于香蕉出口创造的收入。然而,当地特有的珍稀动物松鼠猴却随之遭难。松鼠猴喜欢在树木间来回攀援,并悬挂在树上吃食、嬉戏。但不知什么时候,在它们栖息的茂密森林中雨后春笋般地冒出了许多旅馆,影响了松鼠猴的正常生活。

四、海洋旅游环境保护与可持续发展

在众多的海洋产业中,发展最快、投入产出比最高的是海洋旅游业。据国外的经验,一个大型海洋旅游娱乐城市或基地的年收入可达几十亿美元。开展海洋旅游,对于加速沿海地区经济发展有重要意义。海洋旅游业的飞速发展,迫切要求对旅游资源的合理开发利用、海洋旅游环境保护与可持续发展等关键性问题进行科学研究,为滨海地区旅游业的健康发展提供保障。根据国际国内海洋旅游业开发的实践经验,必须端正旅游开发和旅游业发展的指导思想,在合理利用海洋旅游资源的同时，加强环境治理和保护。监控和整治海洋污染，严格控制废水、废渣的入海排放量和浓度；根据旅游市场需求，科学制定海洋旅游资源开发利用规划，合理布局旅游业和临海工业，使陆源排污口避开滨海旅游地；强化海洋环境管理，制订和完善有关海洋地区污染物排放的政策和法规，并切实做好环保的监督和执法工作；大力宣传海洋旅游环保知识，增强公众的海洋旅游环境意识，加强旅游环境的保护和绿化美化，杜绝旅游污染，为海洋旅游业的发展营造良好的外部环境。

（一）开展海洋旅游环境监测和评价，严格控制污染物排放

海洋环境问题特别是海洋污染对海洋生物资源、甚至人类健康所造成的严重危害，早已引起世界各国、特别是沿海国家的密切关注。20 世纪 70 年代以来，国际性或区域性环境问题会议频繁，尤其是 1972 年 6 月，联合国在瑞典斯德哥尔摩召开的人类环境会议（包括海洋环境内容），标志着国际社会对环境问题的关注。许多国际性组织，如政府间海事协商组织（IMCO）、联合国教科文组织（UNESCO）和粮农组织（FAO）等也都设立了有关海洋环境保护的组织机构，制定了海洋污染研究和监测计划，组织开展了大量的调查研究工作。不少地区针对海域污染日益严重的事实，成立了区域性的海洋环境保护组织，组织有关沿海国家开展海洋环境污染调查、研究、监测和保护工作。为维持海洋旅游环境的正常状态，改善被污染海区的水质，各国根据不同海区的具体情况和对水质的不同要求制定了海洋环境水质标准和相应的污水排放标准，作为水质监测的基础。我国早在 1982 年就制定了全国统一的水质标准，并施行了相应的全国统一的工业废水排放标准。这些工作有效预防和控制了海洋旅游环境的恶化，逐步改善了已遭受污染区域的环境质量。

在滨海旅游地建立统一的环境监测系统、进行日常监测工作是控制海洋旅游环境污染、保护海洋旅游资源和环境的重要措施。要根据旅游资源调查的结果，建立海洋旅游资源和环境数据库、信息库，为海洋旅游资源与环境评价、旅游资源开发提供依据。及时测定各种类型的污染物质，提供海洋环境因素如海区水文气象情况及水化学性质等方面的情报资料；从生态学方面考虑，定期测定海水及近岸各种污染物质的含量及其他水质指标；从公共卫生观点出发，开展游泳和其他娱乐活动的滨海旅游地水质标准应高于基本标准。要对通过海洋生物能够危害人类健康、影响海岸环境质量的污染物进行监测，当海水、近岸或特定的生物体内某种污染物质超过最高允许浓度时，应发布警报。要监测客流情况，及时发现旅游业带来的环境问题并加以控制。

要根据海洋旅游类型，制定合理可行的海洋环境法规和环境质量标准，针对某个旅游部门产生的环境问题确定相应的环境标准，并评价环境标准的执行情况。针对海洋旅游活动及其结果进行评价，在宏观方面进行海洋环境评价、海洋

旅游产品评价，在微观方面针对造成环境压力的具体行为和问题进行评价。加强海洋旅游开发过程中社会经济和生态的综合评价。对评价产生的数据库定期更新，作为海洋旅游管理的依据。

要防止沿海污染事故的发生。近年来海洋污染事故大幅度增加，污染区域逐渐扩大，我国沿海各省、自治区、直辖市都有污染事故发生。事故中较大事故比较多，近年特大事故、特别是百万元以上的恶性事故增幅较大。沿海各省因船舶碰撞或触礁引起石油泄漏污染海域的事故也连续发生，造成极大危害。滨海旅游地域必须防止污染事故，在事故多发海域建立及时有效的污染事故应急处理机制。

要制定滨海旅游地域的污染物排放标准并贯彻实施，控制滨海旅游地的污染物排放最大量、排放浓度和排放区域；控制船舶清洗作业带来的石油污染；禁止在旅游区及其周边地区布局空气污染和噪声污染严重的工业企业，并对机动车辆的空气污染和噪声污染严加控制；控制旅游开发中使用的材料类型。要加强对游客的宣传教育，防止游客行为不当对滨海旅游地域环境造成的危害。要积极学习和引进国内外先进的海洋污染治理研究成果，提高滨海旅游地域环境质量。

（二）加强和完善滨海旅游地基础设施建设

基础设施是海洋旅游资源开发的物质基础。为了增强海洋旅游业的发展后劲，保护滨海旅游地域环境，必须加强滨海旅游地区的给排水、废弃物处理、交通、能源、通讯与信息网络系统等城市基础设施建设。要加强能源建设，调整能源结构，减少能源消耗引发的环境污染。要兴修水利，提高淡水的重复利用率和海水利用率，合理规划铺设能源及给排水管线，保证旅游地能源和水源的充足、稳定供应。旅游地交通建设的重点应根据海洋旅游业发展的需要严格控制交通工具的数量，同时完善旅游地交通网。加强对废弃物处理设施设备和处理技术的研究以及对滨海旅游地废物丢弃规律的研究，有针对性地提高滨海旅游地的垃圾箱密度和垃圾处理系统等级，以减轻旅游带来的固体污染。

在交通建设方面，要研究客源规律，通过科学规划，提高交通设施利用效率，避免因运力匮乏引起旅游者滞留。根据主要客源市场及主要潜在客源市场的区位，进行机场、铁路和公路设施的全面规划和重点建设。新的旅游开发项目应尽可能位于公共交通便捷且利用率高的区域，或靠近地区交通规划中的重点设施。邮船旅游是海洋旅游的一大特色，应在港口建设的同时，加快邮船的更新改造，配备现代化的导航通讯设备和游乐设施。利用现代高科技，实现环境信息和旅游信息传输的广泛和高效，是加强滨海旅游地域环境管理和旅游管理的必要保证。要强化滨海旅游地区和滨海旅游地的信息基础设施建设，配备现代化电子网络技术装备，逐步与国内外通讯网络和信息网络联结，形成高效便捷的通讯与信息网络，带动海洋旅游业宣传促销的国际化和现代化。

（三）制定海洋旅游地的旅游规划与总体规划

科学的规划是海洋旅游资源持续利用的必要保证。在滨海旅游地区的规划工作中，要把区域总体规划与旅游规划有机地衔接起来。一个独具魅力的滨海旅游地，无论是拥有悠久历史的古城，还是清新明丽的热带岛国，只要其整体风格协调优美，它本身就是一道美丽的风景。在滨海旅游地区的总体规划中要突出旅游规划的地位，注意海洋环境与海洋旅游资源的保护与开发利用。开展海洋旅游资源调查和旅游设施调查，在普查的基础上制定海洋旅游规划和滨海旅游地的土地利用规划，加强海洋的功能分区。根据滨海旅游地的地貌形态与活动、资源和设施的地域配置确定滨海旅游地的空间布局模式和开发建设项目，确定开发重点和步骤，然后进行旅游地开发项目及其配套项目的具体规划，并设计滨海旅游地的风格、尺度、材料、色彩、地面、环境设施、标志、植物、空间秩序等环境因素，限制新建筑的数量、规模、密度和区位。

为促使滨海旅游地建设能按照规划意图实现良性发展，规划必须遵循以下基本原则：

(1)生态原则

良好的海洋生态环境是滨海旅游地赖以生存和发展的基础，必须把开发量控制在该区域生态系统保持自行调节和正常循环的相对稳定水平上，在保护和培育生态稳定性的前提下进行适度开发。

(2)特色原则

规划要维护滨海旅游地原有的自然环境与社会环境，以体现旅游地与众不同的特色，吸引游人。这种特色反映在滨海旅游地的自然特色、人文景观、民俗风情、娱乐活动等旅游项目的内容和形式上。项目规划应在突出自身个性的同时，形成滨海旅游地的整体氛围，从建筑物、标志物、环境设施和环境品质上反映出来。

(3)系统原则

滨海旅游地的规划应具有系统性和综合性，规划中对项目系统的不同层次、新建项目与滨海旅游地环境以及滨海旅游地与周边地区的关系进行全面周密的考虑。

(4)动态原则

滨海旅游地规划应根据环境的变化进行适时的调整，成为不断调整的动态过程。要在规划时严格控制用地和建设规模，同时在建设目标和时间等因素上有一定的伸缩性及开发时序性。

以往在旅游资源开发宣传中，人们普遍认识到海洋旅游资源丰富的一面，却忽视了海洋生态环境脆弱的一面。滨海旅游地的项目建设，应经过科学的研究和论证，除了考虑其经济性、合理性和审美的整体性，必须充分考虑其环境效应，使之与当地的自然环境、社会环境和文化环境能够达到完美的结合，与当地旅游业的发展相协调。一些成功的滨海旅游地规划明确规定了建设标准，如旅游地建筑物限制高度和密度、建筑物与海岸线的最小距离、公用设备线的埋设等。

由于人满为患，滨海旅游地旅游环境条件明显恶化甚至被永久性破坏，出现垃圾泛滥等诸多问题。滨海旅游地应加强对海洋旅游环境及旅游者构成的研究，针对旅游者类型，确定滨海旅游地的自然环境容量和海洋旅游容量。通过实地调查，将易受污染的敏感区域划定为海洋旅游保护区，严格控制旅游者数量，保护海洋旅游环境。研究如何利用价格杠杆和各种经济手段平衡淡旺季旅游者数量，将接待规模控制在海洋旅游接待容量以内，防止对海洋旅游景观的破坏。要研究海洋旅游及环境相关设施系统的配置等级，以保证海洋旅游接待能力的延续性。研究海洋旅游产品的生命周期，加快开发环境亲和的旅游新产品。认真研究海洋旅游目的地的社会文化特征和大众旅游文化的取向，将海洋旅游文化内涵渗透到旅游资源开发规划和旅游设施建设的全过程中，渗透到海洋旅游产品的设计和生产中，使海洋景观建设、景点开发与之协调。

（四）严格进行旅游设施建设评估论证，加强旅游开发管理

利用科学的手段对海洋环境状况、海洋环境质量标准的执行情况进行定期或不定期的调查监控；应用系统论、运筹学等技术，努力实现海洋旅游动态管理的现代化。旅游管理部门据此采取适当的调控策略，如通过对土地结构的调整实现海洋旅游用地与游客需求之间的动态平衡，必要时利用价格杠杆控制和调节旅游地的游客数量，以确保海洋旅游资源的永续使用。保护海洋旅游环境要求强化政府宏观管理职能，理顺旅游管理体制。在一些滨海旅游地，旅游开发缺乏科学的指导思想，管理体制混乱，时常导致利益各方各自为政，使海洋旅游业的发展滞缓，旅游环境质量严重下降。旅游业具有良好的行业带动作用和就业功能，海洋旅游目的地各级政府的决策层及相关职能部门应当充分认识海洋旅游环境对当地旅游业乃至当地国民经济良性发展的重要性，牢固树立可持续发展的思想观念，做好组织协调工作，理顺旅游主管部门与各方面的关系，加强旅游业的行业管理力度，克服海洋旅游业发展中政出多门的弊端。要加强管理、协调和监督等各方面的力度，建立运转协调、灵活高效的管理体制，以适应新时期海洋旅游业发展的需要，适应保护海洋旅游环境的需要。

同时，要利用经济杠杆和法律手段进行调节和控制，形成“经济、行政、法律”三位一体的综合管理体制。在科学研究制定海洋旅游发展战略的基础上，采取有力措施贯彻落实海洋旅游环境保护措施，实现经济、行政、法律手段互相补充。目前滨海旅游地的立法管理仍是一个薄弱环节，应严格制定有关海洋旅游开发的条例和法规，颁布详细的管理办法，实行海洋旅游业的规范化管理。并运用法

律手段和经济手段，对违反环境立法的企业和个人进行严格惩处。合理开发、保护、利用海洋水资源；大力开发海洋能源。对岛上稀缺资源和能源的使用加征税费，对采用环保和节能措施的企业、个人给予一定的政策优惠。

滨海旅游地的旅游设施建设，一是宾馆饭店设施的建设，要在旅游市场调查和研究的基础上，合理确定宾馆饭店的结构和总体规模，鼓励投资者适时、适地地建设宾馆饭店，为旅游者提供满意的住宿和饮食服务；二是根据旅游规划，加强旅游地游览设施、娱乐设施以及配套服务设施的建设，为旅游者提供多方位的配套服务。在滨海旅游地建设旅游设施时应加强可行性研究和系统的规划，不断创造旅游精品，塑造滨海旅游地区的形象。

滨海旅游地的项目建设应慎之又慎。政府管理机构应当制定衡量可持续发展指标，建立相应的评估体系，对海洋项目建设的可行性从多角度加以科学的评估和论证，把项目建设可能获得的经济效益与可能对海洋环境造成的影响综合起来考虑，在项目实施过程中加强监督和控制。滨海地区主管部门重点研究区域旅游业可持续发展的潜力和主要影响因素，研究滨海项目建设对海洋旅游环境可能造成的影响，对旅游地内的建设项目严格进行审批、监控和协调。同时将海洋旅游环境观念有机地融入海洋旅游开发的政策中，设施建设尽可能使用可循环材料，提高资源使用效率，使废物最少化；鼓励使用当地的砂石等建筑材料，同时严格控制海滩沙的开采。

（五）大力宣传海洋旅游环保知识，增强公众的海洋旅游环境意识

存在于世界许多滨海旅游地区的不文明旅游行为，是造成滨海旅游地区环境污染和生态破坏的一个不可忽视的原因。全社会的环境意识、完善的法律制度、专门的管理机构和一贯的经济与社会政策，是滨海旅游地区环境保护的有力保证。为此，除加强滨海旅游地区的立法和执法力度外，还必须针对旅游者、旅游从业者及当地群众的特点，广泛开展海洋环境保护知识的宣传教育，加强海洋环境科学技术研究成果的转化，增强社会公众和旅游从业者的海洋环境意识和法制观念，倡导海洋生态旅游。健康文明的海洋生活方式和优美的旅游地环境，是海洋地区旅游文化的体现，赏心悦目、文明现代的旅游地形象是海洋旅游业持续发展的保证。滨海旅游地区应积极发展海洋的科技教育事业，通过教育提高当地居民的整体素质。选择适当的地点和方式向旅游经营者、服务人员、居民和旅游者进行环境亲和行为的宣传和教育，培养居民和游客的环境意识。目前中国正在发起一场“清洁海岸”和“绿色海岸之旅”的志愿者活动。要鼓励滨海旅游地居民开展海洋美化和装饰活动，爱护自己的家园，禁止经营者和游客采集稀有的海洋动植物。

教育和培训的第二个方面是针对旅游行业的。滨海旅游地的旅游形象不仅取决于它的旅游资源水平，更重要的是它的社会文化内涵和旅游从业者的整体

素质状况。旅游教育体制、教育结构的建立和完善对提高旅游从业人员素质、提高滨海旅游地文化环境品位起着关键作用。旅游学科的综合性和旅游需求的多样性要求滨海地区不仅在高等教育课程中增加海洋环保和海洋旅游的内容，同时要根据当地的实际情况和现代旅游业对从业者素质的新要求，构建起包括职业教育、成人教育等多种教育方式的旅游教育和培训结构，不断提高海洋旅游从业人员的职业技能、职业素质和海洋环保意识。

宣传和教育的第三个方面是针对旅游者的。有学者说：在很多情况下问题是出于愚昧而不是出于设计。减少旅游者对海洋旅游环境的破坏，需要在滨海旅游地形成一个爱护海洋环境的信息与知识的氛围，与法律的、经济与社会的政策相结合，使每个旅游者都持有新型的海洋旅游环境价值观念和生存准则，对海洋乃至地球环境抱有危机感和责任感，从自我做起，保护海洋环境。

第六章 海洋旅游安全常识

根据马斯洛需求层次理论，安全是仅次于生理需要的第二个人类基本需要。在现代社会，旅游已经普遍成为人们的生活方式之一，正因为如此，对众多的旅游者来说，旅游安全是其关注的首要问题。特别是与陆上旅游活动相比，海洋旅游的安全问题更值得人们注意。这是因为，第一海洋旅游活动大部分是在远离陆地的海洋中进行，其中的不稳定性以及不安全因素难以为人们所掌控。第二，对于海洋旅游，不少旅游者和旅游从业人员安全意识薄弱，海洋旅游资源安全管理无序。但是，通过掌握必备的海洋旅游安全常识，海洋旅游的安全隐患还是可以避免或减小到最小的。

第一节 海洋旅游常见病及其预防

在旅游特别是海洋旅游过程中，旅游者因受身体健康状况、外在环境、饮食等因素的影响而会出现一些常见病。这些常见病症主要表现为中暑、痢疾、热带病、海鲜过敏以及晕船等。本节主要介绍这些常见病的症状、预防措施及一些基本治疗措施。本节介绍仅供参考，如有上述病症还请遵医嘱。

一、中暑

在海洋旅游中中暑是最常见的病症。中暑，又叫热射病，是人在烈日或高温环境里，体内热量不能及时散发，引起机体体温调节发生障碍，或因大量出汗使体内失盐，血液浓缩、粘稠度增高，以致皮肤与肌肉内血管扩张引起血压下降、脑部缺血。中暑是一种威胁生命的急诊病，若不给予迅速有力的治疗，可引起抽搐和死亡、永久性脑损害、肾脏衰竭，甚至死亡。

（一）症状

根据临床表现的轻重，中暑可分为先兆中暑、轻症中暑和重症中暑，它们之间的关系是渐进的。

高温环境下,人们首先出现先兆中暑,表现为多汗、口渴、无力、头晕、眼花、耳鸣、恶心、心悸、注意力不集中、四肢发麻、动作不协调等。这时若能及时转移到阴凉通风处,补充水分和盐分,短时间内即可恢复。

轻症中暑:病人除有先兆症状外,有的表现为体温升高至38℃以上,皮肤灼热、面色潮红;面色苍白、呕吐、皮肤湿冷、脉搏细弱、血压下降等周围循环衰竭的表现,通常休息后体温可在4小时内恢复正常。

重症中暑:上述症状进一步加重。病人多以突然抽搐、谵妄或昏迷起病,同时出汗停止、呼吸急促,体温达40℃以上,皮肤干燥泛红,若不给予及时有效的治疗,可引起死亡。

(二)预防措施

发生中暑的外界因素主要为高温、高湿、风速小。据研究,在连续三天平均气温超过30℃和相对湿度大于73%的情况下最易发生中暑。同时也要注意,有时虽然气温不高,湿度不大,但由于环境通风较差,也易发生中暑。另外,发生中暑也与自身因素有关,比如产热增加、热适应差、散热障碍等。为此,在外出旅游的过程中要注意以下六点事项:

(1)躲避烈日:在外出旅游过程中,尤其应避免上午10点到下午16点这段时间在烈日下行走,因为这个时间段发生中暑的可能性是其他时间的10倍!尤其老年人、孕妇及有慢性疾病特别是有心血管疾病的人,在高温天气下要尽可能地减少外出活动。

(2)遮光防护:如撑遮阳伞,戴遮阳帽、太阳镜,涂抹防晒霜,准备充足的饮用水。需要提醒的是,即便是身体强健的男士,也应做好上述防护措施,至少应该撑一把遮阳伞。

(3)补充水分:养成良好的饮水习惯,通常最佳饮水时间是晨起后、上午10时、下午3～4时、晚上就寝前,分别饮1～2杯白开水或含盐饮料(水2～5升加盐20克)。不要等口渴了才喝水,因为口渴表示身体已经缺水了。平时要注意多吃新鲜蔬菜和水果以补充水分。

(4)充足睡眠:夏天日长夜短,容易感到疲劳。充足的睡眠,可使大脑和身体各系统都得到放松,既利于身体健康,也是预防中暑的好措施。

(5)增强营养:营养膳食应是高热量、高蛋白、高维生素A、B1、B2、C。在外出旅游就餐时可多吃番茄汤、绿豆汤、豆浆、酸梅汤等。

(6)备防暑药:随身携带防暑药物,如人丹、十滴水、藿香正气水、清凉油、无极丹等。一旦出现中暑症状就可服用所带药品缓解病情。

(三)治疗措施

在旅游的过程中,一旦有旅游者出现中暑症状,要立刻展开现场急救,把伤害降到最低。中暑的现场急救措施如下：

(1)搬移：迅速将患者抬到通风、阴凉、干爽的地方，使其平卧并解开衣扣，松开或脱去衣服，若衣服被汗水湿透应更换衣服。

(2)降温：患者头部可捂上冷毛巾，用50%酒精、白酒、冰水或冷水进行全身擦浴，然后用扇或电扇吹风，加速散热。有条件的也可用降温毯给予降温。但不要快速降低患者体温，当体温降至38℃以下时，要停止一切冷敷等强降温措施。

(3)补水：患者仍有意识时，可给一些清凉饮料，在补充水分时，可加入少量盐或小苏打。但千万不可急于补充大量水分，否则，会引起呕吐、腹痛、恶心等症状。

(4)促醒：病人若已失去知觉，可指掐人中、合谷等穴，使其苏醒。若呼吸停止，应立即实施人工呼吸。

(5)转送：对于重症中暑病人，必须立即送医院诊治。搬运病人时，应用担架运送，不可让患者步行，同时运送途中要注意，尽可能地用冰袋敷于病人额头、枕后、胸口、肘窝及大腿根部，积极进行物理降温，以保护大脑、心肺等重要脏器。

二、痢疾

在旅游过程中，特别是到滨海或海岛目的地，一般都会品尝当地的海鲜风味餐。但是大部分旅游者在品尝之后出现腹泻现象。造成这种现象的主要原因是海鲜中带有细菌，一些抵抗能力差的游客就容易得病。痢疾包括阿米巴痢疾和细菌性痢疾(简称菌痢)，分别是由阿米巴病原和痢疾杆菌引起。阿米巴痢疾分布遍及全球，以热带和亚热带地区多见；细菌性痢疾常年散发，夏秋多见，是我国的常见病、多发病。在这里主要对菌痢作介绍。

(一)症状

细菌性痢疾简称菌痢，是志贺菌属(痢疾杆菌)引起的肠道传染病。临床表现主要有发冷、发热、腹痛、腹泻、里急后重、排粘液脓血样大便。潜伏期为数小时至7日，起病较急，患者畏寒发热，体温可达38℃～40℃。该病每年夏季发病率最高，小儿发病率较成人高。

(二)预防措施

预防痢疾的最佳措施是注意饮食卫生，其次还要注意环境卫生和个人卫生。在吃海鲜时，应注意避免食用细菌含量高的海鲜，如海红、毛蛤、花蛤、贝蛤等。同时也要避免食用生的或半熟的海鲜。通常鱼、虾、蟹及贝类等生物体内含有大量的副溶血性弧菌、霍乱弧菌、伤寒杆菌、沙门氏菌和肠道致病菌以及寄生虫，而且海鲜离开水2～4小时以后，还会受到这些病菌的感染，所以对食用的海鲜必须高温加热至熟透，才能防止细菌侵入体内。

除此之外，为预防菌痢，旅游者在外就餐时要勤洗手。在饮食上也应注意，少食或不食粗纤维、胀气食物、辛辣等刺激类食物。同时也要随身携带必备的药品，如诺氟沙星胶囊、氧氟沙星、痢特灵、黄连素、藿香正气水等。

（三）治疗措施

细菌性痢疾患者症状较轻的一般可以服用随身必备的药品给予简单的治疗。

（1）诺氟沙星：口服，成人每次 0.1～0.2 克，每日 3～4 次。空腹服药吸收较好。

（2）氧氟沙星：口服，成人每次 0.1～0.2 克，每日 2～3 次。

（3）痢特灵：口服，成人常用量每次 0.1 克，每日 3～4 次。

（4）藿香正气水：每瓶装 10 毫升，口服，每次 5～10 毫升，每日 2 次，用时摇匀。

（5）克痢痧：口服，成人每次 2 粒，每日 3～4 次。

以上治疗仅适用于轻症患者，如若病情加重或重症患者应立即送往医院治疗，以免发生意外。

三、热带病

热带病是热带地区炎热潮湿环境下流行的传染病，它们多是由蚊子、黑蝇、白蛉、采采蝇、猎蝽和家蝇等昆虫以及蜗牛传播的寄生虫病。其中多数病种为热带地区特有，少数在亚热带以及其他气候带也出现过。热带病的病种比较多，有昏睡病、查加斯病、登革热、麦地那丝虫病、利什曼原虫病、淋巴丝病虫、阿米巴痢疾、河盲病、血吸虫病等。热带病主要存在于南美洲、非洲、东南亚等的发展中国家和地区，因为这些国家和地区的气候和落后的卫生条件多利于寄生虫的繁殖。对此，广大的旅游爱好者在选择旅游目的地的时候要尽量避免这些地方，即使是在一些卫生环境好的热带旅游目的地，也要时刻注意卫生。

疟疾是分布最广、最常见的一种热带病，下面简要介绍疟疾的相关知识。

（一）症状

疟疾是由疟原虫引起的，经蚊子传播的寄生虫病。各期主要症状如下：

（1）前驱期：头痛、全身酸痛、乏力、畏寒。

（2）发冷期：手脚发冷，继而寒战、发抖、面色苍白、口唇指甲发绀。体温迅速上升。此期可持续 10 多分钟至 2 小时。

（3）发热期：寒战后全身发热、头痛、口渴，体温可升至 39℃以上，有些病人可出现抽搐。此期可持续 2～3 小时。

(4)出汗期：高热后大汗淋漓，体温迅速下降，此期可持续 1 小时以上。

(二)预防措施

以防蚊、灭蚊为主。疟疾高发区人群及流行区的外来人群，可选择下列药物进行预防以防止发生疟疾。

(1)乙胺嘧啶 25 毫克，每周 1 次；或加黄胺多辛 0.5 克，每周 1 次。

(2)氯喹 0.3 克，每周一次。

(三)治疗措施

根据疟疾患者表现的症状，相应的治疗措施有：

(1)间日疟治疗

氯喹 1.5 克，3 日分服(第 1 日 0.6 克，第 2、3 日各 0.45 克)，加伯氨喹 90～180 毫克，4～8 日分服(每日 22.5 毫克)，以上均为成人剂量，儿童酌减，下同。

(2)恶性疟治疗

氯喹 1.5 克，3 日分服(第 1 日 0.6 克，第 2、3 日各 0.45 克)，加伯氨喹 67.5 毫克，2 日分服(每日 2.5 毫克)。

(3)对氯喹抗性的恶性疟治疗

哈萘啶 1.2 克、磺胺多辛 1.0 克，加伯氨喹 45 毫克，2 次分服；可青蒿琥酯 600 毫克，5 日分服(第 1 日 200 毫克，2 次分服用；第 2～5 日，每日 100 毫克，2 次分服)，加伯氨喹 67.5 毫克，3 日分服。

(4)重症恶性疟治疗

用青蒿琥酯或咯蔡啶或蒿甲醚或二盐酸奎宁注射作抗疟治疗，以及输液补充维生素并作辅助治疗和对症治疗。

以上用药仅供参考，如需用药请遵医嘱。

四、海鲜过敏

在海洋旅游过程中品尝海鲜风味餐是不可缺少的特色旅游项目，但是不少旅游者由于自身身体原因经常出现海鲜过敏现象。为此，我们将海鲜过敏简要介绍如下：

(一)症状

海鲜过敏是一种特殊的中毒现象，表现为类似过敏的症状，如皮肤瘙痒、发红、水肿等。也有因食用虾、蟹、贝类、鱼等海鲜或其他动物性蛋白质食物后，出现腹痛、腹泻，引起过敏性肠炎。还有因食用不新鲜或腐败的海鲜引起中毒。中毒时发病快，常在食后 0.5～1 小时发病，有时只要 5 分钟。

发病症状主要表现为胃肠道症状：恶心、呕吐、腹痛、腹胀、腹泻，黏液样或稀水样便，个别人还会出现过敏性胃炎及肠炎、乳糜泻等；皮肤症状：皮肤充血、湿疹、瘙痒、荨麻疹、血管性水肿。这些症状最容易出现在面部、颈部、耳部等部位；神经系统症状：如头痛、头昏等，比较严重的还可能会发生血压急剧下降，意识丧失，呼吸不畅甚至是过敏性休克的症状。

（二）预防措施

引起海鲜过敏主要是由于食用组胺含量高的海鲜，过敏体质的旅游者尤其容易引发。因此，要选择食用组胺含量低的海鲜，如虾、蟹、墨鱼等，还应尽量避免生吃海鲜，避免食用腌制的或本身带有毒性的海鲜。

吃海鲜不宜喝啤酒。食用海鲜时饮用大量啤酒会产生过多的尿酸，可在关节中形成尿酸结晶，使关节炎症状加重。

鱼虾含丰富的蛋白质和钙等营养物质，如果与某些水果如柿子、葡萄、石榴、山楂、青果等同吃，就会降低蛋白质的营养价值。而且水果的某些化学成分容易与海鲜中的钙质结合，从而形成一种不容易消化的物质。这种物质会刺激肠道，引起腹痛、恶心、呕吐等症状。因此，海鲜与这些水果一起吃，至少应间隔 2 小时。

（三）治疗措施

出现海鲜过敏的症状后，应立即促使患者催吐、导泻，以排出体内的毒物。然后口服抗组胺的药物，如扑尔敏、息斯敏。病情严重的患者应当及时送至医院医治。

五、河豚鱼中毒

河豚由于肉鲜美柔嫩无比而受到人们的追捧，但是人们在享受过美味之后，中毒事件也常常发生。因此，在海洋旅游中不要轻易尝试河豚。

河豚鱼是一种海洋鱼类，全球共有一百多种，我国约有 40 种，其中常引起人中毒的主要有星点东方豚、豹纹东方豚等。河豚鱼的毒性是由其体内的河豚毒素引起的。不同性别、不同鱼体部分以及不同季节，河豚鱼所含毒素的量有所不同。一般来说，卵巢和肝脏含毒素量最多，故毒性也最大，其次是肾脏、血液、眼、腮和鱼皮等处。除由细菌产生的蛋白质毒素外，河豚毒素是属于毒性最强的一类天然毒素，其毒性比氰化钠还强 1000 倍。根据中毒事例推断，体重 50 千克的人的口服最小致死量约为 2 毫克（10000 鼠单位/50 千克体重）。

（一）症状

河豚鱼毒素的毒理作用主要是麻痹神经末梢和中枢神经，抵制血液中胆碱酯酶，使神经肌肉系统严重麻痹，阻止神经肌肉传导，使中枢神经失调。

中毒症状如下：(1)潜伏期：病情发展快，一般食后半小时至 3 小时出现症状。首先出现的症状是剧烈的恶心、呕吐和腹痛，然后出现腹泻。(2)神经损害：

毒素被吸收入血液后，首先引起感觉丧失、痛觉消失、上眼睑下垂、口唇及四肢麻木，然后肌肉瘫痪、行走困难、共济失调、呼吸浅而不规则、血压下降、昏迷不醒、瞳孔散大，最后呼吸麻痹死亡。

（二）预防措施

河豚鱼的肉非常鲜美，如果加工得当，没有造成毒素渗透是可以食用的。加工河豚鱼必须由专业人员进行去毒处理。河豚鱼在有的地方是禁止上市的，旅游者最好少食用，更不可在不规范的市场、饭店购买或食用河豚鱼。

（三）治疗措施

对于河豚中毒症状，要对症治疗。同时必须迅速抢救，否则会导致死亡。

(1)催吐、洗胃、导泻。用1%硫酸铜溶液50～100毫升催吐；用1∶4000高锰酸钾液或0.5%活性炭悬液反复洗胃，口服硫酸镁导泻。

(2)鲜芦根和鲜橄榄各200克，洗净捣丸口服。或鲜芦根1000克捣汁内服。

(3)在有条件的情况下静脉滴注5%葡萄糖生理盐水500～2500毫升。1%盐酸士的宁2毫升肌肉注射，每天3次。

(4)在催吐、洗胃后急送医院救治。

六、晕船、晕车、晕机

运动病又称晕动病，是晕船、晕车、晕机等的总称。它是指乘坐交通工具时，人体内耳前庭平衡感受器受到过度运动刺激，前庭器官产生过量生物电，影响神经中枢而出现的出冷汗、恶心、呕吐、头晕等症状群。身体健康状况不良、患有急慢性疾病、过度疲劳、睡眠不足、暴饮暴食、空腹等因素都可诱发和促使发病。

（一）症状

晕车、晕船和晕机的症状因人而异，轻者仅感头昏、恶心。比较重的头晕目眩、恶心呕吐、面色苍白、出冷汗，甚至血压下降而虚脱昏倒。严重的晕动病，因呕吐频繁而导致电解质紊乱，发生酸中毒性休克。

（二）预防措施

晕动病是可以预防的，虽然每个人的体质和敏感程度不同（如有些人特别的敏感），但还是有办法帮助这些容易晕车的人避免或减缓晕动病症状的。

(1)吃得过饱、疲劳、睡眠不足、空气污浊、情绪紧张及汽油和油烟等特殊气味都可能促使晕动病的发生和症状加重，因此要避免这些不良因素。

(2)加强锻炼身体，增强前庭器官耐受性。晕动病多发生于前庭器官比较敏感的人。因此，平时多注意锻炼身体，多做转头、弯腰、转身及下蹲等动作，以增加前庭器官的耐受性。

(3)特殊的前庭训练。可通过康复训练预防晕动病,如反复多次乘船、乘车训练,以提高前庭器官对不规则运动的适应能力。此外,害怕晕车的人可以经常参加一些活动,特别是有助于调节人体位置平衡的体育项目,如秋千、滑梯、单双杠、垫上滚翻等运动项目,能提高前庭器官的适应能力。

(4)乘车、乘船时应尽量限制头部运动,可将头靠在椅背上固定不动,以减少受到加速度的刺激,特别是旋转性刺激。有可能的话,尽量平卧。

(5)避免不良的视觉刺激。乘车时少往窗外看。坐车、坐船时看书更容易诱发晕动病,因此闭目养神可减少晕动病的发生。

(6)乘车前可服用怡含宁含片等,以预防晕动病。抗胆碱类药物对大脑皮层有抑制作用,可阻止眩晕和呕吐。

(三)治疗措施

发生晕动病时,立即让患者平卧休息,不能平卧时,可坐在车厢前部中央,或仰卧于船舱中央,以尽量减少头部晃动,可减轻晕动病症状。嘱咐患者闭目或双目凝视车、船、飞机内某一固定物体,戴多层涂清凉油的口罩,可以减少因视觉或嗅觉因素而诱发晕动病的症状。饮食不宜过饱。束紧腹带,可减少腹中脏器的震动,也有助于减轻症状。由于空气不好或汽油味大而引起的,应将病人移至通风处或无汽油味处。

可采用以下治疗措施:

(1)指掐内关穴:当发生晕车时,可用大拇指掐在内关穴(内关穴在腕关节掌侧,腕横纹上约二横指,二筋之间)。

(2)刮痧疗法:手指弯曲,用食、中二指第一指关节蘸水,挟弹病人的印堂穴及颈部两侧和背部脊柱两旁的皮肤,直至皮下出现紫红色斑点为止。

(3)在太阳穴或鼻唇沟两侧反复涂清凉油,同时口服人丹 10 粒或饮用十滴水 2～3 毫升,也可服生姜汁。

(4)症状较重者可使用以下抗晕片:

①晕海宁 50 毫克,每日 3 次;苯海拉明 25 毫克,每日 3 次;安其敏 25 毫克,每日 3 次。

②灭吐灵 10 毫克,1 日 3 次;异丙嗪 25 毫克,1 日 3 次。

③莨菪浸膏片 2～3 片,1 日 3 次。

④安定片 2.5 毫克,每次 2～3 片,使患者尽可能入睡,以减少晕动反应。

⑤如呕吐不止,可服阿托品 2～3 片,加维生素(B6)2～4 片,有止吐作用。

(5)消除患者紧张心理,转移其注意力,不要对有晕动反应的人谈论乘车、乘船、乘机发生的晕动病事例,以减少诱发因素的刺激。

第二节 海洋旅游常见事故及其预防

与陆上旅游相比，海洋旅游存在着更大的风险，同时对众多的旅游者来说海洋也是神秘的、变化莫测的。正因如此，在海洋旅游中经常会有诸如溺水，游船碰撞、起火，海上恐怖势力的威胁，迷失方向，遭遇台风、海底地震、海啸，海洋中凶猛或有毒动物侵袭，赤潮等发生。海洋旅游者有必要了解这些情况，特别是在旅游前要掌握常用的自我保护、求救和自救知识，把发生危险的几率降到最低。

一、溺水

海洋旅游中亲水活动是不可缺少的。然而准备不充分、缺少安全防范意识，遇到意外时慌张、不能沉着自救，极易发生溺水事故。

溺水致死的原因主要是由于气管内吸入大量水阻碍了呼吸，或因喉头强烈痉挛，引起呼吸道关闭而窒息死亡。溺水者的症状是面部青紫、肿胀、双眼充血，口腔、鼻孔和气管充满血性泡沫；肢体冰冷、脉细弱，甚至抽搐或呼吸、心跳停止。

当发生溺水时，不熟悉水性时可采取自救法：除呼救外，取仰卧位，头部向后，使鼻部可露出水面呼吸。呼气要浅，吸气要深。因为深吸气时，人体比重降到 0.967，比水略轻，可浮出水面（呼气时人体比重为 1.057，比水略重）。此时千万不要慌张，不要将手臂上举乱扑动，这样会身体下沉更快。会游泳者，如果发生小腿抽筋，要保持镇静，采取仰泳位，用手将抽筋的腿的脚趾向背侧弯曲，可使痉挛松解，然后慢慢游向岸边。救护溺水者，应迅速游到溺水者附近，观察清楚位置，从其后方出手救援。或投入木板、救生圈、长杆等，让落水者攀扶上岸。

将溺水者救上岸后，首先判断溺水者意识和生命体征，如果均正常，可视情况帮助其清除口腔、鼻咽腔的呕吐物和泥沙等杂物，加强护理；如果意识丧失而生命体征存在应立即去除口腔异物包括取下假牙，保持呼吸通畅。应将其舌头拉出，以免后翻堵塞呼吸道。

如果溺水者呼吸心跳已停止，应立即进行人工呼吸。在最初向溺水者肺内吹气时必须用大力，以便使气体加压进入灌水萎缩的肺内，尽早改善窒息状态。一般以口对口吹气为最佳。急救者位于伤员一侧，托起伤员下颌，捏住伤员鼻孔，深吸一口气后，往伤员嘴里缓缓吹气，待其胸廓稍有抬起时，放松其鼻孔，并用一手压其胸部以助呼气，反复并有节律地（每分钟吹 16～20 次）进行，直至恢复呼吸为止。同时进行胸外心脏按摩。让伤员仰卧，背部垫一块硬板，头低稍后仰，急救者位于伤员一侧，面对伤员，右手掌平放在其胸骨下段，左手放在右手背上，借急救者身体重量缓缓用力，不能用力太猛，以防骨折，将胸骨压下4厘米左右，然后松手腕（手掌不离开胸骨）使胸骨复原，反复有节律地（每分钟100次）进行，直到心跳恢复为止。在急救的同时应迅速送往医院救治。

海洋亲水活动固然吸引人，但是人身安全应是第一位的。溺水事故对人还是有生命威胁的，这就要求海洋旅游者要时刻保持警惕，做好安全准备工作。不会游泳者千万不要逞强，对于会游泳者也要对自己的水性有自知之明，不要贸然跳水和潜泳，更不要酒后游泳。

二、游船碰撞、起火

海洋天气变幻莫测，经常会出现风暴、大雾、强降雨等恶劣天气状况。这些给海上航行带来了很大的未知性和危险性，除此之外，也会由于游船机械故障等因素造成游船间的碰撞。

游船的起火除碰撞原因外，大多数是游船电力系统故障、游客随处丢弃烟头等原因引起。

如若发生游船碰撞或游船起火，旅游者应当保持冷静，切忌惊慌。应听从船长指挥，配合工作人员积极、有序地采取补救、求救、自救等措施，等待救援。同时旅游者也应掌握游船遇险逃生方法：如果遇险了，要在短时间内奔到通向甲板的最近出口，尽快跑到甲板上。如果不得不离船时，一定要穿好救生衣，跳水时尽量选择较低的位置，同时要避开水面上的漂浮物，从船的上风舷跳下。如果船左右倾斜，则应从船首或船尾跳下。跳到水中应采取最好的姿势，双脚并拢屈到胸前，两肘紧贴身旁，交叉放在救生衣上，使头颈露出水面。这样做对保持体温很重要。

三、海上恐怖势力的威胁

对于海洋旅游者来说，海上恐怖势力的威胁主要来自于海上恐怖活动以及海盗的掠杀。2008年以来，海盗们制造的劫持事件比往年增加了两倍。据国际海事组织海盗监控中心提供的数据，自2008年1月以来，索马里附近海域有95艘船只遇抢，40艘被劫，600多名船员遭绑架，现至少还有18艘船只和200多名船员掌控在海盗手中。海上恐怖主义袭击和海盗给世界海洋旅游业带来了严重的经济和安全影响。为了打击日益猖獗的海盗组织和海上恐怖行动，国际海事局也计划实施两项新举措，一是对船只进行电子警戒保护，二是为邮轮提供特别保护航道。海上恐怖事件的频频发生已引起国际社会的高度关注，各国联手进行海上反恐，重拳打击海盗成为大势所趋。

四、迷失方向

在海洋旅游中，团队游客在导游的带领下一般很少迷失方向。也就是说大部分迷失方向的旅游者都是海洋自助探险游客。

为了避免在海洋旅游中迷失方向，有必要掌握常用的判定方向和位置的方法。

（一）利用太阳来确定方向

在晴朗的白昼，根据海上日出、日落就可以很方便地知道东方和西方，知道了东方和西方也就很容易判定其他方向。但这种方法只能大致地估计方向。

（二）利用手表来确定方向

如果艇、筏上有钟表且走时准确的话，则可将时针对准太阳。时针和12点标记之间的中线指示出北和南的方向，垂直南北线的为东、西方向。在使用钟表辨别方向时应注意：①判定方向时，手表应平置。②在南、北纬20°30′之间地区的中午前后不宜使用，即以标准时的经线为准，每向东15°加1小时，向西15 °减1小时。

（三）利用陆地迹象来确定方向

艇、筏中的求生者，最大的希望是有船或飞机前来救援或者能在飘流中发现陆地、岛屿。因此，海上求生者应懂得，接近陆地、岛屿的各种征兆，以便在海上飘流求生过程中能注意观察，不错过登陆之机会。

1. 观察气象

在晴朗的天空中，艇、筏上的求生者在远处天空看到有棉花状的积云，则在这种云的下方很可能有陆地、岛屿，因为这种云通常都出现在陆地上空。

白天在海上看到天空有其他云类在浮动，则在其移动的方向上很可能有陆地、岛屿，这是因为陆地、岛屿附近海面上形成的云，受海陆风的作用（白天从海上吹向陆地）往往会向陆地方向浮动。

如果看到天空或云的底部有绿色光晕，则在其下方多半有珊瑚礁盘或近岸的咸水湖。这是因为这些地方的水较浅，颜色比深海区浅得多，因此，被阳光或月光照射后，反射特别强烈，能将天空中的云底照亮，形成绿色光晕。

2. 观察鸟虫

如果艇、筏上的求生者在海上发现鸟群，尤其是常有鸟群活动，则说明附近有陆地、岛屿，且陆地、岛屿就在鸟群早出晚归的方向上。

夜间在海上发现有蚊虫叮咬，说明艇、筏已接近陆地、岛屿，这时应注意鹞望观察以探明其方向。

3.观察海水、海藻

如果发现海水的颜色已变成棕色，则说明已靠近河口，即距岸已经不远了。发现海上飘流的海藻中有植物、树枝等，很显然说明陆地就在附近。

实际在海上判断附近陆地、岛屿的位置时应同时使用上述各种方法，进行全面观察、综合判断，才能有效地发现附近的陆地。要杜绝孤注一掷的、片面的用一种方法来主观判断。

五、台风

台风，也被称为飓风，是产生于热带洋面上的一种强热带气旋。只是随着发生地点不同，名称不同而已。在北太平洋西部、国际日期变更线以西，包括南中国海范围内发生的热带气旋称为台风；而在大西洋或北太平洋东部的热带气旋则称飓风。也就是说，台风在欧洲、北美一带称“飓风”，在东亚、东南亚一带叫“台风”；在南半球则称“气旋”。

台风经过时常伴随着大风和暴雨天气。风向在北半球呈逆时针方向旋转，在南半球则为顺时针方向旋转。全球每年约有 79 个台风生成，以北太平洋西部及中国南海地区生成的台风最多、最强。每年的七、八、九三个月，是台风多发的时间段，又以八月份为最多。

台风强大的破坏力会对海洋旅游业造成重创。海洋旅游地往往是最先遭受台风影响也是影响最严重的地方。台风不仅阻碍旅游者的进出，而且会破坏旅游设施。台风是无法阻止的，只能通过预防来降低灾害程度。人类对台风的监测和预报技术比较先进，这为做好充分的防护准备创造了条件。台风来临前，海洋旅游地通常会采取对相关设施进行加固、撤离人员、阻止人员进入等手段。旅游者应当听从指挥及时撤离或者不前往危险地带。

六、海底地震、海啸

当地震发生于海底，因震波的动力而引起海水剧烈的起伏，形成强大的波浪，向前推进，将沿海地带淹没的灾害，称为海啸。海啸是一种具有强大破坏力的海浪，在许多西方语言中称为“tsunami”，该词源自日语“津波”，即“港边的波浪”（“津”即“港”）。

海啸是一种灾难性的海浪，通常由震源在海底下 50 千米以内、里氏震级 6.5 以上的海底地震引起。水下或沿岸山崩或火山爆发也可能引起海啸。在一次震动之后，震荡波在海面上以不断扩大的圆圈，传播到很远的距离，正像卵石掉进浅池里产生的波一样。海啸波长比海洋的最大深度还要大，轨道运动在海底附近也没受多大阻滞，不管海洋深度如何，波都可以传播过去。

海啸的传播速度与它移行的水深成正比。在太平洋,海啸的传播速度一般为每小时两三百千米到1000多千米。海啸不会在深海大洋上造成灾害,正在航行的船只甚至很难察觉这种波动。海啸发生时,越是在外海越安全。

在大地震之后如何迅速地、正确地判断该地震是否会激发海啸,这仍然是个悬而未决的科学问题。尽管如此,根据目前的认识水平,仍可通过海啸预警为预防和减轻海啸灾害做出一定的贡献。

海啸预警具有可靠的物理基础,它不但在理论上是成立的,实际上也是可行的,并且已经有了成功的范例。如1946年,海啸给夏威夷的Hilo市造成了严重的人员伤亡和财产损失。于是,1948年在夏威夷建立了太平洋海啸预警中心,从而有效避免了在那以后的海啸可能造成的损失。若印度洋沿岸各国在2004年印度洋特大海啸之前,能与太平洋沿岸国家一样建立起海啸预警系统,那么苏门答腊安达曼特大地震引起的印度洋特大海啸,决不致造成如此巨大的人员伤亡和财产损失。

海啸预警对于"远洋海啸"比较有效。但是,对于"近海海啸"由于激发海啸的海底地震离海岸很近(只有几十至数百千米),地震波传播速度与海啸传播速度的差别造成的时间差只有几分钟至几十分钟,海啸早期预警就较难奏效。为了在大地震之后能够迅速、正确地判断该地震是否激发海啸,减少误判与虚报、特别是"近海海啸"预警的误判与虚报,以提高海啸预警的水平,必须加强对海啸的研究。

旅游者如果感觉到较强的震动,就不要靠近海边、江河的入海口。如果听到有关附近地震的报告,要做好防海啸的准备。要记住,海啸有时会在地震发生几小时后到达离震源上千千米远的地方。

七、海洋中凶猛或有毒动物的侵袭

种类繁多的海洋动物,纵有千种风情,万般姿态,并非是对人都是安全的;纵有千种风味,万种营养,也并非都是无害的美味佳肴。估计每年约有4～5万人不幸被海洋动物伤害,还有2万多人因吃有毒的鱼、贝类而中毒,其中死亡者有近300人。因此,旅游者对这些危险的海洋动物应该有所了解。

(一)鲨鱼

鲨鱼,在古代叫做鲛、鲛鲨、沙鱼,是海洋中的庞然大物,所以号称"海中狼"。在海洋中,约有250种鲨鱼,其中至少有12种鲨鱼经常"袭击"人,有50余种鲨鱼被认定是有潜在危险的。所有的鲨鱼都有贪婪的胃口,它们利用视线、气味或声音寻找食物。它们会研究漂浮的物体,尽管鲨鱼一般的食物是健康的动物,但是它们更倾向于袭击受伤的或衰弱的动物。它们的嗅觉非常灵敏，水中的血液会使它们兴奋。它们对水里传播的震动非常敏感。鱼儿在鱼钩上的反抗，受伤或垂死的动物在水里的挣扎，动作不协调的游泳者在水里的运动，甚至另一头鲨鱼接近猎物的快速、激烈的行进，都比血的气味更容易将很远的鲨鱼吸引过来。

为了有效避免鲨鱼袭击，旅游者有必要掌握以下方法：

(1)适当地制造声响阻止鲨鱼。这样你可以保存体力，一旦鲨鱼攻击，有更多的力气反击。

(2)可以用脚、用棍子对付鲨鱼。如果能够做到的话，要尽量击打鲨鱼腮下或者眼睛。

(3)靠近其他游泳者。几个游泳者围成一圈可以 360°观察鲨鱼的踪迹，比起单独一人，能更好地避开鲨鱼。如果遭到鲨鱼攻击，几个人在一起的反击能力也要强一些。

(4)时刻警惕鲨鱼。要始终穿着衣服，包括鞋。证据显示，在一群人当中，那些部分赤裸的人最先受到攻击，通常是脚部。而且，如果鲨鱼擦过你的身边，衣服可以保护你的皮肤不被擦伤。

(二)章鱼

章鱼有 100 多种，有些有毒，对人有危害。章鱼的颌像鹦鹉的喙，咬的力量很大，能将触腕抓到的食物撕咬着吃。当它咬到目标后，就将毒液经唾液腺注入猎物的伤口。因被章鱼咬伤而毙命的事例有不少。其中之一是在澳大利亚，一位潜水者抓到一只小的蓝环章鱼，大小只有 20 厘米，觉得很好玩，让它从胳膊上爬到肩上，最后爬到颈部背面，在那里呆了几分钟，不知出于什么原因，它朝潜水员颈部咬了一口，并咬出了血，没过几分钟，受害者感觉像是病了，2 小时后不幸身亡。

澳大利亚这种有蓝色环状斑点的章鱼，对人危害最大。一只这种章鱼的毒液，足以使 10 个人丧生，严重者被咬后几分钟就毙命，而且目前还无有效的抗毒素来预防它。章鱼的毒液能阻止血凝，使伤口大量出血，且感觉刺痛，最后全身发烧，呼吸困难，重者致死，轻者也需治疗三四周才能恢复健康。

(三)海葵

海葵在水中不受惊扰时，触手伸张得像葵花，所以叫做海葵。海葵的身体像海蜇一样柔软，但它的每只触手尖端有一个毒囊，毒囊里盘有一条条带尖的线，一旦遇到猎物，其中一根线就会向前将皮刺破，流出毒液，麻痹猎物。生活在热带海域的海葵，色彩艳丽个体大。潜水者不能因为它的美丽，而用手碰触，这会有中毒的危险。

（四）海胆

海胆，别名刺锅子、海刺猬，体形呈圆球状，就像一个个带刺的紫色仙人球，因而得了个雅号——“海中刺客”。世界上现存的海胆约有850多种，我国沿海约有150多种。常见的如马粪海胆、大连紫海胆、心形海胆、刻肋海胆、环刺棘海胆等。

环刺棘海胆生长在南海珊瑚礁间，它的粗刺上有黑白条纹，细刺为黄色。幼小的环刺海胆的刺上有白色、绿色的彩带，闪闪发光，在细刺的尖端生长着一个倒钩，它一旦刺进皮肤，毒汁就会注入人体，细刺也就断在皮肉中，使皮肤局部红肿疼痛，有的甚至出现心跳加快、全身痉挛等中毒症状。

八、赤潮

赤潮，被喻为“红色幽灵”，国际上也称其为“有害藻华”，赤潮又称红潮，是海洋生态系统中的一种异常现象。它是由海藻家族中的赤潮藻在特定条件下爆发性地增殖造成的。海藻是一个庞大的家族，除了一些大型海藻外，很多都是非常微小的植物，还有的是单细胞植物。因赤潮生物种类和数量的不同，海水可呈现红、黄、绿等不同颜色。值得指出的是，某些赤潮生物（如膝沟藻、裸甲藻、梨甲藻等）引起赤潮有时并不引起海水呈现任何特别的颜色。

目前，世界上已有30多个国家和地区不同程度地受到过赤潮的危害，日本是受害最严重的国家之一。近十几年来，由于海洋污染日益加剧，我国赤潮灾害也有加重的趋势，由分散的少数海域，发展到成片海域，一些重要的养殖基地受害尤重。

赤潮不仅给海洋环境、海洋渔业和海水养殖业造成严重危害，而且对人类健康甚至生命都有影响。主要表现在以下三个方面：

(1)赤潮的发生，破坏了海洋的正常生态结构，因此也破坏了海洋中的正常生产过程，从而威胁海洋生物的生存。

(2)有些赤潮生物会分泌出粘液，粘在鱼、虾、贝等生物的鳃上，妨碍呼吸，导致窒息死亡。海洋生物摄食含有毒素的赤潮生物后会引起中毒死亡。人类食用含有毒素的海产品，也会造成类似的后果。

(3)大量赤潮生物死亡后，在尸骸的分解过程中要大量消耗海水中的溶解氧，造成缺氧环境，引起虾、贝类的大量死亡。

为了避免给海洋旅游者造成不必要的危害，滨海旅游管理机构要对赤潮的出现给予及时的通告，同时广大海洋旅游者也要注意不要食用赤潮影响区内的鱼虾、贝类等海鲜，也要避免到发生赤潮的海水中游嬉。

第三节　海洋旅游安全工作

一、增强旅游安全意识和防范能力

旅游安全是旅游者最基本的需求，也是旅游发展的保障，被称为旅游业发展的生命线。旅游者和旅游从业人员的安全意识是对旅游安全问题的认识、关注和反应，不同旅游者和旅游从业人员会因其个体的差异而对旅游安全表现出不同的认知。旅游安全防范能力表现在对旅游过程中潜在安全问题的预知能力、安全事故发生时的自我保护能力及安全事故发生后的处理能力等方面。增强旅游安全意识和防范能力是旅游安全的基本工作，需要引起旅游者和旅游从业人员的高度重视。

（一）旅游者自我保护意识

1. 主动购买旅游保险

就整个社会而言，旅游安全事故是不可完全避免的，旅游安全又是相对的。就个体而言，旅游安全事故具有偶然性，是可以避免的。旅游保险在这种必然性与偶然性之间应运而生。旅游保险实际上就是聚集社会资金对个体偶然发生的安全事故予以补偿的一种方式。随着旅游业的发展，旅游者自我保护意识的增强和旅游活动中安全事故的增多，旅游保险受到越来越多的关注，并在旅游活动中扮演着重要角色，成为保障旅游活动安全的手段之一。在西方旅游发达国家，旅游保险业务非常普遍，旅游保险的险种数量也相对较多。我国因为旅游发展起步较晚，旅游保险业还处于不断发展完善的过程。目前，我国的旅游保险基本形成了具有旅游人身意外伤害险、游客意外伤害保险、旅游救助保险、旅游求援保险、住宿游客人身险、旅行社责任险等险种的旅游保障体系。

(1)旅游人身意外伤害险

自愿性的旅游人身意外伤害保险，每份保险费 1 元，保险金额 1 万元，一次最多可投 10 份。保险期限从购买保险进入旅游景点或景区时起，至离开景点景区时止。这里需要强调的是，旅客可按照旅游项目安全系数之大小，对该保险做出买与不买的选择。

(2)旅客意外伤害保险

旅客意外伤害保险是强制性的险种。主要为游客在乘坐交通工具出行时提供风险防范服务，保险费已包含在票价之内，旅客在购买车票、船票时，实际上就已经投了该险，其保费是按票价的5%计算的，每份保险的保险金额为人民币2万元，其中意外医疗事故金1万元，保险期限从检票进站或中途上车、上船开始，一直到游客检票出站或中途下车、下船。

(3)旅游救助保险

对于出境游的旅客来说应购买旅游救助保险，这类保险是国内各保险公司普遍开办的险种，是保险公司与国际救援中心联合推出的，游客无论在国内外任何地方遭遇险情，都可拨打电话获得无偿的救助。

(4)旅游求援保险

这种保险对于出国旅游十分合适。有了它的保障，旅游者一旦发生意外事故或者由于不谙当地习俗法规引起了法律纠纷，只要拨打电话，就会获得无偿的救助。

(5)住宿旅客人身保险

该保险每份保费为1元，从住宿之日零时算起，保险期限15天，期满可以续保，一次可投多份。每份保险责任分三个方面：一为住宿旅客保险金5000元；二为住宿旅客见义勇为保险金1万元；三为旅客随身物品遭到意外损毁或盗抢而获赔的补偿金200元。在保险期限内，旅客因遭意外事故、外来袭击、谋杀或者为保护自身或他人生命财产安全而致自身死亡、残疾或身体机能丧失，或随身携带物品遭盗窃、抢劫等，保险公司按不同标准支付保险金。

2. 听从相关服务人员安排

对于团队游客来说，导游对旅游活动的各个环节都比较清楚，也熟知其中存在的安全问题，因此在游览的过程中听从导游的安排是实现旅游安全的重要保证。对于自助游或参加具有挑战性、危险性的活动项目的游客来说，更要听从专业服务人员的安排，以免发生不必要的危险。

3. 掌握基本安全知识

旅游安全知识是一个人基本知识的重要组成部分之一。对于安全知识的掌握，一方面能够在旅游的过程中避免安全事故的发生。另一方面，一旦发生安全事故，旅游者能够运用所掌握的安全知识快速地展开自我营救，争取最及时、宝贵的救援时间。

(二)海洋旅游从业人员安全意识

1. 树立旅游者安全至上的意识

一切工作要以旅游者的安全需要为基础，全面地满足旅游者的安全需要。要做到这一点，旅游从业人员首先要重视和理解旅游者安全需要，要从内心认同旅游者的安全需要，尊重个别旅游者的特殊安全需要。其次要了解旅游者安全需要的内容。全面了解旅游者的安全需要要求旅游从业人员全面地认识旅游者所需的人身安全、财产安全、信息安全、心里安全、隐私安全等安全需要的程度和类型。

2. 树立旅游服务安全操作规范意识

规范旅游服务操作，具有预防和及时控制安全隐患的作用。它主要包括：认可旅游服务安全操作程序与安全的关系；熟练掌握安全操作技巧及程序；自觉防范安全隐患。

3. 树立安全知识自觉修养意识

树立旅游从业人员安全意识仅靠旅游企业培训是不够的。它还要靠从业人员重视安全问题，在日常生活中自觉学习处理安全事故的方法，点滴积累安全防范知识，提高自身的安全防控能力。

4. 树立安全责任追究意识

旅游安全事故危害很大，一次事故可能造成人员伤亡，甚至会导致一个旅游地的衰退。安全责任追究是促使旅游从业人员树立安全意识的保障和动力。旅游从业人员必须具有安全责任意识。旅游企业要通过与员工签订岗位安全责任、追究安全事故责任等手段，强化员工的安全责任追究意识。

二、海洋旅游注意事项及常备药品

（一）海洋旅游注意事项

海洋旅游安全事项众多。主要体现在旅游的整个过程，并贯穿于行程中的吃、住、穿、行、游五个方面。

1. 饮食安全注意事项

（1）尽量选择干净卫生的饭店、海鲜店用餐。

（2）如果长时间没吃海鲜，初次要少食一些，让肠胃适应。

（3）吃干净、新鲜、经彻底加热、蒸熟煮透的海鲜。如果有异味，疑变质或发现半生，应立即停止食用。

（4）海鲜要就着食醋（加姜末）、生蒜吃，能起到一定杀菌作用。

（5）吃海鲜的同时，少喝或不喝饮料，以免破坏、冲淡杀菌屏障——胃酸。同时，不能暴饮暴食。

（6）海鲜不宜和柿子、葡萄、石榴、青苹果等水果同食，避免刺激肠道引起呕吐。

2. 住宿安全注意事项

（1）贵重物品随身携带，离开房间时关好房门。

（2）住宿其间游客如有贵重物品而又携带不便，尽量使用房内保险柜或交到服务台办理保管手续。

(3)不要躺在床上吸烟，以免发生火灾。

(4)根据政府的有关规定，易燃易爆品、放射性危险品不能带进酒店。

(5)万一发生失窃，尽快通知前台。

3.外出穿着注意事项

(1)前往热带或海岛，以进行水上活动与陆上参观为主时，可选穿运动凉鞋或休闲鞋。

(2)旅行服装选择应遵循结实、精简、美观、舒服、方便的原则。尽量穿浅色棉质服装。

(3)带防晒用品，包括防晒霜、太阳帽、太阳伞、墨镜等。

4.乘船安全注意事项

(1)不要乘坐无证船、人货混装船、超载船以及其他简陋船只。

(2)遇到大风大雨等恶劣天气，不要冒险乘坐渡船或其他小型船只。

(3)集体乘船时，要听从指挥。上下船时，要排队有序地进行，不要争先恐后，以免落水、挤伤、压伤或造成船舶倾斜，甚至引起翻船。

(4)船靠、离码头或驶过风景区时，不要聚集在船的一侧，以防船倾斜翻沉。遇到紧急情况，要听从船上工作人员的指挥，不要自作主张跳船。

(5)上船后要留心通往甲板的最近通道和摆放救生衣的位置。

(6)小孩不要自己一个人到船舶甲板上去，大人在旁边时也要注意抓牢扶手，以免掉入水中。

(7)船上的许多设备，特别是救生消防设备的存放位置有一定规范，不能随意挪动。

(8)如果有大雾、台风或海面风力达7级以上的情况，船就会停运，因此在乘船出行前一定要关注天气的变化，咨询相关部门，以免耽误行程。

5.游玩过程中注意事项

海洋旅游者来到海边一定会下海游泳、潜水、钓鱼或玩一些海上运动项目，但是在玩这些运动时要注意以下事项：

(1)在玩滑水、半潜观光船、拖伞、快艇海钓、平台海钓、岸钓、摩托艇、快艇环岛、豪华喷射快艇、香蕉船、帆船、帆板、独木舟等这些海上游乐项目时，一定要听从工作人员及教练员的安排，以免出现危险。

(2)下海游泳的最佳水温为27℃，一般21℃以上即可下水；最好不要单独一人下水，两到三人一起为佳；游泳时不要离岸边太远，没有救生员不要下海；进入海水浴场后，不要进入深水区域，特别不要靠近鲨鱼网；在海边戏水，千万不要超越安全警戒线；如果不熟悉水性，需在熟悉水性的人带领下游泳，切勿独自下水；要及时注意潮水及海浪的变化，高潮后就将退潮，尽量不要在退潮时游泳，以免往回游时体力消耗过大而发生意外；海水水质不洁净可能引发眼睛痒痛，上岸后应马上用清洁的淡盐水冲洗眼睛，然后用氯霉素或红霉素眼药水滴眼，临睡前最好再做一下热敷；上岸后应及时用淡水冲洗身体。

(3)潜水是一项新鲜、时尚、刺激的运动，但有一定的危险性。潜水过程中都必须穿着潜水服，不可擅自脱下，潜水过程中务必听从专业潜水教练指挥。

海钓是另一项刺激又有风险的海上活动，特别是乘船外出海钓一定要听从安全导钓员的指挥，不可单独行动。

(二)常备药品

在旅游过程中为了不时之需随身携带一些常备药品是很有必要的。药品通常体积小，携带方便，却能够在关键时刻起到重要作用。旅游者可以根据自身健康状况和行程中的旅游项目来选择适当的药品。

常备便于携带的药品：复方阿司匹林、乘晕宁(晕海宁)、扑尔敏、复方甘草片、复方胃舒平、复方新诺明、氟派酸、黄莲素、银翘解毒片、复方丹参片、桑菊感冒片、牛黄上清丸、藿香正气水、清凉油、无极丹、麻仁丸、氯霉素滴眼液、碘酒、外用止血粉、绷带、创可贴等。

三、海洋旅游事故求救知识

(一)全球海上遇难与安全系统

全球海上遇难与安全系统(Global Maritime Distress and Safety System)，简称 GMDSS，是国际海事组织(IMO)于 1991 年 9 月 22 日决定的国际呼救信号，代替已使用长达一个世纪之久的 SOS，并从 1992 年 2 月 1 日开始实施。这是国际海事组织依靠现代无线电通信技术建立起来的一种崭新的搜寻救助通信系统，一种现代化的救灾应急通信系统，它是依赖使用陆地 MF、HF、VHF 无线通信以及卫星通信技术传递遇险信号、实施搜救的通信，它能使遇险报警信号在远距离范围实现发送和接收，提供救援服务，适用于全球所有海区的各种船舶及海上设施的海难救助。GMDSS 系统要求船舶必须装备相关设备，不同海区相应的设备要求也是不一样的。当船舶在海上遇险时，可通过船上装备的甚高频、中频或高频数字选呼设备及国际海事通信卫星，向附近船只或岸站发出求救信号，此时地球上所有地方都可以听到并与之迅速进行通信、联络，进行紧急救援工作，即使突然遇到事故，只要一按电钮，所有关于事故发生的位置数据将自动地通报救援机关。这比过去采用 SOS 1 分钟显示 80 个文字的莫尔斯电信设备要快速、准确、方便得多。海事通信卫星还可精确地标注海难船只的方位，引导救援船只前往营救。

为了避免意外事故的发生，海上或荒岛探险者在出航前最好配备能够呼叫

GMDSS的专门设备,以备不时之需。

(二)利用手机求救

利用手机来求救,效果视手机的装备情况而定。普通手机只能拨打求救电话(通常无信号的时候也可以呼叫紧急电话)。一些专门设计的手机除了拨打求救电话以外,也可以发求救信号,如发GMDSS信号等。

(三)利用物件发求救信号

在没有无线电通信设备的时候,求救者可以利用物件发求救信号。

(1)用反射镜不停照射,也可向海水中投放染料。

(2)在面向大海的沙滩或山坡上用石头、贝壳和植物等堆砌成SOS字样,字母越大越好。

(3)准备火种和足够的木柴等,当发现过往船舶或飞机时,及时发出易被察觉的求救信号。为达到最好的求救效果:在白天,可用潮湿的植物燃烧,形成浓烟;在夜间,燃烧干柴,发出火焰。

参考文献

1. 李隆华，俞树彪. 海洋旅游学导论. 杭州：浙江大学出版社，2005.

2. 董玉明. 海洋旅游学. 北京：海洋出版社，2003.

3. 肖星，严江平. 旅游资源与开发. 北京：中国旅游出版社，2000.

4. 吴士存. 世界著名岛屿经济体选论. 北京：世界知识出版社，2006.

5. 李应济，张本. 海洋开发与读本. 北京：海洋出版社，2007.

6. 薛纪萍，阎伍玖. 海岛旅游可持续发展评价指标体系研究. 资源开发与市场，2008(10).

7. 佟玉权. 海洋旅游资源分类体系研究. 大连海事大学学报(社会科学版)，2007，6(2).

8. 王涛. 青岛市海洋旅游资源分类及开发利用研究. 高师理科学刊，2005，25(1).

9. 黄震方，袁林旺. 生态旅游资源定量评价指标体系与评价方法. 生态学报，2008(4).

10. 陈明生. 滨海城市生态旅游资源评价指标体系的研究. 福建商业高等专科学校学报，2006(4).

11. 张晓辉. 依托海洋民俗发展海洋旅游经济. 中国科技信息，2008(10).

12. 贾鸿雁. 我国的海洋旅游文化资源极其开发. 中国海洋大学学报(社会科学版)，2006(2).

13. 尹玉芳，黄远水. 我国海底旅游产品的发展现状及展望. 北京第二外国语学院学报(旅游版)，2006(9).

14. 何丽芳. 野营，时尚野趣的旅游度假. 湖南林业，2005(7).

15. 张广海等. 我国滨海旅游发展现状研究. 科技信息(学术版)，2007(2).

16. 胡卫伟. 海洋旅游产品结构优化对策探略——以舟山群岛为例. 商场现代化，2008(24).

17. 周国忠，张春丽. 我国海洋旅游发展的回顾与展望. 经济地理，2005(5).

18. 李溢. 世界热带亚热带海岛滨海旅游开发研究. 北京：旅游教育出版社，1997.

19 王富玉. 国际热带滨海城市发展道路探析. 北京:中国旅游出版社,2000.
20. 李莉. 中国海岛滨海旅游开发研究. 西安:陕西旅游出版社,2003.
21. 中国国内旅游协会. 中华旅游大观. 北京:社会科学文献出版社,1997.
22. 尹婕. 中国兴起邮轮旅游热. 人民日报海外版,2009—2—18(6).
23. 赵虎. 我国首次发布邮轮经济研究报告. 中国水运报,2009—1—14(1).
24. 世界著名的潜水潜点介绍. http://group. mosh. cn/diverhome/, 2006—11—13.
25. 杨瑛:对话世界邮轮三巨. http://www. scsya. org/,2007—11—6.
26. 水面也能"骑摩托". 中国摩托艇运动协会网. http://motoboat. sport. org. cn,2004—6—17.
27. 中国舟山国际沙雕网. http://www. sand—sculpture. com/, 2009—7—4.
28. 世界50最佳高尔夫胜地. http://travel. sina. com. cn/world/,2009—3—31.
29. 遍览美国佛罗里达高尔夫海岸. http://travel. sina. com. cn/world/, 2009—3—26.
30. 沙坡头自然保护区. http://wiki. 21yyw. com/,2008—10—12.
31. 斐济五星海岛高尔夫之旅. 唐高网 http://www. golf998. com/,2007—4—20.
32. 未来旅游将游什么 空气阳光海洋天空极地. http://www. cyol. net/gb/cydgn/,2009—7—4.
33. 把握趋势 立足长远 实现浙江海洋旅游新突破. http://www. tourzj. gov. cn/,2006—1—20.
34. 2008—2010年中国滨海旅游业分析及投资咨询报告. http://www. dragonraja. com. cn/,2009—7—4.
35. 20年后海南旅游玩什么. http://www. hainan. net/cgi—bin/news/, 2004—12—2.
36. 长江上"跳"芭蕾:40万人观赏. http://www. cq. xinhuanet. com/photonews/. 2006—10—3.
37. 秀山岛滑泥主题公园介绍. http://www. nettvl. com/ ,2009—9—9.
38. 不走寻常路 寻找被忽视的风景. http://www. china. travel/xx/lt/cjy/. 2007—8—16.
39. 今夏西餐争奇斗艳. http://www. he. xinhuanet. com/shenghuo/, 2005—8—5.

40. 巴厘岛——打开心灵之门. http://www. wo－call. com/travel/, 2009－7－7.

41. 海南省帆船帆板运动协会. http://www. hnfx. org. cn/, 2008－8－28.

42. 黄河三峡上演滑水特技表演. http://www. ctbn. com. cn/news/, 2009－6－27.

43. 奥帆中心大戏登场. http://www. qingdaonews. com/content/ . 2009－5－14.

后　记

海南管辖着约200万平方千米的海域，约占全国的三分之二。在全球海洋经济大发展及海南建设国际旅游岛的背景下，海洋旅游开发与发展无疑是全国尤其是海南旅游业转型升级和实现快速发展的重要内涵。对海南而言，海洋旅游更是特色和优势所在，从海南的旅游业发展现状看，全省接待的过夜游客约94%集中在沿海县市，《海南国际旅游岛规划纲要》提出，海南旅游发展的空间布局是“一海、二市、三区”，其中一海是指南海，二市是指三亚市和海口市，三区是指东部的中国椰树海岸、西部的中国金色海岸和中部的海南岛国家公园。

海洋旅游的快速发展急切需要海洋旅游理论的支撑，为此，我们特策划编写了《海洋旅游导论》，希望通过本书的编写和应用，提升海洋旅游的全民意识，培养更多的海洋旅游人才，为海洋旅游发展提供一定的理论指导，为旅游管理部门决策提供一定的参考。

本书由陈扬乐教授和王琳副教授策划和组织，并负责设计编写大纲、组织编写和统稿。具体分工如下：陈扬乐撰写第一章，王琳撰写第二章，赵善梅撰写第三章，余力力撰写第四章，苏鹏撰写第五章，王志凯撰写第六章。由于时间比较紧以及编写人员的水平有限，书中错误在所难免，敬请读者批评指正。

在本书的编写过程中，我们参阅了大量纸质和电子文献，限于篇幅，并未在参考文献中全部列出，对他们的辛勤劳动及其成果，我们表示敬意和感谢。要特别感谢南开大学出版社的孙淑兰老师，从本书的策划、写作到出版，孙老师都付出了辛勤的劳动，她的敬业精神和高风亮节，使编写组受益匪浅。

对本书的责任编辑李冰老师付出的辛勤劳动表示由衷的感谢。

陈扬乐

2009年7月

于海南大学旅游学院